国家出版基金项目
NATIONAL PUBLICATION FOUNDATION

中国延安干部学院 编

精神的力量

延安精神的时代价值

JINGSHEN DE LILIANG
YAN´ANJINGSHEN DE
SHIDAI JIAZHI

陈燕楠 主编

陕西新华出版传媒集团
太白文艺出版社

图书在版编目（CIP）数据

精神的力量：延安精神的时代价值 / 陈燕楠等著
. -- 西安：太白文艺出版社，2022. 2（2025. 1重印）
ISBN 978-7-5513-2019-1

Ⅰ. ①精… Ⅱ. ①陈… Ⅲ. ①延安精神②中国共产党
—党的建设—研究 Ⅳ. ①D648. 4②D26

中国版本图书馆CIP数据核字(2021)第277947号

精神的力量：延安精神的时代价值

JINGSHEN DE LILIANG：YAN 'ANJINGSHEN DE SHIDAI JIAZHI

作　　者　陈燕楠
总 策 划　党　靖
责任编辑　史　婷
封面设计　王　洋
出版发行　太白文艺出版社
经　　销　新华书店
印　　刷　天津旭丰源印刷有限公司
开　　本　700mm × 1000mm　1/16
字　　数　250千字
印　　张　17.5
版　　次　2022年2月第1版
印　　次　2025年1月第3次印刷
书　　号　ISBN 978-7-5513-2019-1
定　　价　68.00元

联系电话：029-81206800
出版社地址：西安市曲江新区登高路1388号（邮编：710061）
营销中心电话：029-87277748

引子

艾格妮丝·史沫特莱是中国人民非常熟悉的名字。作为一名美国人，1928 年 12 月下旬，史沫特莱以《法兰克福日报》记者的身份来到中国。短短几年间，凭着新闻记者的职业敏感，她对新兴的中国共产党颇感兴趣，在一张纸上写出了“谁，什么是中国共产党？”的疑问。后来，她如愿来到延安，也最终找到了自己的答案。

这张各地青年纷纷奔向延安的照片大家也很熟悉。1938 年，瑞士记者瓦尔特·博斯哈德来到延安。他吃惊地写道：我们越接近红色首都，就越能看到大量年轻中国人的身影，个个背着简单的行李徒步走到这里，希望能加入梦寐以求的八路军。这条路就是一条朝圣之路，延安就是下一代心目中的麦加圣城。这一代人被战火从学校里赶出来，背井离乡，期望在延安找到新的信仰归宿。

延安，像圣洁的五彩光环，萦绕着多少人对她心仪已久的憧憬，又像徐徐打开的皇皇巨著，激发着多少求知者强烈的探索欲望。

不仅近百年前的史沫特莱、博斯哈德对延安充满了好奇和疑问，就是在今天，慕名来到延安或者尚未来过延安的人们，心中也不免升腾起一个个谜团：

中国共产党在延安靠什么做到了由小到大、由弱到强？

中国共产党凭着怎样的魅力吸引着海内外有识之士义无反顾地奔赴延安？

即便在那么艰苦的条件下，照片和影像中所展示的“延安人”总是洋溢着笑脸，这种乐观主义的精神动力来自何方？

从刚到延安时的 4 万名党员，13 年间，全国发展党员 270 万人，猛增近 70 倍。中国共产党人靠什么吸引和培养了如此众多的优秀分子，又是靠什么凝聚起广大党员的向心力，并使其自觉成为无产阶级的先锋战士，为党和人民的利益甘愿奉献、勇于牺牲？

这些“外来”的中国共产党人为何能赢得普通老百姓的拥护，在转战陕北的艰险征途中，面对十倍于己的强敌，气定神闲，游刃有余，徜徉于陕北高原的沟壑之间？

为什么弱小的中国共产党能够取代当时“正统”的国民党政权，赢得人民的支持和拥护，并最终建立了中华人民共和国？

新时代的今天，中国共产党的执政理念中，为什么总是闪现着延安情愫及其内在因子？

……

拿破仑说过：世界上两种东西最有力量，一是剑，二是思想，而思想比剑更有力量。

探究以上疑问，如果要寻找出共同的答案，我们不能不感慨：这无疑是精神的力量！

这种精神，源于中华民族辉煌灿烂的五千年文明，在20世纪三四十年代，由中国共产党人发扬光大，并展示出真理的光辉；

这种精神，构成中华民族精神的重要部分，并以其打动人心的华彩乐章，在今天实现中华民族伟大复兴中国梦的征途中，放射出夺目的时代光芒。

——这就是延安精神！

本书所要展示的，乃是以延安往事为主线，以延安精神原生形态为纲，以平实的语言回顾延安时期的经典故事、经典文章、经典论断，从细小的故事中展现中国共产党人的精、气、神，从朴素的叙述中寻绎蕴含其中的深刻道理，从鲜活的史料与人物、事件风貌中彰显打动人的力量。

更重要的，是从延安往事的探寻中，感悟其中所体现的延安精神的时代价值，从而在展现其精神魅力的同时，能够为读者提供强大的精神动力，为我们追求中国梦而奋力前行增添不可或缺的精神能量。

就请随着我们的叙述，把目光投向历史中的延安，投向历史镜头中的峥嵘岁月吧……

目录
CONTENTS

第一章

党始终指引着中国的方向

没有正确的政治方向指引，就不可能有正确的革命运动。20 世纪三四十年代，中国共产党在延安高举抗日旗帜，勇于担当，成为民族救亡危急关头的中流砥柱。人们从当时中国共产党人的身上，从共产党领导下的陕甘宁边区，看到了国家和民族的未来与希望。于是巍巍宝塔成为革命的象征，延安成为革命的圣地，中国共产党成为坚定正确的政治方向的代表。真可谓是："百年积弱叹华夏，八载干戈仗延安，试问九州谁作主？万众瞩目清凉山。"①

一、"抗大抗大，越抗越大！"

"抗大抗大，越抗越大！"这句话是罗瑞卿 1938 年 6 月 1 日在中华人民抗日军事政治大学（简称"抗大"）成立两周年纪念大会上讲的。它既是对抗大兴旺发达局面的最好描述，又是对中国共产党始终坚持坚定正确的政治方向最形象的概括。抗战时期，坚定正确的政治

---

① 陈毅：《七大开幕》，《陈毅诗词选集》，人民文学出版社，1977 年版，第 94 页。

方向毫无疑问就是最能为国家独立和民族解放而努力、而奋斗、而牺牲。抗大的魅力正在于它坚持了这一点。正如毛泽东所说：

> 抗大为什么全国闻名、全世界闻名，就是因为它比较其他军事学校最革命最进步，最能为民族解放与社会解放而斗争，到延安参观的人们，所以十分注意去看抗大，我想不外这个道理。[①]

抗大之所以能够始终坚持坚定正确的政治方向，就在于它是中国共产党领导下的很不一般的军事院校。

> 这个抗日军政大学之产生与成长是与中国共产党之直接培养、抚育与领导不可分离的，没有中国共产党的正确领导，就不能够有今天这样的抗日军政大学。[②]

中国共产党对抗大的正确领导，当然首先体现为毛泽东的正确领导。揆诸史料，我们不难发现，抗大是毛泽东首先提议创办的，是在他的关怀下发展壮大的。毛泽东不但亲自担任了抗大教育委员会的主任，而且亲自为抗大选定了校长和优秀教员；不但亲自为抗大组织编写讲义，而且经常亲自为抗大学员讲授课程；不但为抗大制定了“坚定正确的政治方向，艰苦朴素的工作作风，灵活机动的战略战术”的教育方针，而且亲自为抗大确定了“团结、紧张、严肃、活泼”的校风。有关抗大的一系列问题，包括学习时间、教育内容、教学方法等，无不体现出毛泽东的关心与关怀。完全可以说，抗大就是坚持用毛泽东思想办学的。对此，滕代远曾有客观的评价。他说：

> 至于成绩的获得，则主要的应该归功于我党——中国

① 《毛泽东文集》第2卷，人民出版社，1993年版，第187页。

② 罗瑞卿：《“抗大”的过去与现在》，《解放》周刊，第48期，第17页。

共产党英明的领袖毛泽东同志及中央委员会的正确领导与辛勤抚养。①

创办抗大，正是中国共产党坚持坚定正确的政治方向的表现。抗大创办的过程，就已经很好地说明了这一点。为了促进抗日高潮，迎接即将到来的全民族抗战，进一步贯彻落实瓦窑堡会议的精神，刚刚东征归来的毛泽东力主创办红军大学。他劝说一些领导同志，为了抗日把眼光放长远一些，抓住有利时机选送优秀干部去学习。1936 年 5 月 20 日，毛泽东在中央政治局常委会上做了关于创办红军大学的报告，专门讨论了创办红军大学的一系列问题。会议一致同意毛泽东的报告，决定以中国工农红军学校为基础，创办中国人民抗日红军大学，简称“红大”。6 月 1 日，红大在瓦窑堡米粮山举行了第一期学员开学典礼。毛泽东、张闻天、周恩来等党中央主要领导人都出席大会并讲了话。在讲话中，毛泽东把刚成立的红大与黄埔军校做了对比。他说，第一次大革命时期有一个黄埔军校，它培养的学生领导了北伐战争，是当时革命的主导力量，但到现在它的革命任务还没有彻底完成。我们的红大是要比黄埔军校更革命、更进步的。毛泽东的讲话，给红大学员们以极大鼓舞。后来，由于形势的发展变化，红大跟随中央从瓦窑堡迁到了保安县，又从保安县迁到了延安。迁到延安后，红大也顺应国共合作抗战的需要而正式改名为中国人民抗日军事政治大学。这就是抗大创办的过程。

由于坚持了坚定正确的政治方向，刚刚创办的抗大不但没有被艰苦的条件所吓倒，反而苦中作乐，始终保持着炽烈的革命热情和昂扬的革命斗志。这一点，在第一期学员身上表现得十分突出。抗大的第一期学员实际上就是红大的第一期学员。他们全部来自中央红军和红十五军团，人数不多，规模也不大。“第一期的学生都是从共产党所

① 中国人民解放军国防大学：《中国人民抗日军事政治大学史》，国防大学出版社，2000 年版，第 468 页。

领导下的军队中征调出来的，人数仅仅不超过三百。”[①] 相对于人数和规模来说，刚刚创办的抗大当时面临的困难却不少，而且还不小。

> 学校第一期的物质上的苦况，那是很令人难于想象的。他们没有必需的校舍，只有经过学生自己的劳动所修补起来的几个破石窑；他们没有任何校具的设置，几块破砖所凑成的四方形的台子便是学生们在讲堂上听讲的座位，学生们自己的两个膝盖，也就成为他们用作笔记唯一的活动书桌了。必需的教育用品、教材、教员等都贫乏得不堪言状，全校只有三个教员，而且，一切其他的学校负责人亦异常缺乏教育工作的经验……[②]

迁到保安后，这种物质上的苦况并没有得到改善。毛泽东曾幽默地对第一期学员说：你们是过着石器时代的生活，学习当代最先进的科学——马克思列宁主义。学员们也互相开玩笑说：同学们，不，同洞们，将来革命成功以后，千万不要忘记保安的石洞，这是锻炼我们的熔炉啊！

虽然物质上很困难，但是第一期学员的质量并没有因此而降低。一方面，因为这批学员自身素质本来就很过硬。他们都是“经过了共产党的长期培养、长期锻炼所涌现出来的。……他们中间有好几个是十年内战期间的军长、师长，甚至负过更高责任的干部。他们有着很丰富的战斗经验与工作经验。他们中有许多是中华民族不可多得的人才”[③]。另一方面，是因为这批学员很幸运，由于教员缺乏，许多党的领袖亲自教课。

> 我们的教员困难吗？但我们却有了更好的教员，许多

---

① 罗瑞卿：《“抗大”的过去与现在》，《解放》周刊，第 48 期，第 17 页。

② 同上。

③ 同上。

共产党的领袖，他们抽出了不能抽出的时间亲自给我们教课，我们的第一期学生，可以说就是他们所亲自教养出来的。……仅就这一点来说，我们第一期的学生可又太幸运了。要是我们不处在只有三个教员的苦况，也就不会有这样的幸运的际遇吧。①

1936年12月底，第一期学员全部按期毕业。毕业后的他们带着学到的新本领，迅速投身于民族抗战的准备之中。他们学到的新本领是什么呢？毛泽东说：

就是学一个宗旨，这个宗旨也就是全国的全中华民族的宗旨——抗日救国。②

从第二期起，红大正式改名为中国人民抗日军事政治大学。也是从第二期起，抗大开始越抗越大了。

我们的学校突然增大了，因为不仅要吸收刚被汇合起来的三个方面军的相近一千多个自己军队中的干部，而且还要吸收来自全国各地几百个的学生青年。这些外来的学生，他们都是非常纯洁可爱的青年，我们民族中一些最优秀最有为的子弟，他们有着崇高的理想，最远大的志向以及最坚毅的意志。他们为了献身于民族解放的事业，愿意牺牲自己的一切，他们怀着满腔的热情与希望，来到这儿学习抗日的理论与方法，学习革命的传统与作风。……于是乎，我们三个教员三百学生的学校就一变而突然成为一千多个学生的学校了。③

---

① 罗瑞卿：《“抗大”的过去与现在》，《解放》周刊，第48期，第17—18页。

② 《毛泽东文集》第2卷，人民出版社，1993年版，第116页。

③ 罗瑞卿：《“抗大”的过去与现在》，《解放》周刊，第48期，第18页。

很显然，抗大第二期比第一期的规模扩大了三倍之多。不但来自部队的学员人数有所增长，而且第一次接受了培养外来知识青年的任务。所以，这一期比较注重学员思想意识修养的锻炼。在第二期第四大队的开学典礼上，毛泽东希望外来知识青年通过抗大的学习，“把那些小资产阶级意识——感情冲动、粗暴浮躁、没有耐心等等，磨他个精光，把自己变成一把雪亮的利刃，去创新社会，去打倒日本帝国主义”[①]。对于知识青年学员，抗大有意识、有计划地进行了关于共产党、八路军、新四军、抗日根据地以及抗大等问题的宣传教育工作，着重于对他们进行思想政治意识的改造，使他们最终都能树立起坚定正确的政治方向。第二期学员毕业时，毛泽东给他们的毕业证书亲笔题词：

> 勇敢、坚定、沉着，向斗争中学习，为民族解放事业，随时准备牺牲自己的一切。

这既是对他们毕业后的勉励，也是对他们在抗大期间学习成绩的肯定。

1937 年 8 月 1 日，是抗大第三期开学的日子。这是全面抗战爆发后抗大培养的第一期学员，他们的特色也十分鲜明。对此，罗瑞卿是这样描述的：

> 随着华北抗日战争的烽火，我们学校的第三期开学了。两千多个民族革命的健儿，有来自全国各地的学生青年，也有来自抗日前线的第八路军部队中的干部。他们都带着战斗的姿态，在战斗的环境中，来进行战斗的学习。他们学习的目的，仅仅就是为着当前的抗日民族革命的战争。他们一面学习，一面准备随时接受调赴前线的命令。

---

① 中国人民解放军国防大学著:《中国人民抗日军事政治大学史》,国防大学出版社,2000年版,第 337 页。

> 我们第三期有不少的学生，到校不久，就因为战争的需要，不得不离开学校，而奔赴炮火连天的战场上去了。……迟疑、犹豫、怯懦、畏缩的现象，在我们的这些学生中，是绝对寻找不出来的。[①]

从罗瑞卿的描述中，我们不难看出第三期的规模比第二期又扩大了一倍。学员的来源更加宽泛。这期学员毕业后有1000多人奔赴抗日前线和敌后抗日根据地，从事军事、政治和地方工作；另有1000余人作为抗大发展所必须的干部和教员而留校工作。毛泽东在和毕业学员的谈话中说：你们到抗大来学习，有三个阶段，要上三课——从西安到延安八百里，这是第一课；在学校里住窑洞、吃小米、出操上课，这是第二课；现在第二课上完了，但是最重要的还是第三课，这便是到民族革命斗争中去学习、去锻炼、去改造自己。

与前三期相比，抗大第四期的发展是相当猛烈的。对此，罗瑞卿也有描述，他说：

> 随着第三期的结束，将近五千个的第四期的学生，正在这儿进行着战斗的学习。这是学校空前大规模的一期。其中的极大部分都是来自全国各地，他们中间的籍贯包括了中国27个省份，除青海与西藏外，任何一省，都有学生在这儿学习。他们中间的成分，亦包括了中国现有的一切阶层，有工人与农民的子弟，也有地主资本家的儿女。他们当中的职业也是无所不包、无所不有的，他们中间有文学家、音乐家、美术家、戏剧家、电影明星、歌舞明星、新闻记者、律师、医生、军官、教员、公务人员……自然，极大部分是更纯洁的学生青年，他们中间有过去曾经是过着“公子”“哥儿”“小姐”“太太”的生活的。他们中间有国民党员，有共产党员，也有其他抗日党派的抗

① 罗瑞卿：《“抗大”的过去与现在》，《解放》周刊，第48期，第19页。

日分子。他们其中有许多是推开了自己温暖的家庭，抛弃了自己优美的生活，他们经过千山万水的跋涉，很辛苦地到达了这个很偏僻的延安来。这儿的生活很艰苦，但他们却感觉到无限的兴奋与愉快。他们在这儿很快乐地学习，学习，战斗的学习。他们之间只看见无限的亲切与团结，却找不出丝毫的虚伪、欺骗与奸诈。这一幅抗大第四期的画图，正象征着中华民族抗日民族统一战线，这个抗日救国唯一正确的政策将是更进一步地巩固与团结的缩影。①

较前三期而言，从第四期起抗大已经成为名副其实的革命熔炉了，已经开创出了抗大办学的全新局面。应该说，这一期最大的成绩是将4000多名知识分子教育培养成了坚强的抗日军事干部、政治干部以及地方干部。在入学之初，虽然这些知识分子特别是青年学生都怀有高涨的抗日热情和寻求民族独立、民族解放道路的良好愿望，但是他们中的大部分人，对于共产党、马列主义理论和共产主义社会的了解是很少、很有限、很朦胧的。经过在抗大为期8个月的学习，他们才普遍提高了自己的政治觉悟，才树立起了跟着共产党走、争取抗战最后胜利的信心。对于共产党、马列主义思想和共产主义理想，他们也有了更多的、较为清醒的和比较深刻的认识，坚定了自己走共产主义道路的信念。他们中的多数人在思想上发生了很大改变，从一个爱国主义者开始转变为共产主义者，达到了共产党员的标准，并加入到了中国共产党人的行列之中。入学时，这批知识分子中只有530名是共产党员，所占比例为11%。但毕业时，共产党员的人数已经增加到3304名，所占比例已经增加到71%。毛泽东给这期学员毕业证书上的题词是：努力奋斗，再接再厉，光明就在前面。他勉励这期学员用我们民族团结的力量去打败日本帝国主义，并用团结的力量去建立一个新的中国。

“抗大抗大，越抗越大！”罗瑞卿讲这句话的时候，抗大才只是

① 罗瑞卿：《“抗大”的过去与现在》，《解放》周刊，第48期，第20页。

办到了第四期。之后又办了第五期、第六期、第七期和第八期。而且一期比一期规模大，真正实现了罗瑞卿“越抗越大”的预言。抗大不仅在延安办了总校，而且深入敌后，先后创办了 12 所分校和 5 所陆军中学、1 所附设中学。在 9 年中，先后培养军政干部 10 余万名，成为令日本帝国主义十分头痛的军事政治力量。冈村宁次曾声言消灭了抗大就是消灭了边区的一半，他甚至扬言要用 20 个日本士兵的命换一个抗大学员，用 50 个日本士兵的命换一个抗大干部。

抗大之所以能够培养出特别优秀的人才，并且能够越抗越大，就在于它始终坚持了为民族抗战而努力、而奋斗、而牺牲的这一坚定正确的政治方向。毛泽东说：

> 政治方向可以有许多不同的方向，你们要学一个正确的政治方向，这就是要打日本、怎样打日本、为什么日本帝国主义一定能打倒的正确的政治方向。①

抗大政治部主任张际春说：

> 它（指抗大，引者注）帮助与解答了广大革命青年所迫切要求与热望着的人生的真理，正确的政治方向，革命的知识本领的获得与把握，使他们懂得今天国际国内基本的政治动向和一个革命青年今天所处的地位与责任。②

革命青年则深有感触地说：

> 国难严重，不可终日，救国无术，均欲来抗大以为快（湘来信）。我一定要来抗大学习（粤来信）。不

① 《毛泽东文集》第 2 卷，人民出版社，1993 年版，第 116 页。

② 张际春：《抗大为中华民族与中国人民奋斗的三周年》，《新中华报》，1939 年 6 月 2 日。

到抗大誓不休（川来信）。无日不思想来抗大（闽赣间来信）。[1]

无论是幼稚的青年，还是曾被歪曲理论和欺骗宣传所迷惑所蒙蔽的青年，只要在抗大学习过几个月（仅仅是几个月），接触了马列主义的真理，经过了斗争生活的锻炼，就会觉醒过来，就会老练起来，而成为优秀的抗日干部、坚强的革命志士。

由此可见，树立坚定正确的政治方向，正是抗大为学员们一生革命业绩所奠定的基础。无怪乎抗大学员们在回顾抗大的学习经历时，会异口同声地说抗大是自己接受革命理想启蒙教育的地方，是自己参加革命的起点和加油站。

继承和弘扬抗大精神，最重要的一点就是要始终坚持坚定正确的政治方向。当然，不同时期的正确的政治方向内涵是不同的。今天正确的政治方向，就是指自觉地增强道路自信，毫不动摇地坚持和发展中国特色社会主义。因为中国特色社会主义道路来之不易，它是在改革开放30多年的伟大实践中走出来的，是在中华人民共和国成立60多年的持续探索中走出来的，是在对近代以来170多年中华民族发展历程的深刻总结中走出来的，是在对中华民族5000多年悠久文明的传承中走出来的，具有深厚的历史渊源和广泛的现实基础。历史和现实充分证明，只有中国特色社会主义道路才能发展中国、富强中国，只有中国特色社会主义道路才是通往复兴梦想的康庄大道。正如习近平总书记所说：

道路问题是关系党的事业兴衰成败第一位的问题，道路就是党的生命。中国特色社会主义，是科学社会主义理论逻辑和中国社会发展历史逻辑的辩证统一，是根植于中国大地、反映中国人民意愿、适应中国和时代发展进步要求的科学社会主义，是全面建成小康社会、加快推进社会主义现代化、实现中华民族伟大复兴的必由之路。

① 张际春：《抗大为中华民族与中国人民奋斗的三周年》，《新中华报》，1939年6月2日。

……

共产党员特别是党员领导干部要做共产主义远大理想和中国特色社会主义共同理想的坚定信仰者和忠实践行者。①

要增强对中国特色社会主义的道路自信、理论自信、制度自信，坚定不移沿着正确的中国道路奋勇前进。②

二、“有高尚的理想，正是青年的优点。”

“有高尚的理想，正是青年的优点。”这句话出自张闻天在延安的一次演讲。它体现了党的领导人对青年问题的关注，也体现了延安时期党对青年群体成长的关心与关爱。

这次演讲的时间是1938年4月12日，演讲的地点是陕北公学，演讲的对象是从全国各地奔赴延安的1000多名爱国青年，演讲的题目叫作《论青年的修养》。据当时的聆听者回忆，张闻天的演讲精辟、精彩、感人，效果很好，反响很大，使青年们一下子就找到了奋斗的方向，心里也亮堂起来了。应青年们的强烈要求，张闻天将演讲稿整理成文后，发表在同年5月22日出版的《解放》周刊第39期上。文章发表后，作为自学读物被青年们争相传阅，成为党对青年进行革命理想教育的重要教材而被广泛印行于各抗日根据地。

张闻天为什么要到陕北公学去演讲呢？因为陕北公学是个不一般的地方。

陕公是全中国的一个缩影。同学们来自不同的地方、不同的职业和不同的阶层，但有着同一个倾向，即建立新

① 习近平：《毫不动摇坚持和发展中国特色社会主义，在实践中不断有所发现有所创造有所前进》，《人民日报》，2013年1月6日。

② 中共中央宣传部：《习近平总书记系列重要讲话读本》，学习出版社，人民出版社，2014年版，第31页。

中国的倾向。……因此，陕公代表着全中国的统一战线，是中国进步的一幅缩图。①

这种不一般性，从毛泽东给陕北公学成立的题词中就可以看出来。1937年10月23日，毛泽东为陕北公学成立题词：

要造就一大批人，这些人是革命的先锋队。这些人具有政治远见。这些人充满着斗争精神和牺牲精神。这些人是胸怀坦白的，忠诚的，积极的，与正直的。这些人不谋私利，唯一地为着民族与社会的解放。这些人不怕困难，在困难面前总是坚定的，勇敢向前的。这些人不是狂妄分子，也不是风头主义者，而是脚踏实地富于实际精神的人们。中国要有一大群这样的先锋分子，中国革命的任务就能够顺利地解决。②

这种不一般性，从毛泽东对陕北公学毕业同学的临别赠言中也可以看出来。1938年3月3日，毛泽东赠言陕北公学第六、七、八、九、十队毕业同学：

陕公是有许多不能使人满意的地方，我们不在乎像其他学校那样照着书本一章一章地来上课，而在乎学习一种作风，一种方向。陕公的校长和教职员，他们都是从艰难困苦的斗争中出来的，所以你们在陕公里可以学习到一个方向——政治方向，同时又可以学习到一种作风——工作作风。③

由此可见，陕北公学是毛泽东希望“造就大批抗日先锋队”和

① 《毛泽东文集》第2卷，人民出版社，1993年版，第104页。

② 中共中央文献研究室编：《毛泽东年谱（1893—1949）》中卷，中央文献出版社，2002年版，第33页。

③ 《毛泽东文集》第2卷，人民出版社，1993年版，第108页。

“学习正确政治方向”的地方。张闻天选择陕北公学作为演讲地点，显然是有特殊意义的。

张闻天为什么要专门谈青年的修养问题呢？因为在全民族抗战中，青年是一个不一般的群体。

> 从全国民族抗战开始到现在这个时期内，青年的确占着一个很重要的地位。我们无论从哪一方面来看，不论是军事方面也好，政治方面也好，文化教育方面也好，都可以看到广大青年群众的活跃。他们总是站在抗战的最前线，为中华民族的解放而牺牲奋斗。同时，由于抗战规模扩大和展开，青年的责任也更加重要了。[①]

同时，由于共产党坚决抗日的态度和八路军、新四军辉煌的抗战业绩，延安已经成为进步青年心目中的革命圣地，他们克服重重阻碍，不远千里、万里奔赴延安。

> 青年！中国青年！延安吃的小米饭，延安穿的麻草鞋，为什么你爱延安？我们不怕走烂脚底板，也不怕路遇“九妖十八怪”，只怕吃不上延安的小米，不能到前方抗战；只怕取不上延安的经典，不能变成最革命的青年。[②]
>
> 打断骨头连着筋，扒了皮肉还有心，只要还有一口气，爬也爬到延安城。[③]

来到延安的这些进步青年有很多共同的优点，但也有一些共同的弱点。如何更好地把青年造就成毛泽东所希望的革命的先锋队，使他

---

① 张闻天：《论青年的修养》，《解放》周刊，第 39 期，第 3 页。

② 柯仲平：《延安与中国青年》，《柯仲平诗文集》第 1 卷，文化艺术出版社，1984 年版，第 79 页。

③ 王春明：《千万青年奔向延安》，《中华魂》，2007 年第 12 期。

们坚定正确的政治方向，正是张闻天关心和关注的问题。张闻天专门谈青年的修养问题，正是为了发挥他们的优点，克服他们的弱点，使他们更能在抗战中尽好他们的责任，做好全国青年的表率。

张闻天认为青年最可宝贵的东西，就是他们有高尚的理想。正是高尚的理想不断鼓舞着青年向前进步，使他们不愿醉生梦死，使他们“在过去，在现在，创造了许多惊天动地与可歌可泣的伟大事业”。张闻天在演讲中说：

> 比如你们，陕北公学的同学，究竟为了什么不远千里而来陕北这个比较荒凉的地区呢？陕北公学的物质条件是很困难的。住的是窑洞，吃的是小米饭。教育设备很简陋。然而你们为什么不怕一切困难而来呢？如果你们不是为了高尚的理想，我想你们是不会来的。
>
> 谁都可以看到，在我们延安，没有官可做，没有薪水可拿，没有很好的生活可过，还有不少人在我们的周围造我们的谣，破坏我们，然而你们仍然不远千里而来，其原因何在呢？

所以，高尚的理想对于青年是最可宝贵的东西。

但青年共同的缺点，是容易把空想当成高尚的理想。

> 现在有些青年人的理想不是理想而是空想。空想可能常常是美丽的东西，然而究竟是空想而不是理想。

什么是高尚的理想而非空想呢？对此，张闻天专门做了论述。张闻天说，高尚的理想和空想的区别有四点：

第一，高尚的理想是建立在现代社会的物质基础之上的东西。也就是说，高尚的理想必须具备实现的现实社会条件。

> 一切伟大的理想，都从现代社会的具体分析得来。闭户造车究竟只能是幻想而不是理想，因为它是个人头脑中间随便想出来的，而不符合于具体的与实际的物质条件。

第二，高尚的理想是适合于人类社会发展的必然趋势的。也就是说，高尚的理想应该推动历史前进，而不是倒退。

> 如果今天有人要恢复原始共产主义社会或恢复奴隶社会，或仿效君主专制或法西斯独裁的统治，那这种思想就不是真正的理想，因为这种思想是违反人类现代社会发展的趋势的。这种思想，我们不叫它理想，而叫它作反动思想。因为这种思想不是使社会走向前进，而是要它转向后退，就是开所谓“倒车”。一切不合人类社会发展趋势的思想，只能是一种空想。

第三，高尚的理想是能够实现的。这也就是说，能实现的才叫理想，不能实现的则叫空想。

第四，高尚的理想有实现它的具体办法。这也就是说，实现高尚的理想需要讲究策略与战略。

拿这四条来衡量，张闻天认为争取“民族独立、民权自由、民生幸福”是整个抗战时期的理想，“共产主义社会是我们将来的理想”。这个现阶段的理想和将来的理想，正是青年所必须始终坚持的坚定的正确的政治方向。他要求广大青年既坚定共产主义的理想信念，又要脚踏实地投身到抗日战争的洪流中去。

张闻天的这次演讲，既紧密地结合了当时全民族抗战的伟大实践，又简单明了、通俗易懂，完整地阐明了高尚理想对于青年成长的意义。他引导并启发了广大青年将自己的高尚理想与民族前途命运结合起来，对于青年“树立什么样的理想，怎样树立理想”很有教育意义。同时，张闻天的演讲又极大地鼓舞和激励了青年为民族抗战奋斗牺牲的热情与决心。我们知道，在实现中国梦的今天，青年依然占有十分重要的地位。因而，张闻天在延安时期的论述与观点并没有过时，依然有着积极的现实意义。现在我们比历史上任何时期都更接近实现中华民族伟大复兴的目标，比历史上任何时期都更有信心、更有能力实现这个目标。但是距离实现中华民族伟大复兴的目标越近，我们越不能懈怠，越要加倍努力，越要动员广大青年为之奋斗。

2014年5月4日，第95个青年节到来之际，中共中央总书记习近平专程到五四运动的策源地——北京大学重提关于青年的话题。他说：

> 我感到，当代大学生是可爱、可信、可贵、可为的。
>
> 每一代青年都有自己的际遇和机缘，都要在自己所处的时代条件下谋划人生、创造历史。青年是标志时代的最灵敏的晴雨表，时代的责任赋予青年，时代的光荣属于青年。
>
> 广大青年对五四运动的最好纪念，就是在党的领导下，勇做走在时代前列的奋进者、开拓者、奉献者，以执着的信念、优良的品德、丰富的知识、过硬的本领，同全国各族人民一道，担负起历史重任，让五四精神放射出更加夺目的时代光芒。[①]

习近平总书记的讲话，可以说是对党的历代领导人关于青年问题论述的继承与发展，同时也为当代青年树立崇高理想指明了方向。

三、“中国的命运完全寄托在中国共产党身上”

自从有了中国共产党，中国的命运就一直寄托在她的身上。这是

---

① 习近平：《青年要自觉践行社会主义核心价值观——在北京大学师生座谈会上的讲话》，《人民日报》，2014年5月5日。

因为，只有中国共产党才能始终代表不同时期中国正确的政治方向。正如习近平同志所说：

> 我们共产党人的忧患意识，就是忧党、忧国、忧民意识，这是一种责任，更是一种担当。[①]
>
> 中国共产党成立后，团结带领人民前赴后继、顽强奋斗，把贫穷落后的旧中国变成日益走向繁荣富强的新中国，中华民族伟大复兴展现出前所未有的光明前景。我们的责任，就是要团结带领全党全国各族人民，接过历史的接力棒，继续为实现中华民族伟大复兴而努力奋斗，使中华民族更加坚强有力地自立于世界民族之林，为人类做出新的更大的贡献。[②]

为什么中国共产党能够始终代表中国正确的政治方向呢？原因在于这个党“是一个坚持科学理论武装、先进性特征鲜明的党，是一个一切为了人民、全心全意为人民服务的党，是一个经受得住各种风险考验、不断成熟自信的党”[③]。所以毫无疑问，在实现中华民族伟大复兴中国梦的今天，中国的命运依然完全寄托于中国共产党。实现中国梦必须走中国特色社会主义道路，而中国特色社会主义最本质的特征就是坚持中国共产党的领导。

> 中国的事情要办好，首先中国共产党的事情要办好。实现“两个一百年”奋斗目标，应对和战胜前进道路上的

① 习近平：《坚持从严治党，落实管党治党责任，把作风建设要求融入党的制度建设》，《人民日报》，2014年7月1日。

② 习近平：《人民对美好生活的向往就是我们的奋斗目标》，《人民日报》，2012年11月16日。

③ 习近平：《坚持从严治党，落实管党治党责任，把作风建设要求融入党的制度建设》，《人民日报》，2014年7月1日。

各种风险和挑战，关键在党。[①]

对此，以习近平同志为总书记的党中央有着十分明确而清醒的认识。十八届中共中央政治局常委同中外记者第一次见面时，习近平同志就强调：

> 打铁还需自身硬。我们的责任，就是同全党同志一道，坚持党要管党、从严治党，切实解决自身存在的突出问题，切实改进工作作风，密切联系群众，使我们的党始终成为中国特色社会主义事业的坚强领导核心。[②]

同时，他也庄严承诺：

> 我们一定要始终与人民心心相印、与人民同甘共苦、与人民团结奋斗，夙夜在公，勤勉工作，努力向历史、向人民交一份合格的答卷。[③]

① 习近平：《坚持从严治党，落实管党治党责任，把作风建设要求融入党的制度建设》，《人民日报》，2014 年 7 月 1 日。

② 习近平：《人民对美好生活的向往就是我们的奋斗目标》，《人民日报》，2012 年 11 月 16 日。

③ 同上。

第二章

赢得了民心：党成功的奥秘

中国共产党人何以能在满目荒凉的黄土高原，在山瘠水贫的延安立足、扎根，由小变大，由弱变强，并最终走向全中国？除了因为中国共产党把马列主义和中国具体实际相结合，找到一条民族独立与人民解放的正确道路之外，就是因为中国共产党始终把人民利益放在第一位，以对人民的无限忠诚，赢得了人民的心。“得民心者得天下”——中国共产党成功的奥秘也是如此。

一、“战争的伟力之最深厚的根源，存在于民众之中。”

1946 年 6 月，国民党当局撕毁停战协定和政协协议，悍然向解放区发动大规模进攻，全面内战由此爆发。开战之初，在力量对比上，国民党占尽优势。当时，在军事上，国民党拥有 430 万军队，其中正规军有 200 万人，有 45 个师为美式装备，还接收了 100 万日军的武装；经济上，国民党统治了 3/4 的地区和 3 亿以上的人口，控制着全国几乎所有的大城市和主要交通干线，控制着几乎全部的现代工业，军事工业也有相当规模；外交上，国民党得到美国政府的全力支持。而共产党方面只拥有 127 万军队，其中正规军 61 万人，武器装备是“小米加步枪”；解放区人口为 1.2 亿，所在地区又大多经济落后，经济上主要依靠农业和手工业，交通运输只靠肩挑背扛、大车拉小车推，军工生产基础极为薄弱。但就是在力量如此悬殊的情况下，共产党仅用三年左右时间就把国民党彻底打败了。这样的转变发生得如此之快，在战争开始之时，无论是中国共产党、中国国民党，还是美国、苏联等国都没有预料到。

国民党为什么败得如此迅速？共产党又为什么能赢得如此彻底？对于这个问题，当时很多人从不同角度进行了探讨。他们得出的结论不尽相同，但大家都有一个共同的认识，即人心向背最终决定了战争的胜负。如 1949 年 8 月，艾奇逊在致杜鲁门总统的信中指出：

> 国军在具有决定性的 1948 年内，没有一次战役的失败是由于缺乏武器或弹药。……它的部队已经丧失斗志，它的政府已经失去人民的支持。①

美国知名记者杰克·贝尔登在其《中国震撼世界》一书中也写道：

> 人们不能不认为，蒋介石之所以在这时被打败，是因为在 1945 年至 1949 年间中国绝大多数人民的人心向背发生急剧的变化。②

抗战胜利后，沦陷区人民渴望着国民党中央派人前去接收。可是，国民党接收大员却贪婪地搜刮民财，巧取豪夺，把原沦陷区搞得乌烟瘴气、怨声载道。民众讥讽那些接收大员是“五子登科”，即只

---

① 《中美关系资料汇编》第 1 辑，世界知识出版社，1957 年版，第 39 页。

② 王楗夫：《为人民服务——中国共产党如何赢得民心》，中国方正出版社，2014 年版，第 137 页。

知道掠夺金子、房子、车子、票子、女子；“三迷成风”，即财迷、色迷、官迷成风。当时，北平流传着这样的民谣：“盼中央，望中央，中央来了更遭殃。”“想老蒋，盼老蒋，老蒋来了米面涨。”所谓的“接收”，其实是“劫收”。对此，国民党负责经济接收的重要官员邵毓麟深为忧虑地对蒋介石说：“像这样下去，我们虽已收复了国土，但我们将丧失人心！”

而在共产党这边却是另一道风景。内战前夕，负责调停国共两党关系的马歇尔上将来到延安，他看到的一切令他终生难忘：在延安，党的干部工作时间很长，吃得很差，冬天还减为一日两餐……然而，看起来他们并不感到疲劳，甚至在敌人即将大举进犯时也是如此。

在延安，人们听到最多的词是“人民”。那些粉刷在墙壁上、张贴在大树上、书写在背包上的诸如“向人民学习”“到人民中去”“与人民打成一片”等口号，传递着解放区的军民鱼水深情，蕴含着共产党人深厚的人民情结。

因为共产党人始终把人民放在最高位置，因而人民愿意全力支持共产党。转战陕北时，有许多人从安全角度考虑，劝毛泽东离开陕北，东渡黄河。但毛泽东誓言：“不打败胡宗南，绝不过黄河。”他坚信：“人民拥护的地方最安全。”党中央转战陕北一年多时间，经过10多个县、30多个村庄，但基本上一路平安无事。当时令胡宗南最为困惑的是：每天有几万人漫山遍野地搜寻，并备有先进的侦察设备，但就是没有发现“共匪首领”的任何蛛丝马迹。毛泽东到底去了哪里？其实，毛泽东大部分时间在陕北老乡家里，有时就在老乡家的锅台上办公，指挥千军万马。保密工作为何能做得这样好？这依靠的就是党和群众的血肉联系。有一次，毛主席曾经居住过的窑洞的主人，在主席撤离后不幸落入敌人手中。敌军对他进行了严刑拷打，试图从他口中得知党中央的下落，但他宁愿手指被砍断，也决不透露半点信息。敌军走后，他又赶到党中央所在地，把他认为有用的遗留在他家窑洞中的电报信息送给了党中央。没有人民的支持，进了边区的国民党军队就成了瞎子，纵然兵多枪多也无可奈何。

“最大多数”一词出现在毛泽东笔下，是在解放战争进行到最困难的时刻。1947 年秋，陕甘宁晋绥联防军想把位于陕北与晋北交界处的佳县打下来，以缓解胡宗南大军进犯陕甘边区的压力，但临战却发现，胡宗南部已将这一带抢掠一空，部队由于极度缺粮致使打仗难以进行。但佳县人民表达了对人民军队的坚定支持，他们说老百姓所有的粮食都可以给部队，粮食不够还有羊，羊吃光了还有耕地的牛。战役打响了，佳县百姓的支前队伍扛着拉着从各家各户凑来的粮食、驴和羊，共产党的部队打到哪里，他们就寸步不离地跟到哪里；而在后方，佳县百姓吃的是树叶和树皮，这些都吃光了，就吃观音土。佳县人民的无私支援，激励着人民战士的斗志，同时，坚定着共产党人的信念。战斗结束不久，毛泽东来到佳县，深情地写下了这样一句话："站在最大多数劳动人民一面。"

"站在最大多数劳动人民一面"，这句话虽简短通俗，但内涵深刻，凝练了共产党人的宝贵经验。中国共产党能在陕北站稳脚跟，转战陕北时能在力量对比极为悬殊的情况下，一次次化险为夷，并最终以 2 万余兵力粉碎了敌人 20 多万的"重点进攻"，是因为得到了老百姓舍生忘死的支持。当时，老百姓舍了身家性命，紧跟共产党，就是因为共产党始终"站在最大多数劳动人民的一面"。

1948 年年底至 1949 年年初的淮海战役，国民党军队以 80 万兵力对解放军的 60 万，而且装备占优，可几个月下来，却以解放军歼敌 55 万，取得彻底胜利而告终。解放军胜利的原因是多方面的，人民群众的大力支援是重要因素。从临沂到莱芜，直线距离 140 多公里，由贫苦农民组成的几十万支前大军日夜不停、川流不息地行进在淮海战役的所有道路上。他们推着独轮车，挑着扁担，或者用自己的肩膀，以排山倒海的气势把物资源源不断地送上前线。据统计，淮海战役的支前民工达 540 万之多。有人推算，如果当年将运粮小车排成 5 行，可以从北京一直排到南京。难怪陈毅元帅动情地说："淮海战役的胜利，是人民群众用小车推出来的。"

原国民党军队五大主力之一——第十八军军长杨伯涛，战前曾率兵经过豫皖地区，当时的感觉是"军行所至，鸡犬一空"，他以为这是黄河改道等地理因素造成的，并没有在意。可几个月后，他当了解放军的俘虏后再过此地，看到沿途几十里，到处熙熙攘攘、行人如织，家家开户、处处炊烟，数不清的老百姓在为支援前线而奔忙的场景时，不由得感慨万千，似乎悟出了为什么国民党兵力占优、装备精良，却总是打败仗的道理。

毛泽东曾讲："战争的伟力之最深厚的根源，存在于民众之中。"[①]"只要我们依靠人民，……和人民打成一片，那就任何困难也能克服，任何敌人也不能压倒我们，而只会被我们所压倒。"[②]这些都是对人民的巨大力量的精辟论断，解放战争的历史进程雄辩地证明了这些论断的真理性。毛泽东的对手蒋介石没有认清这个道理，或虽有认识，但找不到赢得民心的办法，所以才败下阵来。

二、"全心全意地为人民服务，一切从人民的利益出发。"

1949年6月25日，著名民主人士张澜同毛泽东有一次耐人寻味的对话。张澜说：

> 共产党真有本领，取得如此伟大的胜利。

毛泽东回答：

> 我们共产党人，其实也无过人的本领，我们只不过做到了谦虚、谨慎、勤劳、节俭，全心全意为人民服务，全国人民拥护我们，这才办成了一些事情。

张澜听后感慨地说：

> 主席讲的前八个字，是中国人的传统美德，少数人能

① 《毛泽东选集》第2卷，人民出版社，1991年版，第511页。

② 《毛泽东选集》第3卷，人民出版社，1991年版，第1096页。

够做到。但要做到这后一句话就很难啦！恐怕这也就是历来为政者的病根之所在吧。[①]

毛泽东点头认同。这番看似普普通通的对话，却道出了中国共产党胜利的实质，得民心者得天下，失民心者失天下。而要得民心，就必须戒除“历来为政者的病根”，真正做到为人民服务，不是三心二意为人民服务，而是全心全意地为人民服务。

对中国人而言，中国共产党的“为人民服务”宗旨，可谓家喻户晓，妇孺皆知。1944年9月8日，毛泽东在追悼张思德大会上，做了《为人民服务》的著名演讲，明确地提出了为人民服务是中国共产党的宗旨：

我们这个队伍完全是为着解放人民的，是彻底地为人民的利益工作的。[②]

1945年4月，中共七大在延安隆重召开。毛泽东向大会做了《论联合政府》的报告。在报告中，毛泽东对为人民服务的宗旨又做了更深入的阐述。他说：

我们共产党人区别于其他任何政党的又一个显著标志，就是和最广大人民群众取得最密切的联系。全心全意地为人民服务，一刻也不脱离群众；一切从人民的利益出发，而不是从个人或小集团的利益出发；向人民负责和向党的领导机关负责的一致性；这些就是我们的出发点。[③]

共产党人的一切言论行动，必须以合乎最广大人民群众的最大利益，为最广大人民群众所拥护为最高标准。[④]

---

① 龙显昭、郭光杰主编：《张澜纪念文集》，四川教育出版社，1999年版，第210页。

② 《毛泽东选集》第3卷，人民出版社，1991年版，第1004页。

③ 同上书，第1094—1095页。

④ 同上书，第1096页。

这次大会第一次把全心全意为人民服务作为党的宗旨载入党章。

如果说毛泽东在《为人民服务》一文中，为中国共产党的建党宗旨奠定了一块基石，那么，在党的七大上的讲话，则是对这一基石进行了更为深刻的阐述。在这里，毛泽东不仅重申了“为人民服务”这一根本宗旨，而且还把判断中国共产党言行的最高标准，明确界定为是否符合“最广大人民群众的最大利益，为最广大人民群众所拥护”。邓小平对此也有过极精辟的论述，一切要以人民拥护不拥护、人民答应不答应为标准。这个标准的界定意义是十分深远的，它仍旧是我们今日为人民服务的指南。

延安时期，全心全意为人民服务的思想，不仅得到理论化、系统化的阐述，而且生动地体现在政权建设、经济发展、文化方针等各个方面。

在政权建设上，为保障人民群众的政治利益，党创建了“三三制”民主政权。中国共产党人认真履行自己的诺言，不折不扣地执行了“三三制”的政策。1941 年 11 月召开陕甘宁边区第二届参议会，在选举边区政府委员时，当选的 18 人中本来有中共党员 7 人，由于超过了“三三制”的规定，德高望重的徐特立主动申请退出，然后按得票多少的次序，改由一名党外人士递补当选。议员代表李丹生在闭幕会上发言说：共产党“说到做到，以信义昭示天下，则天下都是你们的”。李鼎铭副主席认真地说：我原本不愿出来做事的，是受到毛主席在参议会上的演说感动才出来的，在党外人士有职有权的鼓励下出来的。

“三三制”的实施，给根据地各阶层人民提供了当家做主的机会和参政、议政的权利，加强了人民对党和政府的有效监督，保证了党的为人民服务宗旨的实现。

在经济发展上，边区政府通过实行一系列休养民力、发展经济、改善人民生活的新民主主义经济政策，真正“给人民以看得见的物质福利”。自己动手、丰衣足食，开展轰轰烈烈的大生产运动；实施“减租减息”政策，减轻农民负担，改善民生；实行“公私兼顾、军民兼顾”政策，使军民关系、政民关系和军政关系都得到改善和加强；实行精兵简政政策，极大地节约财政支出；节省民力，融洽了政府与民众的关系。很显然，这同国民党政府置人民利益于不顾，大肆搜刮民财，竭泽而渔的做法，形成鲜明的对比。正因为如此，人民把国民党称为“刮民党”，而把共产党比作“太阳”“人民救星”。

在文艺方针上，中国共产党坚持文艺为人民服务的方针。毛泽东在《在延安文艺座谈会上的讲话》中指出：

> 我们的文学艺术都是为人民大众的，首先是为工农兵的，为工农兵而创作，为工农兵所利用的。[①]

基于这样的指导思想，广大文艺工作者深入生活、深入群众，坚持文艺为工农兵服务的方向，使革命文艺事业呈现出一派新的气象，《兄妹开荒》《白毛女》等一大批优秀作品脱颖而出，广大劳动人民的形象，第一次堂堂正正地展现在了文艺的舞台上。这不仅鼓舞了人民，教育了人民，同时也有力地推动了革命事业的发展。

延安时期，为人民谋利益不仅表现在抓大事上，而且表现在注意群众的实际生活问题上。毛泽东、刘少奇、朱德等中央领导在枣园居住时，都始终把自己作为枣园的普通居民，经常与群众密切往来，并一再叮嘱乡长开会时把他们叫上。每逢过年，他们都去给群众拜年，还给枣园的老农祝寿。有一年，延安久旱无雨，经毛泽东提议，中央书记处的人员和附近的机关干部、学生同群众一起，很快修了一条长达 10 公里、可灌溉 1200 亩土地的水渠。枣园人民为了纪念党的关怀，高兴地把水渠命名为“幸福渠”，还特意做了一面题写“为民谋利”的锦旗献给毛泽东、朱德等中央领导同志。

在党的领袖们的影响和带动下，干部、战士都把坚持为人民服务作为自己言行的标准，他们都极为关心边区人民的生活，深入实际、调查研究，及时解决实际问题成了干部们的习惯。农忙时，机关干部、部队战士和学生下乡帮助群众收割耕种；群众受灾时，他们带

① 《毛泽东选集》第 3 卷，人民出版社，1991 年版，第 863 页。

头节衣缩食，发放救济粮款。群众的衣、食、住、行，生、老、病、丧、嫁、娶，小孩上学、农民识字问题党和政府都记挂在心上，尽量加以妥善解决。

1946年，美国纽约《先锋论坛报》记者斯蒂尔访问延安后深有感触地说：

> 我觉得在延安的访问中，有三件事使我感动而且深刻起来。第一件是我体味到共产党常常说的“为人民服务”，在延安所亲见的各种具体事实，我认为这是货真价实的。①

延安时期，“全心全意为人民服务”不是一句空洞的口号，而是落实在时时刻刻为人民谋利益的实际行动中，正是这种实际行动，使中国共产党和人民群众形成了深厚的鱼水情谊，也使中国共产党有了团结人民群众的感情基础。

延安岁月，中国共产党人以对人民的无限忠诚，以全心全意为人民服务的实践，创造了属于人民的光辉历史，形成了共产党人无私奉献的伟大精神，为我们民族筑起了一所永恒的精神家园。

党的十八大以后，习近平同志与中央政治局各位常委，在共同参观反映中国170多年来追求民族独立、国家强盛的大型陈列展《复兴之路》时，做出了“道路决定命运”的论断。回顾中国共产党建立90余年来所走过的历程，我们就会发现，这种道路的选择是建立在“人民”二字基础之上。

90余年来，中国共产党之所以能够从小到大、从弱到强，在中华民族复兴的伟大斗争中，成为全国人民的中流砥柱、领导核心，先后夺取了新民主主义革命的胜利，建立了社会主义制度，取得了改革开放、建设有中国特色社会主义的伟大成就，这一切都取决于共产党人在伟大的社会实践中，对“为人民服务”这一宗旨的忠实践履。正

① 任宏、高梅主编：《精神的魅力——延安时期生活往事》，济南出版社，2005年版，第194页。

因为中国共产党确立了这一宗旨，才能选择了正确的方向、道路，才能制定正确的路线方针政策，才能代表中国最广大人民群众的根本利益。也唯此，才赢得了全中国最广大人民群众的拥护和支持。所以说，无论何时何地，“为人民服务”这五个字，我们一刻都不能忘，一个字都不能丢！

三、“我们一切工作干部，不论职位高低，都是人民的勤务员。”

延安时期，以毛泽东为代表的中国共产党一再强调人民群众是主人，“我们一切工作干部，不论职位高低，都是人民的勤务员，我们所做的一切，都是为人民服务”，[①] 一切权力属于人民，而中国共产党及其政府是人民的勤务员。

当年的延安之所以被称作“圣地”，全心全意为人民服务之所以能够成为共产党人的一种伟大精神，它不是共产党人的自我标榜，而是全体共产党员实践的结晶，是党的领导人率先垂范带出来的。他们生活在群众中，是群众的一分子，而又有着比一般群众更高更严的要求。“只见公仆不见官”，这是当时对延安的真实写照。许多从国统区来延安参观的民主人士和外国记者，耳闻目睹，惊讶不已：“天下竟有这样的官！”

毛泽东是人民公仆的倡导者，也是模范的实践者。在战争年代，他每到一地，就和那里的群众打成一片，不是高踞于群众之上，而是深入于群众之中。他和大家一起吃粗粮，穿补丁衣，住着冰冷的窑洞，吃着小米、黑豆。看着毛泽东那简朴的生活，美国著名记者斯诺敬佩地写道：做了十年红军领袖，千百次地没收了地主、官僚和税吏的财产，而他所有的财产却依然是一卷铺盖、几件随身之物。

在田畔、街头，在杨家岭，他经常与群众交谈，询问人民的衣食住行问题；在生产季节，他多次指示中央机关的同志帮助附近农民收

① 《毛泽东文集》第3卷，人民出版社，1996年版，第243页。

割、耕种。他处处以普通劳动者的姿态出现，同群众打成一片。为了克服解放区的极端困难，毛泽东提出“自己动手”“自力更生”，开展生产运动。当时，中央机关的勤务人员也制订了生产计划，分片开荒种地。毛泽东也想有自己的一块荒地。勤务人员说：“主席工作很忙，身体又弱，不一定参加生产啦。”毛泽东却说：“不行！生产是党的号召，我应该和同志们一样，响应党的号召，参加生产。”勤务人员只好在他住地附近给他分了一块地。毛泽东对这块地非常负责，种上各种蔬菜，经常利用休息时间去劳动。警卫员要帮他的忙，他婉言谢绝：“你们有你们的生产任务，我有我的生产任务，你们都干了，我干什么？”毛泽东在延安北面的肖家崖村居住时，把一件衣服送给贫苦农民李怀春，又让医生给他的妻子治好了病。秋后，李怀春夫妇为感谢救命恩人，就在山上摘了一驮子沙果，赶上毛驴送到毛泽东的住地。毛泽东热情接待了他们，但对送来的沙果却婉言拒收。事后他对大家说：“如果我们吃了沙果，尽管付了钱，不明真相的人，还以为我们和国民党一样，白吃群众的东西。沙果虽小，影响很大啊！”

两身换洗衣服、一床毛毯，便是延安时期周恩来的全部财产。在他住的窑洞里，连一张桌子也没有，办公时就坐着个大木墩子，膝盖上垫一个用高粱秆纳成的锅盖拍拍，把电报、文件放在拍拍上，边看边批。在抗日战争时期，周恩来曾任国民政府军事委员会政治部副部长，每月的薪水是几百元，而他只留五元津贴，其余的都交党费。在重庆工作的日子里，“他们住的楼阁里，臭虫可能会从顶棚上掉下来，雨水也许会漏到床上”[①]。一次，曾经在他 12 岁时就带他到东北上学的伯父到重庆看望他，十几年不见，工作人员知道老人家爱喝酒，准备打点酒好好招待老人，却被周恩来制止了。他亲自向伯父解释说：“我在这里用的全是党的钱，我不能为了私恩花党的钱。”伯父很理解他，高兴地吃了一顿简单的便饭。

1941 年 9 月 19 日，中央做出一项特殊决定，发给某些老、弱、病、伤同志特别保健费和营养品。延安共有 26 人享受这项特殊待遇，

① 李畅培：《红岩精神的由来及其内涵》，《党建研究》，2002 年第 4 期，第 55 页。

包括“延安五老”。当时的营养品就是几十个鸡蛋，但许多同志不愿享受这项待遇。陕甘宁边区教育厅厅长徐特立，年近古稀，当把鸡蛋给他送去，送蛋的人前脚走，他后脚送回，一连三次，最后只好把鸡蛋送给伤病员。在转战陕北途中，由于劳累，徐老病倒了，发烧咳嗽。卫生员为了给他弄口水喝，就从老乡家里要来一捆麻秆，准备点火烧水。徐老看见后，立即制止说：“这麻秆是陕北农民晚上照明用的，你们只想烧开水，却忘了群众利益。”直到把麻秆送还给老乡并道了歉，他才安心躺下，忍着病痛，没有喝一口水。

边区政府主席林伯渠经常说：“我自己的生活享受，是不应当超过一个普通工人所应有的享受。”他这样说，也是这样做的。他深入群众，调查研究，与群众同吃、同住。群众高兴地说：“我们的主席，没有一点官架子。”在他的带领下，边区政府的工作人员都养成了勤奋工作、雷厉风行的作风。林伯渠经常下基层调研，跑过边区许多县，每到一地他都手拄拐杖，走家串户，了解情况。续范亭有诗赞林老：“年年足迹遍神州，革命先锋一老牛。”“人人争识林老头，亲切有如家人父。灯前细说几件事，米面油盐棉花布。”他还制订了“生产个人计划”，亲自动手，种粮种菜。1945 年的金秋季节，一位美国记者返回延安。他年初抄了一份林伯渠的个人生产计划，这次要验证一下。当他看到林伯渠种的菜地和缝补了多次的衣被时，已心服口服。傍晚，他漫步在延水河畔，看见小路上走来一位担着马草的小伙子，后面跟着一位戴着草帽背了大捆马草的老人，近前一看，竟是林伯渠主席。这位外国记者激动地张开双臂，高声说道：“主席先生，我在这块土地上，从你们的行动里，看到了中国的光明和希望！”

人民群众是最务实的，他们往往是通过党员干部的行动，来判断党的性质，来确定对党的态度。延安时期，人民群众正是从党的领袖、党员干部的高度自律、艰苦奋斗、勤政为民的优良作风中深切体会到共产党人是真心实意为人民服务的，并从内心深处萌发了跟共产党走的决心。正如美国记者冈瑟·斯坦在《红色中国的挑战》中写道：

据我所看到和听到的一切，农民对于新民主主义的先

> 进分子的尊敬，在很大程度上是由于他们过着简单、洁净和正常的生活。[①]

今天，中国共产党已成为执政党。执政党的地位，为中国共产党完全彻底地为人民服务提供了良好的条件。但同时，当一个政党成为有江山、守江山、描绘江山美好蓝图的领导者时，最容易出现优良作风丧失、不良作风滋长的问题，并因此逐步失去民心。现实中一些党员干部在作风上存在种种脱离群众、做官当老爷、滥用权力等不正之风，给党的形象抹黑，损害党群、干群关系，严重干扰和影响到党的宗旨的践履。正因为此，在当前形势下，对党员干部强化公仆意识教育、加强作风建设显得尤为重要，甚为迫切。

优良作风具有无声的力量，让干部和群众心贴心；不良作风像一座无形的墙，把党和人民隔开，让干部和群众产生隔阂。十八大以来，中共中央出台了一系列改进作风的规定，随后又开展了一场以“为民、务实、清廉”为主题的群众路线教育实践活动，并把活动的主要任务聚焦在集中解决群众反映强烈的“形式主义、官僚主义、享乐主义和奢靡之风”这“四风”问题上，可谓找到了党群、干群关系受到损害的重要根源，点到了“作风建设”的命穴！

四、“为人民利益坚持好的，为人民利益改正错的。”

政党的价值观直接决定着政党对人民利益的态度。中国共产党始终以“全心全意为人民服务”为宗旨，以实现和发展人民利益为目的，这就决定了在实际工作中，中国共产党对有利于实现人民利益的政策予以坚持和完善，对于违背人民利益的政策予以克服和抛弃。毛泽东在《为人民服务》的演讲中曾对中国共产党这一工作态度做过深刻的阐述，他指出：

---

① ［美］冈瑟·斯坦著，马飞海等译：《红色中国的挑战》，上海译文出版社，1999年版，第235页。

> 因为我们是为人民服务的，所以我们如果有缺点，就不怕别人批评指出。……只要我们为人民利益坚持好的，为人民利益改正错的，我们这个队伍就一定会兴旺起来。①

在《论联合政府》中，毛泽东更是强调：

> 以中国最广大人民的最大利益为出发点的中国共产党人，相信自己的事业是完全合乎正义的，不惜牺牲自己个人的一切，随时准备拿出自己的生命去殉我们的事业，难道还有什么不适合人民需要的思想、观点、意见、办法，舍不得丢掉的吗？……难道我们还有什么个人利益不能牺牲，还有什么错误不能抛弃吗？②

延安时期，党群关系也并不是一帆风顺的，也遭遇过挫折，尤其是财政、经济困难时，曾一度加重了人民的负担，引起了群众强烈不满，影响到了党在群众中的威信。好在中共中央及时发现了这一问题的严重性，采取强有力的措施减轻了群众的负担，有效缓解了党政军民之间的矛盾，人民群众对党的态度也由“敬鬼神而远之”转变到将其看作“人民大救星”。

1940 年初，日本侵略军对共产党领导的敌后抗日根据地实行更加频繁、残酷的“蚕食、扫荡”。是年秋，国民党停发八路军军饷，并对抗日根据地实行经济封锁。与此同时，边区内又遭受严重的自然灾害，天灾人祸一并侵吞着本来就困难的边区经济。粮食，是当时边区最急迫需要解决的问题。外援断绝后，只能全部依靠征粮。而 1940 年征收的公粮，供应到 1941 年 3 月时，部分地区已出现断粮。政府先后借粮两次，才勉强支撑下来。为了保证 1942 年的供给和归还 1941 年的借粮，中共中央与边区政府决定加倍征粮。人民

① 《毛泽东选集》第 3 卷，人民出版社，1991 年版，第 1004—1005 页。

② 同上书，第 1096—1097 页。

群众对此反应强烈，因负担过重而引发的不满情绪越来越高。其间陕甘宁边区发生了“雷公咋不打死毛泽东”一事，[①] 一时引起不小的轰动。

1941 年 6 月 3 日，陕甘宁边区政府在延安的杨家岭小礼堂召开边区各县县长联席会议，讨论征粮工作和农民负担问题。当天下午正在开会，突然大风暴雨，一个炸雷击断了礼堂的一根木柱，坐在附近的延川县代县长李彩云猝不及防，不幸触电身亡。同一天，一个农民饲养的一头驴也被雷电击死了。噩耗传开以后，人们议论纷纷。这个农民逢人就说：“老天爷不开眼，响雷把县长劈死了，为什么不劈死毛泽东？”保卫部门闻讯，要把这件事当作“反革命”事件来追查，逮捕这个“竟敢如此咒骂毛主席”的农民，并要公开处理，以一儆百。

毛泽东从警卫员口中知道这件事以后，立即阻止了保卫部门的行动。毛泽东说：“群众发牢骚，有意见，说明我们的政策和工作有毛病。不要一听到群众有议论，尤其是尖锐一点的议论，就去追查，就要立案，进行打击压制。这种做法实际上是软弱的表现，是神经衰弱的表现。我们共产党人无论如何不要造成同群众对立的局面。”

这事引起了毛泽东的深思：这个农民为何要骂自己、骂共产党？是什么引起农民这么大的怨气？面对挨骂，毛泽东没有责怪“咒骂”他的群众，更没有惩罚群众，而是千方百计接近边区群众，派调查团深入农村，了解群众“咒骂”自己的真实原因。调查中，群众纷纷反映：“救国公粮任务太重，群众要饿死了。”“吃公饭的人那么多，我们怎么养得起。”群众的意见反馈到毛泽东耳中后，毛泽东决心要将农民的负担减下来。从此，边区人民“救国公粮”的负担逐年减轻，由 1941 年的 20 万石减少到 1942 年的 16 万石，1943 年 18 万石，1944 年 16 万石，1945 年 12 万石。

对这件事情，毛泽东在党的七大前后曾多次提及，并做了深刻反

① 中共中央文献研究室编：《毛泽东年谱（1893—1949）》中卷，中央文献出版社，2002 年版，第 303 页。

思。他说：

1941年边区老百姓中有人说雷公咋不打死毛泽东，这就引起我的警觉，分析原因，发现是征粮太重了。[①]

他还说：

延安人民对我们是什么态度？我说就是“敬鬼神而远之”。为什么会这样呢？因为他们觉得共产党虽然很好，他们很尊敬，但是加重了他们的负担，他们就要躲避一点。[②]

毛泽东还从中认识到党做经济工作的能力欠缺，说：

从1921年共产党产生，到1942年陕甘宁边区开高干会，我们还没有学会搞经济工作。没有学会，要学一下吧！不然雷公要打死人。[③]

毛泽东提出：我们有什么东西给边区人民呢？

就是组织人民、领导人民、帮助人民发展生产，增加他们的物质福利，并在这个基础上一步一步地提高他们的政治觉悟与文化程度。为着这个，我们应该不惜风霜劳苦，夜以继日，勤勤恳恳，切切实实地去研究人民中间的生活问题，生产问题，耕牛、农具、种子、肥料、水利、牧草、农贷、移民、开荒、改良农作法、妇女劳动、二流

① 《毛泽东文集》第3卷，人民出版社，1996年版，第285页。

② 同上书，第338页。

③ 同上。

子劳动、按家计划、合作社、变工队、运输队、纺织业、畜牧业、盐业等等重要问题，并帮助人民具体地而不是讲空话地去解决这些问题。[1]

毛泽东的话语，可谓言之谆谆，语重心长。几十年后，邓小平也提及此事，他十分佩服毛泽东对这件事的处理方式，深有感慨地说：毛泽东同志就是伟大，就是同我们不同，他善于从群众这样的议论当中，发现问题，提出解决问题的方针和政策。

在抗战后期的几年中，经过边区军民的努力，陕甘宁边区的各种经济成分都有了很大的发展。到 1943 年，边区的耕地面积不断扩大，实现了粮食自给，略有盈余；以后粮食产量逐年提高，部分农户实现了“耕三余一”，边区大部分农户家家有余粮，出现了丰衣足食的可喜景象。农民负担减轻了，农民生活改善了，党群、干群关系及军队与地方的关系也更密切了。毛泽东想起自己挨骂之后发生的一系列变化，风趣地说：“这是从‘雷公打死毛泽东’到天下太平。”

从这个事件可以看出，事情发生后，有两种不同的处理方式。一是保卫部门想采用的方式，那就是把这个农民抓起来，关起来，然后是审问他、惩罚他，因为他居然敢冒犯中央领导；另一种是毛泽东式的应对方式。这种方式就是认真倾听群众的呼声，包括不满情绪，从中了解工作中的不足，不断改进工作，让人民满意，赢得人民群众的“心”。

对于同一个问题、同一个事件，站在不同的立场分析、处理，会产生截然不同的结果。两种处理方式之对比，从后来的效果看，毛泽东的处理方式无疑是充满智慧的，展现出高超的领导艺术。正是因为采用这样的处理方式，共产党不仅有效地改善了党群关系，重新赢得了民心，而且通过开展大生产运动，培养了独立自主、艰苦奋斗的精神，这精神是延安精神的重要内容。

---

① 《毛泽东文集》第 2 卷，人民出版社，1993 年版，第 467 页。

五、“凡属正确的领导，必须是从群众中来，到群众中去。”

中国共产党，是以全心全意为人民服务作为根本宗旨的。但怎样才能服务得好，怎样才能使党的各项决定是正确的，又怎样保证这些政策、决定在群众中得到推行并在实践中得到检验呢？对这些问题，毛泽东在《关于领导方法的若干问题》一文中给出了科学的回答。他指出：

> 在我党的一切实际工作中，凡属正确的领导，必须是从群众中来，到群众中去。①

在这里，他讲的是党的基本领导方法，其基本精神就是讲正确的领导意见如何形成及如何贯彻的问题。

延安时期，中国共产党的一系列方针、政策都是在充分吸取群众意见的基础上形成的。如著名的精兵简政政策，就是由党外人士李鼎铭提出来的；毛泽东在延安文艺座谈会上所阐明的中国共产党的文艺政策，也是在广泛征求文艺界各方面意见的基础上形成的。

延安时期，坚持“从群众中来，到群众中去”领导方法的一个典型的事例，就是群众创造的南区合作社的经营方式被边区政府总结后予以推广。1936年，延安县南区的群众自己创办了一个合作社，该合作社的主要作用是收购当地的土特产品，为人民群众供应日用必需品。合作社主任刘建章日夜盘算把合作社办得更好，对合作社的经营方式进行了认真的思考，以达到提高合作社劳动效率和改善人民生活之目的。每年春耕时节，他就从韩城运来铁铧，然后以低于市场价的价格卖给农民。他还把800多名妇女组织起来，闲时纺纱织布，每月可以织布1400斤，为群众增收7万元，这使得南区人民的生活大为改善。刘建章也被群众亲切地称为“人民的老黄牛”。

从南区合作社的经营实践来看，它是立足于当地群众，服务于

---

① 《毛泽东选集》第3卷，人民出版社，1991年版，第899页。

当地群众的，替群众解决了原料、产品、资金等各方面的困难，因此，合作社受到了南区群众的普遍赞扬。毛泽东和其他中央领导同志了解到南区合作社的一些情况后，到基层走访，迅速将它的经验整理出来。毛泽东对南区合作社进行总结，归纳为四个方面：第一，它不拘泥于陈规，打破了合作社的教条主义。南区合作社原本只是个小型消费合作社，但它的事业却迅速发展到关系南区全体人民经济生活的许多方面，不仅经营消费事业，还经营供销、生产、运输、借贷等事业。它组织起了榨油、纺织、制毡等 6 个生产合作社以及一支拥有百余头牲口的运输队，是一个综合的合作社。第二，它打破了以往一些合作社有名无实的状况，创造性地执行了以群众为本、为民谋利的方针，因此得到了群众的拥护。第三，它做到了公私两利，改善人民生活，成为沟通人民与政府的桥梁。第四，它以人民的意见为指针来不断完善合作社的组织，提高工作效率。在中共中央和边区政府的大力推广下，安定、安塞、绥德、甘泉等县都以南区合作社为样本，办起了合作社，有效地促进了商贸流通和生产的发展，改善了人民的生活。南区合作社主任刘建章也因为合作社取得的突出成就而被评为劳动英雄、延安模范人物。

除了南区合作社以外，边区很多好的工作方法和经验都是由人民群众直接提出或总结的。如吴满有、陈德发、石明德，组织了吴家枣园、马家沟、白源村等全村的变工队，使生产力提高了几乎一倍；冯云鹏想出了许多了解难民、安置难民的办法，妥善地安置了 170 多户难民；张清益提出了各村共同开荒、设立义仓的办法，推动了全关中分区的义仓运动；杨朝臣等人在现有的技术和当地条件的基础上，提出了许多切合实际的改良农作物、兴修水利的办法，大幅度提高了粮食产量；黄立德、冬玉新等人提出了许多种菜和节省粮食的办法，推动了各机关的自给和节省运动；盐工中的高仲和、李文焕想出了制盐的新办法，提高了食盐的产量。以上这些工作方法和经验，都是人民群众在实践中积累总结出来的。延安时期，边区政府把劳动人民的这些方法吸收和综合起来，在群众中加以发扬和推广，从而推动了生产力的发展，提高了人民的生活水平。

现在出现的一些违背党和人民根本利益的事，导致干群关系紧张，应该说原因是多方面的。但是，从领导方法的角度看，有的是这些地方和部门的领导人在决策过程中犯了主观主义的错误；有的是在执行阶段犯了官僚主义的错误，或二者皆有。从根本上说，就是这些领导人丢掉了或根本不懂得“从群众中来，到群众中去”的领导方法。因此，无论现在还是将来，要提高党的执政能力和领导水平，妥善处理改革、发展和稳定的关系，努力构建和谐社会，团结带领全国各族人民建设具有中国特色的社会主义国家，实现中华民族伟大复兴，各级领导干部必须坚持、继承和发展而不是放弃“从群众中来，到群众中去”的领导方法。

第三章

延安的窑洞最革命：党的理论在不断创新

徜徉在杨家岭，漫步在枣园，徘徊在凤凰山，踟蹰于王家坪。这些来来往往的脚步，缘于这里的世界是一个巨大的磁场，诱惑着每一双思绪绽放的翅膀。

有时候，让人遐想的不只是气壮山河的英雄史诗，也不只是同甘共苦的历史记忆，还有历久弥新的理论光辉。

延安，让人难以割舍，缘于延安的窑洞里存活着中国革命的真理。

一、以马克思主义之矢，射中国革命之的

站在新时期的拐点，我们可以大胆地鞭挞故纸堆上被历史洪流所泯灭的鼠目寸光，可历史却固执地以自身独有的方式投射着先辈们思想的闪光。胡适曾在《旅京杂记》一文中写道：

> 现今的人，往往拿西洋的学说来做自己议论的护身符……不去研究中国今日的现状应该用什么救济的方法，

> 却去引那些西洋学者的陈言来辩护自己的偏见。[①]

或许他的立场就像他自己所批驳的那样，阐释着杜威的实用主义。站在辩证法的角度，他的方法论何尝不是我们深化理解马克思主义的另一种解读？

1.“中国革命的胜利要靠中国同志了解中国情况”

1927 年 7 月 15 日，汪精卫控制下的武汉国民政府公开“分共”，轰轰烈烈的大革命宣告失败，30 多万中共党员和革命群众倒在屠刀之下。随后的“八七会议”确立了土地革命与武装反抗国民党的总方针。这是中共在遭遇最严峻的生存危机之际，于彻悟中的共同心声。毛泽东后来多次对外国朋友提及：

> 有了共产党以后，就进行了革命战争。那也不是我们要打，是帝国主义、国民党要打。……他要打，我就打。这个方法就是从反动派那里学来的。我们就是从蒋介石那里学来的。蒋介石打我，我就打他。他可以打我，难道我就不能打他呀？[②]

回到湖南的毛泽东，根据八七会议精神，领导并发动了秋收起义。但由于敌我力量的悬殊，起义军屡屡受挫，困顿且迷惘。是继续“进攻”中心城市长沙，还是退却？部队内部发生了激烈的争论。最后，在毛泽东等人的力主之下，决定“退往湘南”。不容否认，这是一个冒险的决定。因为，这与中共中央要以“城市暴动为中心及指导者”的策略悖逆。当然，该策略并非此时中共中央的独立政见，

---

① 《胡适文存》第 4 册，台北远东图书公司，1953 年版，第 64 页。

② 金冲及主编：《毛泽东传（1893—1949）》，中央文献出版社，1996 年版，第 157 页。

而是共产国际的影响甚至直接操控下的结果。“退往湘南”是毛泽东从革命实践出发，违背中央意图却最终被时间和实践证明的正确的决定。

南下退却也并非一帆风顺，疲劳、饥饿和伤病困扰着这支南下的部队。战士的意志几乎被消磨殆尽。逃跑，在这支队伍中是稀松平常之事，对部队改编和整顿势在必行。于是，便有了历史上著名的三湾改编。

三湾改编的重大历史意义在于确立了在连队建党支部这一建军思想。更重要的是，此时的毛泽东已经开始思考中国革命向何处去的问题。他提出：

> 我们要和地方结合起来，要取得地方的支持，一方面我们把伤病员交给他们，他们可以把我们的伤病员安置好；另一方面我们可以发枪给他们，帮助他们发展起来，这样我们就不会被打垮。[①]

这里多少已有“武装斗争要同建立农村革命根据地相结合的思想”[②]。

这种不成熟但却先进的思想火花，与此时中央在共产国际的指导下攻打大城市、以城市为中心的思想水火不容，这成为此后这一思想屡遭指责的重要诱因。

罗霄山脉绵延起伏，井冈山层峦叠嶂，季风气候的湿润梅雨，鄱阳湖畔的水稻蚕桑，造就出吴头楚尾、粤户闽庭的鱼米之乡。从城市转向农村，一路南下的起义军历尽艰险，终于到了井冈山。

会师有些日子了，岁月相对复归平静，但人们的心情却显露不出一丝喜色，恰如江南的梅雨，阴郁笼罩。对于中国革命前途的思

---

① 中共湖南省委党史资料征集研究委员会《湘赣边界秋收起义》协作组编：《湘赣边界秋收起义》，湖南人民出版社，1987年版，第153页。

② 金冲及主编：《毛泽东传（1893—1949）》，中央文献出版社，1996年版，第156页。

考和忧虑，毛泽东似乎比其他领袖表现得更加刚毅果决，更加理性深刻。

1929 年 4 月 3 日，毛泽东作为湖南省委前委和湘赣边界特委书记，离开长汀来到瑞金与彭德怀的红五军会合，收到了中共中央 2 月 7 日发出的“二月来信”。对于中共中央不切实际的“瞎指挥”，他发出了自己义正词严的反对之声，并以红四军前委的名义起草了回信。此后一段时间，红四军辗转于赣南闽西，寻机歼敌。

雪上加霜的事发生在 5 月份。是月，刚从苏联回国的刘安恭，由中共中央派至红四军工作，被委任为临时军委书记兼军政治部主任。下车伊始，刘安恭即对毛泽东从实际出发的一些正确主张横加指责。[①] 为了解决红四军内部的各种问题，1927 年，红四军第七次代表大会召开。会上，毛泽东提出的关于“党对红军领导必须集权制”及“反对流寇思想”等正确主张，非但不被理解，反而被冠以“机会主义”的罪名，更从组织上丢掉了前委书记一职，变成了前委委员，并受到了党内严重警告的处分。这是毛泽东人生中第一次也是唯一一次自下而上的落选。会后，被调离红四军中央领导岗位的毛泽东，带着身怀六甲的贺子珍赴闽西蛟洋指导地方工作。本来由于梅雨天气的影响，他的疟疾就比较严重，再加上此时内心的苦闷晦暗，整个人似乎都显出虚脱之状。

红四军的七大结束了，争论暂时告一段落。但红四军的问题不仅没有解决，反而更加严重了，如地火一般，随时可能冲破薄弱地带喷涌而出。

历史就像命运一样多变，时而一帆风顺，时而一波三折。此时的红四军在军事上出击闽中和冒进东江连吃败仗，军心涣散。很多军事干部充满离队情绪，要求到地方去工作，红四军濒临瓦解。而此时的朱德没了毛泽东这位娴于组织工作的左膀右臂，也顿感压力如山。

情急之下，朱德主持召开了红四军的八大。但由于红四军内各种错误思想尚未肃清，特别是主观主义、盲动主义、流寇主义和单纯的

① 金冲及主编：《毛泽东传（1893—1949）》，中央文献出版社，1996 年版，第 200 页。

军事观点，致使红四军在八大召开的整个过程当中都显出无组织性，一个小小的问题就能争论整整两天，前敌委员会的选举结果与七大不差分毫。八大召开的结果其实就是没有结果。

领袖终归是领袖，异于常人的不仅是其非凡的才能、钢铁般的意志，更在于其有流水般包容万物的情怀。经历了红四军七大之后的种种挫折，朱德深感自身组织能力的缺乏。同时，经过反复比较，他也意识到了毛泽东“关于加强军队无产阶级思想和党的组织工作”等主张的极端重要性。毛泽东同志所坚持的马克思主义方向，恰恰是真正符合中国实际的马克思主义。身处闽西的毛泽东收到了朱德抛来的橄榄枝，从病榻上翻身而起，重新焕发出革命乐观主义和大无畏的精神。

陈毅来到上海向中共中央提交了《关于朱德、毛泽东军的历史及其状况的报告》《关于朱、毛红军的党务概况报告》等 5 个书面材料，实事求是地报告了红四军各方面的详情，使中共中央正确地认识了毛泽东和红四军。

在接到红四军处于生死关头的消息后，陈毅立即动身奔回福建。他还给毛泽东送去了中共中央的“九月来信”，从路线上肯定了毛泽东的领导，并以诚恳的态度打动了毛泽东，将其请回红四军。1929 年 11 月 28 日，红四军九大（即著名的古田会议）在毛泽东的主持下胜利召开，这次会议纠正了党内和军队内的种种错误。

在艰苦的行军和残酷的军事斗争中，毛泽东这位“山沟沟里的马克思主义者”用自己探索出的中国的马克思主义折服了几位领袖，在斗争中播撒真理、团结同志、纵横捭阖，坚持用中国人自己的马克思主义真理来建党建军。

《反对本本主义》是毛泽东为反对党内教条主义而撰写的第一篇文章。在这篇文章中，他清晰地回答了如何正确对待马克思主义、如何领导中国革命取得胜利等问题。20 世纪 60 年代，在回忆创作这篇文章的情形时，毛泽东称：

这是一篇老文章，是为了反对当时红军中的教条主义

> 思想而写的。那时没有用“教条主义”这个名称，我们叫它作“本本主义”。[①]
>
> 马克思主义的“本本”是需要学习的，但是必须同我国的具体实际相结合。我们需要“本本”，但是一定要纠正脱离实际情况的本本主义。[②]

要解决中国的问题就要做实事求是的调查，没有调查就没有发言权。中国革命的胜利要靠中国同志了解中国情况，这正是马克思主义真理的魅力所在。

2.“没有抽象的马克思主义，只有具体的马克思主义。”

十月革命一声炮响给中国革命送来了马列主义，但没有送来如何运用马克思列宁主义的“灵丹妙药”。苦闷，纠结，彷徨……拥有世界上最先进的理论工具，为何中国革命依旧乱象丛生？从井冈山到陕北，从长江到黄河，一路走来，毛泽东一直思忖着这个陌生的课题。

在中国革命史上，有毛泽东称作的“两次胜利”和“两次失败”，即从大革命的兴起到北伐战争的失败，从土地革命战争的兴起到第五次反围剿的失败。年幼的中国共产党在共产国际的卵翼下像是个苦命的孩子，而当与共产国际失去联系时却又能披荆斩棘、勇往直前。

通过对“两次胜利”和“两次失败”的反复比较，毛泽东深化了“中国革命斗争的胜利要靠中国同志了解中国情况”的思考，催生出一个惊天的认识：马克思主义必须中国化，必须与中国的具体实际相结合。

1937 年，王明从莫斯科飞回延安，同行的还有康生、陈云以及带来的斯大林关于中国抗战的指示。毛泽东、张闻天、朱德、周恩来等一行在机场为王明举行了盛大的欢迎仪式。毛泽东称王明为“昆仑

---

① 金冲及主编：《毛泽东传（1893—1949）》，中央文献出版社，1996 年版，第 222 页。

② 《毛泽东选集》第 1 卷，人民出版社，1991 年版，第 111—112 页。

山上下来的神仙”。

回到延安，王明真的就做起了“钦差大臣”。在随后的十二月政治局会议上，他自恃手握共产国际的“尚方宝剑”，一方面卖力地鼓吹“一切经过统一战线，一切为了统一战线”的旨意，另一方面对于抗战以来中共的路线、方针和政策给予了尖锐的批评。王明批评张闻天对“国民党的转变估计不足”；刘少奇被点名批评，称之“小册子太多”。王明在十二月政治局会议上的表现，张国焘回忆道：

> 王明当时俨然是捧着“尚方宝剑”的莫斯科“天使”，说话的态度，仿佛是传达“圣旨”似的，可是他仍是一个无经验的小伙子，显得志大才疏，爱放言高论，不考察实际情况，也缺乏贯彻其主张的能力与方法。[①]

鉴于王明的特殊身份，特别是中共党内长期“以俄为师”的思维定式，追随王明的人很多。彭德怀回忆道：

> 当时，我没有真正地认识到毛泽东同志路线的正确性，而是受了王明路线的影响，在这些原则问题上模糊不清。……在会上并没有支持毛泽东同志的正确路线，也没有拥护或反对王明的错误路线，是采取了一种模棱两可的态度。[②]

在这次会议上，“做了实质上抵制王明错误”的只有毛泽东一人。在一边倒的情况下，毛泽东的抵制也只能是一种有限度的抵制。12 月 11 日，他在发言中也承认“抗战发动后对国民党的转变估计不足”，表示统一战线工作“总的方针要适合团结御侮”，“目前应该是和为贵”，“使国共合作，大家有利”。“我们对国民党的态度要

① 张国焘：《我的回忆》第 3 册，现代史料编刊社，1981 年版，第 424 页。

② 彭德怀：《彭德怀自述》，人民出版社，1981 年版，第 225 页。

光明磊落，大公无私，委曲求全，仁至义尽”。[①] 十二月政治局会议上的愤懑、孤独，从毛泽东下面的文字中可以感知一二：

> 十二月会议我是孤立的，我只对持久战、游击战为主、统一战线中独立自主原则是坚持到底的。[②]

“钦差大臣”的影响还在“发酵”。一位经济学教授，把《资本论》读得很熟，可被问到陕甘宁边区实际经济问题时，他竟然回答：“这个，《资本论》里没有讲，我不能解答。”一位干部，第一天到洛川工作，第二天就下了一道命令：取消一切苛捐杂税。毛主席见到他后就问：你把一切苛捐杂税都取消了，究竟有哪几种苛捐，哪几种杂税？这个同志被问得哑口无言。当时的热血青年，迷醉于教条主义的光环。青年们的两个口袋里，只要一个口袋里装的是毛主席的书，另一个口袋里装的书必定是王明的。许多女大的学员把会背马列书、会讲外国话视为找对象的条件。

十二月会议的切肤之痛，边区政治生活中的“微妙”变化，不能不引起毛泽东的深思和忧虑。王明，这个早就在土地革命时期，因米夫支持“一步登天”而掌舵的留苏学生，就曾因听命于共产国际的“左”，致使中国革命成果几近丧失殆尽。抗战伊始，又领衔“右”的圣命，使抗战伟业濒临危机。王明何以忽“左”忽“右”？错误思想的根源是什么？

在长期的革命中，“对事情总不满足于枝枝节节的解决，而是力求从大本大源上去探索”，早已成为毛泽东显著的思维特点。在他看来，王明的忽“左”忽“右”，最深刻的思想根源依然是教条主义。在此前不久，毛泽东就曾在《反对本本主义》中，从方法论的高度上一语道破“左”的错误实质。虽然很多时候，真理只是掌握在少数人手里，曲高和寡。这成为抗战初期“右”的错误较难受到抵制的深刻

① 金冲及主编：《毛泽东传（1893—1949）》，中央文献出版社，1996年版，第507页。

② 逄先知主编：《毛泽东年谱（1893—1949）》（中），中央文献出版社，2002年版，第481页。

思想根源和历史原因。

中国革命吃教条主义的苦头实在是太多了！如果不从理论上彻底解决科学对待马克思主义的立场和方法，确立中国革命的正确道路，任凭这种来自共产国际的“右”的错误发展，后果不堪设想。出于对中国革命前途的忧虑，毛泽东此时再也按捺不住自己的愤懑。

延安的窑洞里灯火通明，毛泽东奋笔疾书，终于赶在中共中央六届六中全会前写下了《论新阶段》。他论述道：

> 马克思、恩格斯、列宁、斯大林的理论，是“放之四海而皆准”的理论。不是把他们的理论当作教条看，而是当作行动的指南。不是学习马克思列宁主义的字母，而是学习他们观察问题与解决问题的立场与方法。①
>
> 共产党员是国际主义的马克思主义者，但马克思主义必须通过民族形式才能实现。没有抽象的马克思主义，只有具体的马克思主义。所谓具体的马克思主义，就是通过民族形式的马克思主义，就是把马克思主义应用到中国具体环境的具体斗争中去，而不是抽象地应用它。……离开中国特点来谈马克思主义，只是抽象空洞的马克思主义。因此，马克思主义的中国化，使之在其每一表现中带着中国的特性，即是说，按照中国的特点去应用它，成为全党亟待了解并亟待解决的问题。洋八股必须废止，空洞抽象的调头必须少唱，教条主义必须休息，而代替之以新鲜活泼的，为中国老百姓所喜闻乐见的中国作风与中国气派。②

在毛泽东眼中，马克思主义必须得到发展，必须使马克思主义民族化、时代化、大众化，必须探究马克思主义的民族形式，使其中国化。这样的主张得到了其他同志的支持和拥护。就连犯教条主义错误最严重的王明，都不能不对这一倡议做出回应：

---

① 中央档案馆编:《中共中央文件选集》第11册，中共中央党校出版社，1991年版，第657页。

② 同上书，第658—659页。

> 马克思主义理论中国化——马列主义理论民族化，即是将马克思主义具体应用于中国，是完全对的。的确，只有使马列主义深广地中国化，成为中国血肉之亲的东西，成为中国历史发展和社会进化的必然产物，成为继承中国文化的优秀传统（从孔子到孙中山），才能够真正家喻户晓和深入人心。[①]

毋庸置疑，《论新阶段》是中共高层倡议马克思主义中国化的第一次发声。当历史学者习惯于津津乐道《论新阶段》在马克思主义中国化历史进程中的重要作用之时，我们更情愿将其置于更为广阔和恢宏的中国历史背景之下去考量。一旦以这样的视角来审视这篇文章，便不难发现，它构成了毛泽东反对教条主义链条中的重要一环。当然，与《反对本本主义》《矛盾论》《实践论》不同，这次毛泽东成功了。他关于马克思主义的基本观点、马克思主义指导中国胜利的路径，赢得了党内其他同志的广泛尊重与认可。

在创立自己的学说伊始，马、恩就反复强调：我们的学说是行动的指南，而非教条。毛泽东与王明的不同就在于，毛泽东谙熟于此，倡导并坚持马克思主义中国化，在中国开辟了马克思主义的新境界，并推进了中国革命的进程。相反，王明却把马克思主义当作了万古不变的教条，既窒息了马克思主义的生命力，又贻害中国革命不浅。在历史与事实的教育下，马克思主义与中国革命实际相结合的原则在党内确立。

真理的光芒透过时空，让人们看到了事实的本相，并从中获得力量与智慧。任何理论都离不开其成立的主客观条件，抽掉了其存在的“土壤”，那就只剩下了一束艳丽的“塑料花”，却往往被夸夸其谈者视为至宝。他们当然也懂得凡是有生命的东西，永远离不开土壤，一旦把它视为永恒不变的真理，就变成了用来装点门面的东西，其实

---

① 中国人民解放军政治学院党史教研室编：《中共党史参考资料》第8册，人民出版社，1979年版，第230—231页。

也成为用来吓唬人的道具。可以说，对中国社会和中国革命的实际知之甚少的王明，就是一个理所当然地认为世界上存在一条真理，却能解决所有现实问题的人。与其说是理论上的不成熟，不如说是一个思想力贫乏的“懒汉”。与之相反的是，被他经常讥讽和轻视的毛泽东，没留过洋，没喝过洋墨水，更没有久居大城市。一个成天在山沟沟里蜗居的人，怎么会有超拔惊天的思想？事实上，关于马克思主义真理的魅力，毛泽东概括得再简单不过，那就是重在学会其观察事物、分析矛盾的立场、观点和方法。因此，从他的嘴里，永远听不到经典的口诀，听到的恰恰是最朴实无华的“大白话”，而正是这些“大白话”，一语道出了中国问题的症结所在。因而随着时间和革命实践的推移，其思想的光芒征服了一切教条主义的无知和傲慢。就连外国学者也称毛泽东赢了，岂不知这场胜利，他赢得并不轻松，而是异常艰难。与其说这是毛泽东个人的胜出，毋宁说是真理赢得了尊敬。

3.“按照中国的特点去应用它”

当时的中国秋脉若浮，如落榆荚，如送归鸿。但延安让人惊诧，惊诧于在食不果腹的贫弱中赢得了兵强马壮。半个世纪以来，无数的学者都在解读这段传奇的历史，却总是绕不过延安整风于灵魂的洗刷。同时，提到延安整风，绕不过的理论滋养正是毛泽东的《改造我们的学习》《整顿党的作风》和《反对党八股》。

经历 4 年的砥砺，1935 年近乎“皮包骨头”的共产党，开始兵强马壮。在这种形势下，如果缺少马列主义的规训，壮大的队伍里定会鱼龙混杂。随着 20 世纪 40 年代的到来，这一矛盾凸显了，特别是在军队当中，各种非无产阶级的思想盛行，若不切实有效地解决，流毒必将祸害全党全军。最关键的还是党内主观主义特别是教条主义的遗毒虽几经努力，仍没肃清。毕竟，理论上弄清楚一个问题，并不代表实践中能将其贯彻得很好。也就是说，在党内，真正能自觉地把马克思主义与中国具体实际相结合的人并不多。解决科学对待马克思主义的任务，在全党范围内，依然任重而道远。

1941 年 1 月，震惊中外的皖南事变发生。皖南事变给新四军带来的重创让人痛心也发人深思。伟人与凡人的不同之处，在于能在危机中把握时机，进而推动革命的发展。面对皖南事变后的严峻局势，毛泽东率先从危机中看到了机遇，他意识到号召全党实事求是地对待马克思主义的时机已经到来。

1941 年 5 月 19 日，毛泽东在中央宣传干部会议上做《改造我们的学习》的报告，吹响了高级干部整风的号角。针对党内存在的阉割理论与实践的主观主义，毛泽东尖锐地指出：

> 要有目的地去研究马克思列宁主义的理论，要使马克思主义的理论和中国革命的实际运动结合起来，是为着解决中国革命的理论问题和策略问题而去从它找立场、找观点、找方法的。这种态度，就是有的放矢的态度。“的”就是中国革命，“矢”就是马克思列宁主义。我们中国共产党人所以要找这根“矢”，就是为了要射中国革命和东方革命这个“的”的。这种态度，就是实事求是的态度。“实事”，就是客观存在着的一切事物，……“求”就是我们去研究。①

《胡乔木回忆毛泽东》一书，记录了聆听报告人的感受：

> 毛泽东讲话用语之辛辣，讽刺之深刻，情绪之激动，都是许多同志在此以前从未感受到的。②

《改造我们的学习》虽说没有被延安报刊立即发表，但其中关于学习马列主义的科学态度与方法却在全党引起了重视，得到了较好的落实。随后在 9 月召开的政治局整风会议上，张闻天、博古等中共领导人即结合历史与自己的工作经验，深刻检讨了教条主义错误。张闻

---

① 《毛泽东选集》第 3 卷，人民出版社，1991 年版，第 801 页。

② 《胡乔木回忆毛泽东》，人民出版社，1994 年版，第 192 页。

天在自我批评中诚恳地讲道：

> 过去国际把我们一批没有做过实际工作的干部，提到中央机关来，这给党的事业带来很大损失。过去没有做过实际工作，现在还要补课。[①]

博古两次发言，真诚检讨：

> 我过去只学了一些理论，拿了一套公式教条来反对人家。四中全会上我与稼祥、王明等反对立三路线的教条主义，也是站在“左”的观点上反的，是洋教条反对土教条。当时我们完全没有实际经验，在苏联学的是德波林主义的哲学教条，又搬运了一些苏联社会主义建设的教条和西欧党的经验到中国来，过去许多党的决议是照抄国际的。[②]

一旦认识到自己的错误，张闻天、博古等人就以对党的事业负责、对真理负责的态度，诚恳地进行批评与自我批评。在整风中，这只是“坚持真理，修正错误”生动体现的冰山一角。没有这样一场思想上的“洗澡”，要彻底清除自土地革命以来“恶魔”般附着在中共肌体上的教条主义错误是不可想象的。

毛泽东显然并没有止步于高级干部整风取得的初步成果。1942年2月，他又相继做了《整顿学风、党风、文风》[③]及《反对党八股》两个报告。这预示着全党整风的到来。在《整顿党的作风》中，反对主观主义被列为三股歪风之首。针对党内那些读了马克思主义的书籍便以理论家自居的“假马克思主义者”，毛泽东集中分析并阐明什么是理论与理论家，揭穿了“假马克思主义者”迷惑性极强的面纱：

① 《胡乔木回忆毛泽东》，人民出版社，1994年版，第195页。

② 同上书，第196页。

③ 发表时，题目改为《整顿党的作风》。

> 真正的理论在世界上只有一种，就是从客观实际抽出来又在客观实际中得到了证明的理论，没有任何别的东西可以称得起我们所讲的理论。[①]
>
> 我们所要的理论家是什么样的人呢？是要这样的理论家，他们能够依据马克思列宁主义的立场、观点和方法，正确地解释历史中和革命中所发生的实际问题，能够在中国的经济、政治、军事、文化种种问题上给予科学的解释。[②]

而《反对党八股》最重要的目的之一，在于要将教条主义的最后一个附身之所——八股文反掉，以彻底肃清党内主观主义的余毒。

如果说《反对本本主义》只是毛泽东个人实事求是对待马克思主义的开始，如果说《论新阶段》仅是党中央实事求是对待马克思主义的开始，那么，延安整风则是全党实事求是对待马克思主义，并以实事求是为指导解决中国革命问题的开始。历史是过往，也是命运。

延安整风后，中共焕发了生机，中国革命从此无往而不胜，很快迎来了民主革命的胜利。也许，人们会问：是什么赋予全党新生？谜底便是实事求是的思想路线在全党的确立。今天，几乎没有人否认这样的事实：什么时候坚持了实事求是，什么时候党的事业就发展，就进步；反之，则倒退。

历史如活化石一般，昭示人们：这条思想路线的确立来之不易。没有《反对本本主义》的肇始，没有毛泽东等人反对教条主义的持续努力，没有一步步廓清科学对待马克思主义的思想迷雾，就不会有延安整风中实事求是思想路线的确立。

从一大始，中共就坚定地选择了马克思主义。至延安整风之前，尽管党内对于如何对待马克思主义有过争议，出过偏差，但是，拨开历史的阴霾，中共坚定的信仰，追求科学与真理的执着，即使在最为艰难的时候，都从来没有一点点的迟疑与动摇。王稼祥在《解放》第

---

① 《毛泽东选集》第3卷，人民出版社，1991年版，第817页。

② 同上书，第814页。

86 期上发表的《关于三民主义与共产主义》一文中写道：

> 中国共产党始终是共产主义的信徒，马克思主义的信徒，马克思、恩格斯、列宁、斯大林的学说的信徒，他们绝不会因为任何原因而一时一刻放弃共产主义的理想与马克思列宁主义的学说。

当前，中国正处于中国特色社会主义建设的关键时期，更需要以“主义”来凝聚人心，汇聚中国力量。与此不相适应的是，一些党员干部放松了思想改造，动摇了马克思主义及中国特色社会主义理论体系的理想信念。用习总书记的话讲，即患了“软骨病”。于是，及时行乐尘嚣一时，贪污腐化大行其道。学术界所谓的“精英”“公知”激情鼓噪，宣称要放弃指导思想的一元化，鼓吹多元化，公然叫嚣“只有民主社会主义才能救中国”。

90 多年前，中国共产党人义无反顾地选择马克思主义，因为它是真理。今天，坚持中国特色社会主义理论体系的理论自信，还是因为中国化的马克思主义是真理。因为这已然被改革开放 30 多年的实践所证明。正如习近平所强调的：

> 第二次飞跃发生在党的十一届三中全会以后，中国共产党人在总结我国经验和研究国际形势的基础上，开辟了中国特色社会主义道路，形成了被实践证明了的关于在中国建设、巩固和发展社会主义的正确的理论原则和经验总结，这就是中国特色社会主义理论体系。①
>
> 中国特色社会主义理论体系是对马克思列宁主义、毛泽东思想的坚持和发展。在当代中国，坚持中国特色社会主义理论体系，就是真正坚持马克思主义。②

---

① 习近平：《关于中国特色社会主义理论体系的几点认识》，《求是》，2008 年第 7 期，第 7 页。

② 习近平：《落实党的十八大精神要抓好六个方面工作》，《求是》，2013 年第 1 期，第 4—5 页。

二、“思想比剑更有力量”

拿破仑说过：世界上有两种东西最有力量，一是剑，二是思想，而思想比剑更有力量。如若有疑问，那就翻开历史的画卷，一幅幅波澜壮阔的记忆，会以醍醐灌顶的方式告诉你——那就是“信仰的力量”。

19世纪40年代，一个幽灵，一个共产主义的幽灵在邪恶世界上空徘徊。它诞生的使命就是为打破关于雇佣关系盛行的传统幻想，动摇资产阶级世界的价值体系，不可避免地引起对于当时秩序的质疑和抗争。其后，共产主义的浪潮席卷全球，一股改写历史、改写命运的冲动，只为推翻当时的社会秩序，创造一个由被压迫者主宰的天堂。

而位列东亚的弱国——中国，相对于积贫积弱的苦难，这股冲动来得却是那么的缓慢，而一旦得到觉醒的气息，抗争的力量却又是那么的顽强与强劲！还是那南湖上的一叶轻舟，载不动太多的凌辱和悲愤，逃避的是命运的轮回，迎来的是划过历史夜空的第一道曙光。一群理想主义者的盛宴，必将撼动千年强国之梦的脉动。自从有了中国共产党，中国革命的面貌焕然一新。

20世纪40年代，诞生于陕北窑洞的中国化的马列主义——毛泽东思想，成为古老民族新的精神图腾和时代华章。在它的指引下，数以千万计的革命者为实现民族独立、人民解放而抛头颅、洒热血，开启中国梦的篇章。28年的艰苦卓绝，换来了民族的独立和尊严，新中国的建设继续从毛泽东思想中汲取智慧和力量。且不论那些曾经在理论探索中的迷失与缺憾，毛泽东思想依然是我们取之不竭的思想宝库。

即便70年后的今天，毛泽东思想仍然是引领实现国家富强、人民幸福中国梦的重要旗帜，依然是中华民族伟大复兴的华彩乐章，散发着夺目的时代光芒。

1. 一把“金钥匙”

一把钥匙开一把锁，一把锁配一把钥匙。而一把钥匙可以打开多把锁，这就是一把金钥匙。而铸造金钥匙的过程又是何其艰辛！恰如一部不朽的著作，背后往往潜藏着苦痛的精神追索。

> 盖文王拘而演《周易》，仲尼厄而作《春秋》。屈原放逐，乃赋《离骚》。左丘失明，厥有《国语》。孙子膑脚，《兵法》修列。不韦迁蜀，世传《吕览》。韩非囚秦，《说难》《孤愤》。《诗》三百篇，大抵贤圣发愤之所为作也。①

司马迁用他文学哲人的语言勾画出惊人相似的历史，历史的“草蛇灰线”在这里冷眼无语。

毛泽东的一生虽未经历过蹲大狱，但坎坷不断，《实践论》和《矛盾论》的诞生又何尝不是他“发愤之所为作也”。

“愤”从何来？井冈山和瑞金岁月，他曾挥师叱咤，令敌胆寒。在这里，他曾愤懑苦痛，隐忍于战友的讥讽与排挤。三战三捷，红军越剿越壮的岁月并不那么冗长。风景这边独好，在王明的搅和之下，变得“美景不长”。喝过苏联“洋墨水”的人撤销了毛泽东的军事领导职务，扔给他一顶苏维埃国家主席的空头衔。从此，他只能养病、视察、蹲点、督导，或者“随军行动”。精心培育的胜利成果，被拚了个精光，困于“战略转移”的愁肠百结。

“马列主义理论家”的讥讽鄙夷并没有消磨掉毛泽东忘情研习理论的意志。长征路上，他在马背上学习马列；凤凰山麓，他在窑洞里研习马列。人非生而圣杰，在乎于后天之修为。他自感“我的工具不够”，拙朴而宁静的窑洞，安放着一颗要“穷天人之际，通古今之变”的心灵。延安窑洞里的油灯，见证了一个发奋苦读者对真理的追索。凡在延安能找到的马列哲学著作和相关读物，他寻寻觅觅。在延安没有的，他写信托在国统区从事统战工作的同志买来读览。

---

① 司马迁：《史记》，商务印书馆，1989年版，第108页。

> 做工具的研究，即研究哲学、经济学、列宁主义，而以哲学研究为主。①

这是他善于把马列读活的不二法门。时光无情却有情，这等感言令无数后来者“心有戚戚焉”。埃德加·斯诺在《西行漫记》里绘声绘色地记载了毛泽东攻读哲学书籍的画面：

> 毛泽东是个认真研究哲学的人。我有一阵子每天晚上都去见他，向他采访中国共产党的党史，有一次一个客人带了几本哲学新书来给他，于是毛泽东就要求我改期再谈。他花了三四夜的工夫专心读了这几本书，在这期间，他似乎是什么都不管了。②

毛泽东如饥似渴地研读《共产党宣言》《辩证法唯物论教程》、中国古代诸子百家和古希腊哲学家的著作，甚至包括中国现代哲学家的教科书和通俗读物。李达的《社会学大纲》，他评价道：“是一本好书，是中国人自己写的第一本马克思主义的哲学教科书。”艾思奇的《哲学与生活》，他回信道：“你的《哲学与生活》是你的著作中更深刻的书，我读了得益很多。”③

毛泽东的读书是勾勒批注的“对话史”，书页的天头、地脚、边缝、中间都爬满了密密麻麻的“蚯蚓”。《辩证法唯物论教程》有1.2万多字的批注，最长的一条有1000多字。《辩证唯物论与历史唯物论》上也写了2600多字的批注。批注有对原著扼要精辟的点评，有对观点的批评引申，也有简短的赞同评语，更多的是联系中国实际所做的发挥，可谓微言大义。郭化若回忆道：

① 吴介民主编：《延安马列学院回忆录》，中国社会科学出版社，1991年版，第368页。
② ［美］埃德加·斯诺著，董乐山译：《西行漫记》，解放军文艺出版社，2002年版，第59页。
③ 《毛泽东书信选集》，人民出版社，1983年版，第112页。

> 有一次我在毛泽东办公室内，看到桌面上放着一本《辩证法唯物论教程》，我翻开一看，开头和其他空白处都有墨笔小字的旁批，内容全是中国革命中路线斗争的经验教训。这使我初步理解到毛主席是用马列主义的立场、观点、方法来分析中国革命的实际问题，并把中国革命的实际经验提高到理论水平来上，充实和发展马列主义。他这些旁批，后来就逐步发展成为他的光辉著作《实践论》。[①]

毛泽东的自我“充电”看起来似乎“功利主义”很强。百流归海，书山有径。杜甫有言：“会当凌绝顶，一览众山小。”善读者，能把死书读活；而那些把读书作践为“识汉字”者，只能把脑子读坏。毛泽东的读书，却演化成了一场灵魂的交流，一场争辩声声不息的“对话”，跟自己，跟圣贤，跟历史，跟鲜活生动的现实生活……他以哲学为思想武器，“把中国革命曲折发展的历史经验教训提到思想方法和思想路线上去，提到认识论和辩证法”[②]，从而找到了通向中国革命胜利之门的“金钥匙”。

作料的准备只是一个前提，唯有亲身烹饪方辨舌尖上的美味。青灯陪伴着历史的巨人，毛笔在泛黄的纸页上跳跃。夜晚，无人叨扰，静思在发酵中开镰收割。一支支香烟，袅袅盘桓，清醒与沉思，月落星移。耕耘之夜，布满血丝的双眼，一张日渐消瘦的面庞。这是1937年卢沟桥事变前的几个月里，毛泽东为抗大准备哲学讲稿的忙碌影像。

在几个月难得的安闲时光里，毛泽东不仅搜集准备了在抗大讲课用的基本哲学材料——《辩证唯物论（讲授提纲）》，而且花了100多个小时为即将开赴前线的军队完善了政治上超拔和稳健的指南。据抗大学员回忆，晦涩难懂的哲学总是被毛泽东讲得深入浅出，生动形

---

① 郭化若：《学习与回顾》，军事科学出版社，1991年版，第201页。

② 龚育之：《从〈实践论〉看毛泽东的读书生活》，《读书》，1983年第2期，第20页。

象。他讲“矛盾”这个词时，举例说：矛盾就是打架。世界上一切事物都在打架。你要战胜我，我要战胜你。这时，瓦匠正在房上修房，敲得叮叮当当。主席说：我们和瓦匠也在“打架”。我们上课需要安静的环境，他却要工作，这样就产生了矛盾。经他这样一讲，许多深奥抽象的道理就清楚明白了。20 世纪 60 年代，毛泽东回首这段往事时曾讲，我花了两个星期准备的内容，在抗大的课堂上两个小时就讲完了。

种下一颗种子，收获几粒果实。几个星期的奋笔勤耕，光辉的哲学著作横空问世。七八月间，毛泽东将其中的两节，经过整理，形成《矛盾论》和《实践论》。书是简要的，话是朴素的。随着时间的推移和实践的丰富，深邃的思想闪现出真理之光。在《实践论》中，毛泽东结合中国革命实践，深刻论述了实践与认识的辩证关系：

> 通过实践发现真理，又通过实践而证实真理和发展真理。从感性认识而能动地发展到理性认识，又从理性认识而能动地指导革命实践，改造主观世界和客观世界。实践、认识、再实践、再认识，这种形式，循环往复以至无穷，而实践和认识之每一循环的内容，都比较地进到了高一级的程度。这就是辩证唯物论的全部认识论，这就是辩证唯物论的知行统一观。①

众所周知，《实践论》《矛盾论》从哲学上深刻论证了理论与实践的统一、马克思主义与中国实际相结合的重要性，为延安整风确立实事求是思想路线奠定了理论基础。若从理论创新的角度视之，“两论”本身又是马克思主义哲学中国化的标志性成果。

《实践论》不仅是对马克思主义哲学实践观点的中国化、认识辩

① 《毛泽东选集》第 1 卷，人民出版社，1991 年版，第 296—297 页。

证过程的中国化，还是马克思主义哲学真理标准的中国化。[①]

恩格斯认为："一个民族想要站在科学的最高峰，就一刻也不能没有理论思维。"[②] "两论"发表后，中国共产党开始拥有了自己的思想武器、理论思维，这是一把开启中国思想闸门的"金钥匙"。

思想的闸门一旦打开必将汇聚历史的洪流。"两论"的发表，让斗字不识的战士明白了马列主义的真理。来自红四方面军的一位炊事员，在听了毛主席《矛盾论》的讲演后，也有了思想的提升。即便他不懂得矛盾就是对立统一的关系，但他却懂得了矛盾就是"打架"。正是内心的"打架"，自己才没被张国焘蛊惑而走。更为重要的是，"两论"是对教条主义错误最深刻的否定，成为 1938 年六届六中全会提出马克思主义中国化历史任务最重要的理论准备。

不是别的，恰是马克思主义中国化才带来了延安时期的理论繁荣。可以说，这一繁荣始于"两论"。

2. 脚烧不知痛

延安，窑洞之城，煤油灯是它的象征。夏秋之夜，安谧迷人。没有萤火虫的纷飞，没有蚊虫的侵扰，有的只是彻夜跳动的灯光。于全城的梦呓中，沉淀下来的是万籁俱静。依然是毛泽东的奋笔勤耕，凤凰山下与他相守相望的依然只有延河滚滚。

拳头大的石头静谧地躺在书桌上。"手臂酸痛时，主席便会紧握几下石头，以使手指得到松弛。"旁边堆着一大摞稿纸，写满了桀骜不驯的草书。稿纸一天天变重了，而主席的体重却减轻了。

8 天过去了，警卫员们对主席如此废寝忘食工作的行为更加担忧了，却惧于他的严厉又都不敢去打搅。

初春的夜晚漫长而寒冷，西北风吹动着窗户纸噼啪作响。警卫员设法给主席弄了盆炭火，又到饲养员那里借了条毛毡给他垫在凳子

① 鲍宏礼：《〈实践论〉与马克思主义哲学中国化》，《甘肃社会科学》，2002 年第 2 期，第 98—100 页。

② 《马克思恩格斯全集》第 3 卷，人民出版社，1971 年版，第 467 页。

上，毛泽东报以会心的一笑。

不知过了多久，警卫员忽然听到主席急促地叫喊：“警卫员，你快来一下！”警卫员还没走进窑洞便闻到一股焦煳味儿。进窑里一看，只见主席正在急促地脱棉鞋，两只脚上还冒着缕缕青烟。原来是主席的棉鞋烧着了，焦煳味儿弥漫了整个窑洞。

主席右脚的袜头被炭火“咬”了个大窟窿，右脚的棉鞋连帮带底都不见了，鞋子张着大大的嘴巴。主席换好鞋，望着那双烧坏了的棉鞋，哈哈大笑着说：“怎么搞的，我一点未觉着就烧了。”说完，又埋头工作了起来，就像刚才什么事情都没有发生一样。

初稿终于写成了，毛泽东反复修改了六七次，定稿终于出炉。秘书李六如很想帮忙，可是又插不上手。他对妻子王英兰说：我真佩服主席，文章再三修改，一丝不苟，想帮他可我又帮不上。

《论持久战》是一部灵活运用马克思主义哲学分析、研究军事问题的经典之作。在这部著作中，毛泽东精辟地分析了中日两国相互矛盾的四个特点，即：日本是一个强大的帝国主义国家，中国在军力、经济力和政治组织力方面都不及日本；日本的侵略战争是退步的、野蛮的，中国反侵略战争是正义的；日本军力、经济力和政治组织力虽强，但国度较小，经不起长期的战争，中国则恰好相反，国力虽弱但却是一个大国，能够支撑长期战争；由于日本侵略战争的非正义性，在国际社会上失道寡助，中国战争的正义性，决定其在国际社会上必将多助。这四个相互矛盾的特点决定了战争的“最后胜利是中国的”，中国抗战“不能速胜，抗日战争是持久战”[①]。

在深入分析敌我双方特点的基础上，毛泽东还准确预见了战争发展的三个阶段。

“第一个阶段，是敌之战略进攻、我之战略防御的时期。第二个阶段，是敌之战略保守，我之准备反攻的时期。第三个阶段，是我之战略反攻、敌之战略退却的时期。”[②]

① 《毛泽东选集》第2卷，人民出版社，1991年版，第443页。

② 《毛泽东选集》第2卷，人民出版社，1991年版，第462页。

《论持久战》长达5万字，它的发表不仅在当时的党内外、国内外产生了强烈的反响，就是今天也魅力依然。周恩来（当时任国民党军委会政治部副部长）研读后，撰写社论送到共产党在武汉出版的《新华日报》上发表，向大后方的人民阐释《论持久战》的思想，而且在武汉还做了许多场专题报告，听者潮涌。徐特立（当时任中国共产党驻长沙办事处主任）在读完《论持久战》后，多次在长沙做报告，听者如堵。卞之琳当时身在延安鲁艺，为《论持久战》的智慧所折服，诗情奔涌，以《〈论持久战〉的著者》为题，讴歌毛泽东和他的《论持久战》：

> 手在你用处真是无限。如何摆星罗棋布的战局？如何犬牙交错了拉锯？包围反包围如何打眼？下围棋的能手笔下生花，不，植根在每一个人心中。三阶段，后退，相持，反攻——你是顺从了，主宰了辩证法。如今手也到了新阶段，拿起锄头来捣翻棘刺，号召了，你自己也实行生产。最难忘你那“打出去”的手势，常用以指挥感情的洪流，协入一种必然的大节奏。①

“小诸葛”白崇禧（时任国民党副参谋总长）读了《论持久战》后大加赞赏，并将其基本思想向蒋介石做了转述，蒋也深表赞同。在蒋介石的默许下，白崇禧把《论持久战》的精神归纳为“积小胜为大胜，以时间换空间”。在征得周恩来同意之后，以国民党委员会的名义通令全国，将其作为抗战的战略指导思想。国民党破例将《论持久战》出版，将士人手一册。黄埔出身的陈诚恃才傲物，初次收到周恩来赠送的《论持久战》时不屑一顾，认为这是毛泽东的炒作。直到武汉失守、长沙沦陷之后他才仔细研读，被毛泽东的科学预见所折服。他结合战例在该书页眉处写了诸多批注，并请周恩来到湖南衡山给军

① 卞之琳诗：《十年诗草1930—1939》，安徽教育出版社，2007年版，第97页。

官训练学员讲授《论持久战》。这本写满批注的《论持久战》至今仍存放在陈诚台北的私人图书馆里。据中共地下党员余致浚回忆，蒋经国曾把《论持久战》阅读了七八遍，在他那里有一本《论持久战》的单行本，已被翻阅得很旧，密密麻麻的批注中有中文，也有俄文，其字数快要超过原著。

《论持久战》当时在国外反响也很大。该书印刷出来不久，周恩来就将其从武汉寄到香港，委托宋庆龄找人译成英文。宋庆龄读完两遍后感触颇深，立即找好友爱泼斯坦翻译，出版后世界人民争相购阅，就连丘吉尔和罗斯福的案头上都放着《论持久战》的英译本。斯大林的案头上则放着找专人翻译成俄文的《论持久战》。诸多国际刊物争相转载，并附加评论。季米特洛夫在仔细阅读完该书后，拍案叫绝，并在共产国际的刊物上发表文章高度赞扬：

> 有史以来，还没有人把军事问题、战争问题说得这样透彻过，《论持久战》是一部划时代的著作。[①]

今天，《论持久战》的影响也依然很大。美国前国务卿基辛格对《论持久战》十分佩服：

> 关于毛主席军事思想的最好阐述，不见诸苏联的著作，而见诸中国的著作。[②]

美国前国防部助理部长菲利普·载维达也曾说道：

> 图书馆里的书架，都被那些称颂毛泽东为卓越的游击

---

① 刘继兴：《风雅毛泽东》，辽宁人民出版社，2015 年版，第 91 页。

② 同上。

战权威的书压弯了。[①]

《论持久战》和《孙子兵法》一样，被美国西点军校奉为必读书目。就连昔日的对手也被《论持久战》的智慧所折服。旧日军大本营参谋陆军中佐山崎重三郎曾说：

> 毛泽东的抗日游击战，堪称世界历史上规模最大、质量最高的游击战。它是一种全民总动员的攻势战略，把百万帝国陆军弄得团团转……在中国打败了日本人。[②]

东京大学教授近藤邦康也曾公开坦承：

> 我很佩服《论持久战》。日本被中国打败是当然的，这样的以哲学为基础的宏远战略眼光，日本没有。[③]

3. 延安的窑洞最革命

延安，在人们的记忆里沉淀着两种颜色：红色和黄色。一抔黄土，一种精神，这是延安的印象记。延安的窑洞又似乎是由这两种颜色、两种染色体融合而成的基因。延安的窑洞不仅冬暖夏凉，而且是最革命的，窑洞里有堪当历史长河砥柱的精神力量，窑洞里有颠扑不破的唯物真理。

1938 年，中国的抗战进入相持阶段。在这个历史的关键点上，在各党派之间爆发了一场中国“向何处去”的激烈争论。争论始于国民党。是年始，国民党右翼就不断鼓吹并扩大宣传“一个主义、一个政党、一个领袖”的专制言论。国家社会党张君劢致信毛泽东，要求

---

① 刘继兴：《风雅毛泽东》，辽宁人民出版社，2015 年版，第 91 页。

② 同上。

③ 同上。

取消边区、取消八路军和新四军，将“马克思主义暂搁一边”。国民党用心良苦，实为实行专制主义而造势。中间党派不甘示弱，提出在中国建立欧美式的资产阶级共和国之梦想。

延安的1月，冰冻顽石。1月的夜晚，寒彻了窑洞里的空气。油灯的光焰彻夜跳动，透过薄纸窗户，看见的依旧是一人一笔一摞稿，一桌一椅一盏灯。这一景，熟悉而又温暖。

明着为《中国文化》创刊而作，实则为阐明中国共产党人对于中国向何处去。毛主席又是连续几个夜晚的奋战，终于在文代会召开之前，将《新民主主义的政治和新民主主义的文化》问世。温济泽记录了在边区文代会上聆听毛泽东演讲的情景：

> 这个长篇讲话，从下午一直讲到入夜点起煤气灯的时分。……拥挤在会场里的五六百听众，被他的精辟见解和生动话语所鼓舞、所吸引，聚精会神，屏息静听，情绪热烈，不时响起了一阵阵的掌声。[①]

一个月后，这篇演讲在《中国文化》创刊号上发表。几天后，在《解放》第98、99期合刊上刊载时，题目改为《新民主主义论》。

在《新民主主义论》中，毛泽东提出中国革命必须分两步走的重要论断：

> 其第一步是民主主义的革命，其第二步是社会主义的革命，这是性质不同的两个革命过程。而所谓民主主义，现在已不是旧范畴的民主主义，已不是旧民主主义，而是新范畴的民主主义，而是新民主主义。[②]

这一论断，明确无误地向全国人民指明了抗战胜利后，中国共产

---

① 温济泽：《听毛泽东讲新民主主义论》，《征鸿片羽集》，当代中国出版社，1995年版，第472—473页。

② 《毛泽东选集》第2卷，人民出版社，1991年版，第665页。

党的政治主张及中国走向的主张。毛泽东进而详细勾勒了新民主主义国家蓝图：

> 国体——各革命阶级的联合专政。政体——民主集中制。这就是新民主主义的政治。[①]
>
> 大银行、大工业、大商业，归这个共和国的国家所有。……采取某种必要的方法，没收地主的土地，分配给无地和少地的农民，……这样的经济，就是新民主主义的经济。[②]
>
> 所谓新民主主义的文化，一句话，就是无产阶级领导的人民大众的反帝反封建的文化。[③]

继承者对于它的解读或许只在于未来中国的构想，历史给予它的定位却是对马克思主义的重大创新：

> 全世界多种多样的国家体制中，按其政权的阶级性质来划分，基本上不外乎这三种：（甲）资产阶级专政的共和国；（乙）无产阶级专政的共和国；（丙）几个革命阶级联合专政的共和国。[④]

在资产阶级专政的国家和无产阶级专政的国家之外，提出各革命阶级专政的第三种国家形态——新民主主义共和国。这在马克思主义发展史上，不能不说是重大的创新成果。

延安时期对于马克思主义的理论创新，我们已从陕北窑洞中诞生的雄文《论持久战》《矛盾论》《实践论》《新民主主义论》中有所领悟。特殊体现一般性，但却不能完全说明一般性。关于陕北窑洞的“革命性”，我们还可从一组统计数据中得其全貌。《毛泽东选集》

---

① 《毛泽东选集》第2卷，人民出版社，1991年版，第677页。

② 同上书，第678—679页。

③ 同上书，第698页。

④ 同上书，第675页。

1—4 卷，延安时期写作量占到总量的 70%，若按居住地点计，在瓦窑堡、保安的窑洞里写了 3 篇，凤凰山 16 篇，杨家岭 40 篇，枣园 29 篇，王家坪 8 篇，转战陕北后于老乡的窑洞里 16 篇。

延安窑洞里的理论创新成果远非止于此，没被计入的，还有朱德、刘少奇、张闻天、周恩来等中共领导人的传世佳作，以及理论工作者的研究成果。它们与毛泽东的创新成果一起构成了延安时期理论繁荣的“图谱”，一起建构出延安时期中国化的马克思主义。仅以当时朱德发表的著作与刘少奇的《论共产党员的修养》来“窥得”一二，不难发现延安时期朱德发表的著作，举其恢宏如椽者有《论抗日游击战争》《第八路军》《八路军抗战两年来的经验教训》《把科学与抗战结合起来》《中国共产党与中华民族》《论解放战场》等。更有刘少奇发表于 1939 年的《论共产党员的修养》的著名演讲，昭示了马克思主义党建理论的拓荒之功。

重温历史，不能不惊叹于延安时期理论创造的辉煌成果和发展理论的破冰之勇。不容忽视的还有，偏于一隅、身处弱势地位的中国共产党，在与执政大党国民党求同存异中所表现出的那种气概，那种身临山巅之高、俯仰静观风云际会的气度与胸怀，无不根植于高度的理论自信，坚守新民主主义道路的自信……这一切，已然抒写出延安时期中国历史上最为浓重的一笔。

理论的生命力，在于实践的检验；创新精神的传承与弘扬，在于理论的修为和自警。改革开放以来，中国经济、社会、利益格局、生活方式发生了深刻变革，丰富的社会实践本能地呼唤着理论的突破与创新。中共中央审时度势，以高度的理论自觉性和冷静的忧患意识，总结正反两方面的经验教训，立足于马克思主义和毛泽东思想的引领，探索出中国特色社会主义理论体系。

2012 年 11 月 29 日，习近平在参观《复兴之路》展览时，明确提出中国梦的概念。此后，又在不同场合，多次阐发了中国梦的内涵和实现途径。诸如：

实现中华民族伟大复兴，就是要实现国家富强、民族振兴、人民幸福，既深深体现了今天中国人的理想，也深深反映了我们先人们不懈追求的光荣传统。

……

实现中国梦必须走中国道路。

……

实现中国梦必须弘扬中国精神。

……

实践中国梦必须凝聚中国力量”。[①]

单就中国梦的内容看，谁又能否认这是中共又一次坚持马克思主义与时俱进的理论品质，在实践中发展理论的生动体现？正如有学者云：

中国特色社会主义理论体系构成了中国梦的主导性思想资源，但中国梦所载负的历史和现实意涵，又使得我们在更高层面上把马克思主义、毛泽东思想的众多思想元素涵纳进来，同时又使得我们能够把中华民族的优秀传统文化元素和世界上所有先进文化元素包容进来，这就能够大大丰富和集纳更多的思想资源，在融合的基础上丰富和充实中国特色社会主义理论体系。[②]

中国梦的提出，进一步丰富和发展了中国特色社会主义理论体系。当然，中国梦作为全民族的奋斗目标和重要实践，同样离不开中国特色社会主义理论体系的指导。

对历史的爬梳，让我们更加深刻地体会到：中国共产党在革命、建设和改革年代，能立于不败之地，原因固然有千万条，但是，在实践中坚持和发展理论无疑是其中最大的亮点。

---

① 习近平：《实现中国梦必须走中国道路》，《党建》，2013 年第 4 期，第 4 页。

② 《为中国梦提供有力理论支撑》，《光明日报》，2013 年 7 月 10 日。

第四章

朋友越多越好：党领导革命胜利的利器

统一战线是中国共产党在中国革命中战胜敌人的三个法宝之一。[①] 延安时期，中国共产党正确地运用了统一战线的有力武器，使中国革命从胜利走向胜利。陕甘边革命根据地创始人刘志丹吸取了以往土地革命斗争中的经验教训，提出要想取得革命的胜利，就必须尽一切可能在各个阶层和社会团体中广泛建立统一战线。刘志丹说：

> 干革命需要建立统一战线，敌人越少越好，朋友越多越好。我们增加一份力量，敌人就减少一份力量。[②]

中国共产党的抗日民族统一战线策略，从1931年九一八事变以后就开始着手酝酿了。但是，当时由于国民党蒋介石坚持实行“攘外必先安内”的反动方针和中国共产党“左”倾冒险主义的错误领导，

① 《毛泽东选集》第2卷，人民出版社，1991年版，第606页。

② 《刘志丹纪念文集》，军事科学出版社，2003年版，第760页。

不可能形成国共合作共同抗日的局面。中国共产党抗日民族统一战线的策略，是在1935年日本制造华北事变后，中日民族矛盾空前激化，国内阶级关系发生了深刻变化的基础上确立的。

一、要胜利就要搞好统一战线

中央落脚陕北之前，日本发动了华北事变，中华民族到了生死存亡的关头。如何挽救民族危亡，如何联合尽可能多的力量进行抗日民族战争，成为摆在中国人民和中国共产党面前的最紧迫的问题。而在这之前不久（1935年七八月间），共产国际第七次代表大会在莫斯科召开，这次大会把建立最广泛的世界反法西斯统一战线作为各国共产党的基本策略。这一新政策的到来非常及时，中共中央马上调整了对陕甘周边国民党各路武装的政策。根据华北事变以来民族危机加深的形势和共产国际七大的精神，中共驻共产国际代表发表了《为抗日救国告全体同胞书》，即著名的《八一宣言》。宣言强调建立包括上层在内的统一战线，扩大抗日民族统一战线的范围。只要国民党军队停止进攻苏区，实行对日作战，红军愿立刻与之携手，共同救国。这表明中国共产党的政治策略开始发生新的转变。

此后，中国共产党制定了一系列方针政策，不断从理论和实践上完善统一战线策略，为建立抗日民族统一战线做了坚持不懈的努力，促使国民党亲英美派的蒋介石集团放弃反共内战政策，转向“停止内战，一致抗日”的立场上来，形成国共合作共同抗日的政治局面。

1. 肃清关门主义与冒险主义

要战胜更强大的敌人，只有尽最大的力量，同时必须极仔细、极留心、极谨慎、极巧妙地一方面利用敌人之间的一切“裂痕”，哪怕是最小的“裂痕”，利用各资产阶级之间以及各个国家内资产阶级各集团或各派别之间的一切利益对立；另一方面要利用一切机会，哪怕是极小的机会，来获得大量的同盟者。尽管这些同盟者是暂时的、动摇的、靠不住的、有条件的。

列宁的著名论断，毛泽东是熟知的。

然而，毛泽东深知，要建立最广泛的抗日民族统一战线，不论从全党的认识来说，还是从革命的具体实践来说，都并非易事，不仅要同蒋介石“攘外必先安内”的政策进行坚决的斗争，而且还得同党内长期存在的“左”倾关门主义、冒险主义进行顽强的斗争。

1935 年北平发生了一二·九运动，并很快发展为全国规模的群众运动，标志着中国人民抗日救亡民主运动新高潮的到来。在这种新形势下，中共中央有必要对整个形势做出分析，制定出适合新情况的完整的政治路线和战略方针。

肩负共产国际重要使命的张浩此时从苏联越过了蒙古大沙漠，历尽千辛万苦，千里迢迢来到了延安。他带来了共产国际的佳音和联系的电讯密码，带来了共产国际七大会议精神和关于建立反法西斯统一战线的方针政策。

张浩，1887 年 5 月出生于湖北黄冈。湖北黄冈的林氏家族，在当地是赫赫有名的名门望族，后来出了 3 个在中国现代史上不同寻常的人物——张浩（林育英）、林育南和林彪（林育蓉），林氏三兄弟。林育南是卓越的工运领袖，与恽代英齐名，曾任中共中央候补委员、中华全国总工会常委兼秘书长、湖北省委代理书记。1922 年，张浩经恽代英与林育南介绍，加入了中国共产党，后陆续担任过中共上海沪西区区委书记、中共满洲省委书记的职务。1930 年 9 月，在中共六届三中全会上，张浩当选为中共中央候补委员。1932 年初，他担任全国总工会常委兼海员工会总书记。1933 年 1 月，中共中央鉴于张浩过去长期从事工人运动，且又懂俄文，便决定派他担任全国总工会驻赤色职工国际代表和中共中央驻共产国际代表团成员。在莫斯科期间，张浩参与了中共驻共产国际代表团以中共中央名义发表的著名的《为抗日救国告全体同胞书》的起草和定稿工作。

为了向正在长征途中的中共中央传达共产国际七大会议精神，共产国际决定派一位政治过硬、马列水平高、资格老的同志回国。经过反复考虑，中共驻共产国际代表团和共产国际决定派张浩回国。由于路上不能携带文件，由张浩回国传达无疑是最佳人选，斯大林对此表示同意。共产国际执行委员会总书记季米特洛夫代表共产国际与张浩谈话征求意见时，张浩愉快地接受了这项既艰苦又危险的任务。

离开莫斯科时，时名李复生的林育英给自己取了“张浩”这个化名。张浩这个名字就是那个时候正式开始启用，并因后来担任一二九师政治委员而为大家所熟悉，至于他的林育英这个真名字反倒鲜为人知。从苏联回国时，张浩扮成商人，携带着密电码，牵着骆驼，与在苏联受训的中共密电员赵七珍一起踏上了回国的征途。一路上，他们跋山涉水，忍饥挨饿，在蒙古大沙漠，遇上了一场大沙暴，险些被沙暴吞噬。经过一个多月的艰难跋涉，历尽千辛万苦，张浩于 1935 年 11 月初到达陕北边界的定边县，并很快与定边县当地党组织取得了联系。1935 年 12 月 17 日至 25 日，中共中央政治局在瓦窑堡召开了政治局扩大会议，欢迎张浩胜利归来。张浩在会上传达了共产国际七大会议精神和在莫斯科制定《八一宣言》的经过。他带着共产国际七大关于建立反法西斯统一战线的精神和《八一宣言》到达陕北，及时地纠正了党的“左”倾政策。关于张浩对瓦窑堡会议的贡献，刘英后来回忆说：

> 张浩回来，闻天是很高兴的。……用张浩当时这种特殊身份，对促进三个方面军的团结，特别是制止了张国焘分裂党，起了很好的作用。[①]

在陕西瓦窑堡会议上，毛泽东的报告批评了党内长期存在的“左”倾关门主义，提出了中间势力可以联合的问题，指出最广泛的

① 刘英：《在历史的激流中——刘英回忆录》，中共党史出版社，1992 年版，第 91 页。

抗日民族统一战线不仅应当是下层的，而且应当是上层的。他说：

> 统一战线的策略和关门主义的策略，是正相反对的两个不同的策略。一个要招收广大的人马，好把敌人包围而消灭之。一个则依靠单兵独马，去同强大的敌人打硬仗。①

刘少奇也说：

> 广泛的民族革命统一战线，成为我党领导中国革命到胜利之路的中心问题和主要关键。这时如果我党不能完全肃清关门主义与冒险主义，那就谈不上广泛的民族统一战线，广大民众的抗日反汉奸运动，就不会在我党的领导之下开展起来，那就要障碍着我党和革命的前进。②

会议还提出共产党必须以自己彻底的反日、反汉奸卖国贼的言论和行动去取得统一战线的领导权，奠定了抗日民族统一战线的理论基础。

会后，毛泽东已开始着手统一战线工作。早在中央红军刚刚到达陕北后的10月，中共中央就发出了《为目前反日讨蒋的秘密信》，详细说明了抗日民族统一战线的对象、条件、组织形式和方法，指出“目前革命的社会基础大大地扩展了，不但小资产阶级，甚至一部分民族资产阶级及一些国民党的军官政客也卷入反日反蒋的革命旋涡中来”，党的抗日反蒋总的策略方针是“进行广泛的统一战线”；规定不管什么阶级，不管什么党，只要愿意抗日反蒋，都是党的统一战线工作的对象，尤其是“党在敌人的军队中的工作，是第一重要的（比职工运动还来得重要）”，同时要设法克服放松在学生及城市小资

① 《毛泽东选集》第1卷，人民出版社，1991年版，第153—154页。

② 《刘少奇选集》上卷，人民出版社，1985年版，第24页。

产阶级中间进行统一战线工作的倾向；强调抗日民族统一战线不仅要有下层统一战线，也要大力开展包括国民党官员、要人、“高等华人”、名流学者、中上级军官、国民党中央委员、政客、银行家在内的上层统一战线，“要和一切抗日反蒋的团体和个人联合起来”。①这是以毛泽东为代表的新的党中央建立抗日民族统一战线策略思想发展的重要里程碑。

2. 兄弟阋于墙，外御其侮

中国共产党倡导的抗日民族统一战线，得到国内各界的广泛响应，以 1935 年一二·九运动为转机，全国掀起了抗日民主运动的新高潮。国难当头，全国人民的抗日呼声不断高涨，国民党内部对蒋介石的妥协政策也日益不满。1935 年，何香凝由于痛恨蒋介石对日妥协，出卖国家主权，把自己的一条裙子寄给蒋介石，并附一首诗：

> 枉自称男儿，甘受敌人气，不战送山河，万世同羞耻。吾侪妇女们，愿往沙场死，将我巾帼裳，换你征衣去。②

同年 11 月，续范亭怀着满腔的爱国热情，从兰州经平、津到达南京，到处呼吁抗日，与于右任一起向国民党中央陈述抗日救国大计，但结果“毫无补益”。他悲愤到了极点，于 12 月 26 日在中山陵祭堂前剖腹自杀，遇救未死。他在自杀前写的绝命书中表示“余已绝望，故捐此躯，愿同胞精诚团结，奋起杀敌”，同时写下 5 首绝命诗。③ 续范亭的爱国壮举震动全国。

在全国人民抗日高潮的推动下，蒋介石国民党仍坚持其“剿共”的反动立场。中国共产党和中国工农红军在同张学良东北军和杨虎城

---

① 中央档案馆编：《中共中央文件选集》第 10 册，中共中央党校出版社，1991 年版，第 565 页。

② 尚明轩、余炎光编：《双清文集》下卷，人民出版社，1985 年版，第 125 页。

③ 《人物》杂志，1980 年第 1 期。

十七路军逐步改善关系的同时，采取了一系列重大举措，争取蒋介石停止反共内战，共同抗日。随着西北地区联合抗日的政治局面逐渐形成，张、杨和蒋介石的矛盾也一天天激化，蒋介石对西北形势的发展愈加不安。1936 年 10 月 22 日，蒋介石亲临西安，察看张、杨的实情，逼迫张、杨继续替他进行“剿共”内战。但张、杨却正式向他提出了建立抗日民族统一战线，停止内战、共同抗日的主张，并向他转达了中国共产党和红军的主要领导人力图早日结束内战联合抗日的愿望。蒋介石不顾民族危机日益加深，不顾全国人民的抗日意愿，不顾中国共产党的一再警告和关于停止内战、一致抗日的呼吁，竟一意孤行。到这时，张、杨深切认识到：蒋介石的主张和决心，用口头或当面的劝谏是绝不能改变的。于是，张、杨便毅然决定实行“兵谏”，逼蒋停止内战，联共抗日。12 月 12 日拂晓，在张学良、杨虎城的共同指挥下，东北军派兵包围华清池，扣留了蒋介石并移送西安新城大楼。与此同时，十七路军解除了中央宪兵第二团、省公安局、警察大队等军警机构的武装，接管了飞机场，将陈诚、蒋鼎文、卫立煌等 10 多名军政大员拘捕。张、杨并于当日发表对时局的宣言，提出 8 项主张，震惊中外的西安事变爆发。

中国共产党以民族利益为重，得到消息后，派周恩来和张、杨一起，同蒋介石谈判，终于迫使蒋介石同意停止内战、共同抗日，从而和平解决了“西安事变”。从此，内战事实上基本停止。通过国共两党一系列谈判和国民党内一贯坚持革命立场的宋庆龄、何香凝等以及“九一八”事变后一直主张抗日的冯玉祥等人的努力，中国共产党发起的以抗日民主为基础的第二次国共合作和最广泛的抗日民族统一战线逐步形成。

1937 年 7 月 7 日夜，日本侵略军突然进攻北平西南的卢沟桥，中国驻军奋起抵抗，史称卢沟桥事变。中国抗日民族解放战争从此开始。事变的第二天，中共中央发出通电，号召全中国同胞、政府、军队团结起来，抵抗日寇。17 日，同国民党谈判的中共代表周恩来等提出以《中共中央为公布国共合作宣言》为国共合作的政治基础，约定由国民党中央通讯社发表。但国民党一直到 9 月 22 日，才在中共的催促下发表这一宣言。国共合作的实现，受到全国人民、各党派、团体、海外华侨的热烈拥护，抗日民族统一战线正式形成。

从卢沟桥事变到 1938 年 10 月广州、武汉失守，是抗日战争的战略防御阶段。这两年，国共两党和军队之间，合作、配合较好。国民党表现出了抗日积极性，先后进行了平津、淞沪、晋北、徐州以及保卫武汉等战役，其中还取得了台儿庄战役的胜利。国民党爱国官兵的奋起反抗，使日本帝国主义“三个月灭亡中国”的狂妄计划化为泡影。但是，由于敌强我弱，加上国民党实行片面抗战的路线和单纯防御的方针，正面战场的战局非常不利，仅仅一年零三个月的时间，日军便占领了平、津、沪、宁、穗、汉等大城市及人口稠密的大片地区。

中国工农红军先后改编为八路军、新四军以后，迅速开赴抗日前线，一方面配合国民党正面战场作战，一方面深入敌人占领区后方，广泛开展抗日游击战争。1937 年 9 月，八路军在平型关首战告捷，歼灭了日军一部分师团，这是全国抗战开始以来取得的第一次大胜利，一举粉碎了“日本皇军不可战胜”的神话，增强了全国军民的胜利信心。1937 年 11 月太原失陷后，党领导的军队着重向敌后进军，在广泛的敌后地区开展游击战争，深入发动和武装敌后群众，创建敌后抗日根据地。这样，抗日战争便形成了两个战场：一个是主要由国民党军队担负的正面战场；一个是主要由共产党军队担负的敌后战场，即解放区战场。由于坚决贯彻党的全面抗战的路线和正确的作战方针，解放区战场迅速打开了局面，有力地遏制了日军的攻势和对正面战场的压力，成为抗日战争由战略防御转到战略相持的一个重要条件。

二、“最广泛、最巩固”的人民民主统一战线

抗日战争胜利以后，以蒋介石为首的国民党统治集团，要从人民

手中夺取抗战胜利的果实，在美帝国主义的支持下，准备发动反人民的内战。代表无产阶级和人民大众利益的中国共产党，一方面从人民群众的愿望出发，要尽力争取和平，反对内战；另一方面必须做好对付国民党发动全面内战的准备，用自卫战争打败反革命的进攻。努力建立无产阶级领导的、人民大众的、新民主主义的新中国。中国的两种命运、两个前途之间决定胜负的斗争，就是从抗日战争结束直到中华人民共和国成立这个历史时期，即解放战争时期。中国革命转入全国解放战争时期，在这一时期里，中国共产党领导全国各族人民建立了极其广泛和巩固的人民民主统一战线。全国解放战争时期的人民民主统一战线，不但具有抗日民族统一战线那样广大的规模，而且具有更加深厚的基础，在中国共产党领导的新民主主义革命各个历史时期中，是最为广泛、最为巩固的统一战线。

1.“弥天大勇”的重庆谈判

中国共产党对局势一直保持清醒的估计，决定用革命的两手去反对蒋介石的反革命两手，实行“针锋相对，寸土必争”的方针。1945年8月16日，中国共产党向国民党提出关于制止内战的6项主张；8月25日，中共中央发表了《对目前时局的宣言》，提出了和平、民主、团结三大主张。为了尽一切可能争取国内和平，避免内战，揭露国民党蒋介石的真面目，中共中央于8月25日决定接受蒋介石的邀请，8月28日，毛泽东、周恩来、王若飞等赴重庆同国民党谈判。毛泽东亲赴重庆，表达了全国人民要求和平的愿望，显示了中国共产党的诚意，成为轰动国内外的大事。

在重庆期间，毛泽东就和平建国等问题直接同蒋介石多次商谈，具体谈判由国共双方代表团进行，共历时43天。10月10日，双方正式签署《政府与中共代表会谈纪要》即《双十协定》。经过谈判，蒋介石被迫表示承认“和平建国的基本方针”，同意召开有各党派和社会贤达出席的政治协商会议。但有关人民军队和解放区政权这两个问题，未能达成协议。1946年1月5日，国民党接受了关于停止国内军事冲突的协定，1月10日双方下达停战令，规定至迟在1月13

日午夜实现停火。

就在发布停战令的同一天，政治协商会议在重庆隆重开幕。出席会议的代表 38 人，其中国民党 8 人，共产党 7 人，民主同盟 9 人，青年党 5 人，无党派人士 9 人。周恩来为首席代表率领中共代表团参加会议。在主张和平反对内战、主张民主反对国民党一党专政这些基本问题上，中共同以民盟为代表的中间派有许多共同点。在认可一切问题需经党派会议协商解决的情况下，中国共产党在改组后的政府成分上，只要求共产党加上民盟有三分之一的名额以保证必要时的否决权，在国大代表的名额分配上也做了妥协。虽然这与中国共产党的新民主主义还有很长的距离，但只要政协遵循党派协商、共同纲领、联合政府的路线发展下去，“政协路线就是毛泽东同志《论联合政府》的路线”。[①] 在整编军队问题上，中国共产党同意国共双方按五比一的比例整编。这个方案虽使人民武装受到束缚，但是和平建国纲领中规定的地方自治原则，又保障了解放区的人民武装不再受国民党军队的干涉。

会议期间，中共代表经常同民盟等组织的代表在一系列重大问题上事先协商，取得一致，采取共同行动。会议最后通过了政府改组、军事问题、国民大会、和平建国纲领、宪法草案 5 项协议，于 1 月 31 日闭幕。这次政协的协议，有利于冲破蒋介石的独裁统治，有利于和平团结，受到人民群众的欢迎；协议较多地吸收了中间人士的意见，尤使他们感到振奋。

国民党从来就没有准备去履行政协协议。1946 年 2 月 10 日，重庆各界在校场口举行庆祝政治协商成功大会，遭到国民党特务捣毁。随后，蒋介石集团就以扩大内战的行动，使政协协议终于成为一纸空文。蒋介石集团就是这样从反面教育了人民，教育了广大中间人士，并推动了反蒋的人民民主统一战线的逐步形成和扩大。

蒋介石集团倚仗美帝国主义的支持和占优势的军事力量，悍然撕毁停战协议和政协协议，发动全面内战。1946 年 10 月 12 日，国

---

① 《周恩来选集》上卷，人民出版社，1980 年版，第 256 页。

民党军队强占张家口，并于当天下午正式宣布将召开所谓“国民大会”。中国共产党当即严词拒绝，中国民主同盟也决定和中共站在一起，拒绝参加。这个国民党一手包办（只有青年党和民主社会党的一些政客参加）的所谓“国民大会”11月中旬在南京召开，通过了维护蒋介石独裁统治的所谓《中华民国宪法》。至此，国共关系彻底破裂。

人民军队奋起自卫，愈战愈强，在一年的时间内便结束了艰难的战略防御阶段，进入战略进攻阶段。1947年10月10日，中国共产党在《中国人民解放军宣言》中宣布了党的最基本的政治纲领：

> 联合工农兵学商各被压迫阶级、各人民团体、各民主党派、各少数民族、各地华侨和其他爱国分子，组成民主统一战线，打倒蒋介石独裁政府，成立民主联合政府。

1947年12月，中共中央在陕北米脂举行会议，毛泽东做了题为《目前形势和我们的任务》的重要报告，确定了人民解放军作战的十大军事原则，规定了新民主主义革命的三大经济纲领，即没收封建阶级的土地归农民所有；没收官僚资本归新民主主义的国家所有；保护民族工商业，实行发展生产、繁荣经济、公私兼顾、劳资两利的政策。毛泽东在报告中着重指出：

> 中国新民主主义的革命要胜利，没有一个包括全民族绝大多数人口的最广泛的统一战线，是不可能的。不但如此，这个统一战线还必须是在中国共产党的坚强的领导之下。没有中国共产党的坚强的领导，任何革命统一战线也是不能胜利的。①

在稍后发表的《关于目前党的政策中的几个重要问题》一文中，

---

① 《毛泽东选集》第4卷，人民出版社，1991年版，第1257页。

他还进一步论述了统一战线中领导者和被领导者的关系问题，明确了在统一战线中坚持党的领导权所必须实行的基本原则。中国共产党的纲领和政策，迅速获得了全国各民族、各阶层人民和一切爱国人士的普遍拥护。

2. 政协路线就是毛泽东同志《论联合政府》的路线

1948 年 4 月 30 日，中共中央发布《“五一”劳动节口号》，号召召开没有反动分子参加的新的政治协商会议，筹备建立民主联合政府。中共中央这一号召，立即得到了各民主党派、各人民团体、海外华侨团体、无党派民主人士的热烈响应。5 月 5 日，各民主党派与民主人士李济深、何香凝（中国国民党革命委员会）、沈钧儒、章伯钧（中国民主同盟）、马叙伦、王绍鏊（中国民主促进会）、陈其尤（致公党）、彭泽民（中国农工民主党）、李章达（中国人民救国会）、蔡廷锴（中国国民党民主促进会）、谭平山（三民主义同志联合会）、郭沫若（无党派），联名致电中共中央主席毛泽东，及通电国内外各报馆、各团体，并转全国同胞，认为中共“五一”号召，“适合人民时势之要求，尤符同人等之本旨”，表示公开响应，并愿与全国同胞“共同策进完成大业”。[①]

自 8 月起，民主党派、民主阶层的代表人士便陆续进入解放区，参加筹备新政协的工作。从 1948 年秋，人民解放战争以山东战场为序幕，展开了伟大的战略决战，先后取得辽沈、淮海、平津三大战役的胜利，全国胜利在望。1949 年 4 月 23 日，解放军占领国民党统治中心南京，宣告了延续 22 年的国民党反动统治的覆灭。国民党反动政权既被推翻，成立中华人民共和国的条件已经成熟。1949 年 9 月 21 日，具有重大历史意义的中国人民政治协商会议第一届全体会议在北京隆重开幕。毛泽东主持了会议，他在开幕词中豪迈地宣告：“占人类总数四分之一的中国人从此站立起来了。”[②] 人民政协是共产

① 杨建新、石光树、袁廷华编著：《五星红旗从这里升起—中国人民政治协商会议诞生纪事暨资料选编》，文史资料出版社，1984 年版，第 149 页。

② 《毛泽东文集》第 5 卷，人民出版社，1996 年版，第 343 页。

党领导的以工农联盟为基础的人民民主统一战线的组织形式。参加政协的，有中国共产党、各民主党派、各人民团体、人民解放军、各地区、各民族以及海外华侨的代表。会议通过了《中国人民政治协商会议组织法》。在普选的全国人民代表大会召开前，中国人民政协第一次全体会议代行全国人民代表大会的职权。这次会议讨论通过了《中国人民政治协商会议共同纲领》。这个纲领在一个时期内起着临时宪法的作用。会议选举了以毛泽东为主席的中央人民政府委员会，规定了国旗、国歌和首都。9月30日会议胜利闭幕。当晚，毛泽东主持了人民英雄纪念碑奠基礼。中国人民将永久纪念从1840年以来为中国的民族独立和人民解放而英勇献身的革命先烈。10月1日，北京30万人齐集天安门广场，隆重举行开国大典，庄严宣告中华人民共和国诞生。从此，中国开始了新的历史时期，中国的人民民主统一战线也进入了新的发展时期。

人民民主统一战线经历了长期革命斗争考验形成的巩固的政治基础和稳定的组织形式，促成了中国人民空前的大团结。中国人民大革命的历史性胜利，是中国共产党新民主主义统一战线的胜利。统一战线作为中国共产党领导革命取得胜利的一大法宝，经历了艰难曲折的历史考验，终于发展为新的人民民主统一战线。这个新的统一战线，有着中国共产党被众所公认的领导地位，有着中国人民空前的觉悟程度和组织力量的保证。这就赋予了它强大的生命力。中国人民民主统一战线在中国历史的新时代中有着无限光辉的前程。中国共产党统一战线的历史将揭开崭新的一页。

三、“把最大公约数找出来，在改革开放上形成聚焦，做事就能事半而功倍。”

中华人民共和国成立后，中国共产党延续延安时期的统一战线战略方针，尤其以1978年12月党的十一届三中全会为标志，中国进入了实现社会主义现代化的新的历史时期。随着中国进入新时期，中国统一战线也进入了新的历史发展阶段，党恢复和发展了统一战线的优良传统和各项统一战线的方针、政策，使新时期爱国统一战线空前发展和巩固。在中国共产党领导下，团结一切可以团结的力量，结成最广泛的统一战线，是我们克服困难、夺取胜利的强大力量源泉，是党在政治上的一个巨大优势。它不仅是中国革命的一个基本特点，也是建设中国社会主义的一大特色。在建设有中国特色的社会主义、实现第二步战略目标中，爱国统一战线负有重任，工作大有可为。在巩固工农联盟的基础上，不断发展最广泛的爱国统一战线，实现全国各民族、各民主党派、各人民团体和一切爱国力量的团结，把一切积极因素调动起来，是完成新时期党和国家根本任务的基本保证。

新时期爱国统一战线的理论和政策是建设有中国特色的社会主义理论的组成部分。新时期爱国统一战线的基本任务是：认真贯彻党的一个中心、两个基本点的基本路线，高举爱国主义、社会主义旗帜，团结一切可以团结的力量，调动一切积极因素，化消极因素为积极因素，为维护安定团结的政治局面服务，为推进社会主义现代化建设和改革开放服务，为健全社会主义民主和法治服务，为促进“一国两制”、和平统一祖国服务。

进入21世纪，党提出实现两个一百年的奋斗目标，实现中华民族伟大复兴的中国梦，这是全体中华儿女的共同愿望。在这个奋斗目标和实现路径的指引下，要不断凝聚共识、形成合力，就必须寻求最大公约数。寻求公约数的过程，就是新的历史时期统一战线的过程，也是统一思想、达成共识，进而形成合力、形成聚焦的过程。习近平同志强调，全面建设小康社会，构建社会主义和谐社会，需要包括统一战线各界人士在内的全国人民万众一心、共同奋斗。必须充分发挥统一战线凝聚人心、汇聚力量的独特优势，调动一切积极因素，把各党派、各团体、各民族、各阶层和各界人士的智慧和力量凝聚起来。要发挥统一战线参政议政、民主监督的政治优势，为发展社会主义民主政治做出新贡献；发挥统一战线人才荟萃、联系广泛的组织优势，为促进中国经济社会又好又快发展做出新贡献；发挥统一战线智力密集、内涵丰富的资源优势，为促进文化强国建设做出新贡献；发挥统一战线协调关系、化解矛盾的功能优势，为构建和谐社会做出新贡献。要切实加强和改善党对统战工作的领导，不断提高领导统一战线工作的能力，建立健全统一战线工作的体制机制，认真抓好基层统战工作，加强统战部门和统战干部队伍建设，努力把统战工作提高到一个新水平。

习近平同志指出，《中共中央关于巩固和壮大新世纪新阶段统一战线的意见》是做好新世纪新阶段统一战线工作的指导性文件。要深刻理解和把握新世纪新阶段统一战线工作的重要地位和作用，深刻理解和把握在构建社会主义和谐社会中统战工作要正确处理好的政党关系、民族关系、宗教关系、阶层关系、海内外同胞关系等五大关系，深刻理解和把握新形势新任务对统战工作提出的新要求。中国是一个有着 13 亿多人口、56 个民族的大国，确立反映全国各族人民共同认同的价值观“最大公约数”，使全体人民同心同德、团结奋进，关乎国家前途命运，关乎人民幸福安康。每个时代有每个时代的精神，每个时代有每个时代的价值观念。

“民齐者强”，两千多年前大思想家荀子的这句话，一语道破凝聚共识的重要性。中国共产党领导的改革开放，最重要的启示在于尊重群众的首创精神，激发亿万个头脑为追求幸福生活而努力。在这个过程中，不同地方、不同阶层、不同领域、不同方面的人们都会有不同想法。这些，都很正常。关键在于如何凝聚共识，团结一切可以团结的力量，调动一切可以调动的积极因素，汇合成继续推进改革开放的强大动力。

习近平总书记明确指出：

> 把最大公约数找出来，在改革开放上形成聚焦，做事就能事半而功倍。

寻求最大公约数的过程，也是考验各级领导干部的政治勇气和智慧的过程。今天的改革到了“涉险滩”“啃硬骨头”的关键阶段，往往牵一发而动全身。改革决策的酝酿、出台与实施，尤其需要发挥统一战线的作用，统筹各方利益诉求，汇聚各家真知灼见，从而寻求最大公约数。

三国时期的孙权有句名言：

> 能用众力，则无敌于天下矣；能用众智，则无畏于圣人矣。

经济的多元注定我们这个社会的多色彩。我们要善于从延安时期统一战线的宝贵经验中汲取营养，以最大公约数的思想方法研究问题、解决问题，聚合众力，融合众智，从而在党中央的正确领导下，全力推进改革开放的伟大事业。

第五章

党的干部就要“担当起该担当的责任”

2013 年 6 月 28 日，习近平同志在全国组织工作会议上的讲话中提出好干部的五条标准：信念坚定，为民服务，勤政务实，敢于担当，清正廉洁。他说：“坚持原则、敢于担当是党的干部必须具备的基本素质。”担当大小，体现干部的胸怀、勇气、格调，有多大担当才能干多大事业。他多次强调：担当就是责任，好干部必须有责任重于泰山的意识，坚持党的原则第一、党的事业第一、人民利益第一，敢于旗帜鲜明，敢于较真碰硬，对工作任劳任怨、尽心竭力、善始善终、善作善成。“疾风识劲草，烈火见真金。”可见，有担当精神对于干部来说是十分重要的。

十八届一中全会后，习近平同志代表新一届中央领导集体说：

> 全党同志的重托，全国各族人民的期望，这是对我们做好工作的巨大鼓舞，也是我们肩上的沉沉的担子。

短短 10 多分钟讲话中，习近平同志 7 次提到“责任”，字字有力。2014 年 2 月 7 日，在索契接受俄罗斯电视台主持人布里廖夫的专访时，他说：

> 我的执政理念，概括起来说就是为人民服务，担当起该担当的责任。

他用 14 个字概括了他的执政理念，其中有两个"担当"。

勇于担当，对事业负责、对人民负责、对国家负责的精神，是中华民族的优良传统，更是延安精神的生动体现。

一、延安县同志们对于工作是怎样充满了负责精神的

> 延安县同志们的精神完全是布尔什维克的精神。他们的态度是积极的，在他们的思想中、行动中，没有丝毫消极态度。他们完全不怕困难，他们像生龙活虎一般能够征服一切困难。①

延安县同志们的负责精神体现在他们对工作积极负责，在困难面前克服困难的勇气和担当，以及在没有先例的情况下大胆开拓工作局面的勇气与担当。

陕甘宁边区是中国革命的大后方，发展生产和经济是边区建设的中心任务。但是，边区生产有许许多多的困难：劳动力不够、不均衡，生产工具不足，缺少生产资金，还有频发的自然灾害，如旱灾、雹灾、洪灾和霜冻。延安作为边区的中心区域，同样面临着各种各样的困难。但是，延安的领导干部密切联系群众，敢于担当，勇于负责，在实践中创造办法，解决了种种困难，取得了发展经济的胜利。1942 年，延安完成了 8 万亩的开荒计划，引起毛泽东的高度关注和积极肯定，他在《经济问题与财政问题》的报告中说：

① 《毛泽东文集》第 2 卷，人民出版社，1993 年版，第 458 页。

> 1942年春耕时，一部分农民情绪很低，发生了移走，或者分家，或者卖牲口准备缩小生产的现象。这些现象，在缺乏积极精神与缺乏创造性的同志看来，是没有办法的，只好听天由命，让其坏下去。但延安县的同志们却不是这样，他们没有消极态度，也没有官僚主义。他们能够抓住问题的要点，采取积极的办法，克服了困难。[①]

他们是怎样完成开荒计划的呢？

一是组织变工队。变工即换工，是陕北地区比较流行的劳动互助方法。一般的是在三五户的亲戚邻里或关系较好的需要调剂劳动力的农户之间进行，不违农时地翻地、下种、锄草、收获，民间称之为头工、锄耕、镰工。变工的方法有三种：一是人工换人工，今天你帮我，明天我帮你，一工抵一工，半工抵半工，每天登记，多出的由少出的按工给钱，或将来按工给粮。主家提供早饭和午饭，晚饭各自回家吃。二是人工换牛工，是缺少畜力农户的变工形式，民间习惯多是三个人工换一犋牛工。三是牛工换牛工，是都有牛犋的农户间的合作，如张三、李四各有一头牛，春耕时合起来耕作，俗称“合各牛”。还有是技术上的互助，如有些人不会撒种，就用换工的方法请会撒种者帮助。这些变工有经常的，有临时的，有讲究情面出工不要报偿的，有讲好条件要补工或给钱的。这种换工是等量劳动的直接交换，主要是在能够自给自足的农民之间进行。

这些传统的劳动互助形式是农民在长期劳动实践中形成的，对于解决在农业生产中特别是农忙季节劳动力、畜力和农具不足的问题发挥了积极的作用，为当地农民所认可。另一方面，由于没有组织领导，一直处于一种自生状态，老百姓自己懂生产，不用政府组织，对人民生产采取了自流主义。1939年，陕甘宁边区掀起开荒热潮后，客观上激发了这些传统劳动互助方法和组织的活力。一方面，垦区地

① 《抗日战争时期陕甘宁边区财政经济史料摘编（第2编）农业》，陕西人民出版社，1981年版，第180页。

广人稀，又经过了土地改革，农民都有了自己的土地，加上不断攀升的垦荒任务，劳力、畜力、农具不足的问题更加突显出来，民间原有的各种互助组又自发地增长起来；另一方面，面对垦荒的硬指标，一些地区的党政领导注意到了民间劳动互助组织的作用，也开始进行较大规模的组织劳动力的尝试，延安县走在了前面。

延安县县长刘秉温在困难面前积极工作，勇于探索，取得了良好效果。1941 年全民运盐开始后，延安县为了“防止耕地荒芜，进行组织人民的变工、扎工锄草”。1942 年，为了完成开荒 8 万亩的任务，延安县“组织了 487 个扎工，另吸收 4939 个好劳动力参加集体劳动（变工），占全县劳动力的三分之一，在开荒期间的三分之一时间内（注：突击 20 天），就完成了 58% 的开荒任务”[①]。

毛泽东对延安县组织劳动力的做法给予充分肯定。1943 年正月初一，他和前来拜年的干部和群众代表谈话时指出，在大生产运动中主要是把劳动力组织起来，搞变工互助。[②]3 月 7 日，陕甘宁边区政府专门发出《关于发动春耕竞赛与劳动互助的指示信》，进一步宣传和推广延安县刘秉温的变工互助做法，以更大范围发动劳动互助，提高群众生产的组织性。

> 此种竞赛办法与劳动互助办法如能推广到全边区广大群众中去，今年农业生产能完成并超过，人民生活会更加改善。

因此，陕甘宁边区政府专门指示：各级政府须“参考刘秉温变工队办法，在竞赛运动开展中，帮助人民进行变工队、扎工队及其他适合于提高人民劳动效能的劳动互助运动”[③]。

---

① 《边区劳动互助的发展》，《解放日报》，1944 年 2 月 10 日。

② 中国中央文献研究室编：《毛泽东年谱（1893—1949）》中卷，中央文献出版社，2002 年版，第 426 页。

③ 《陕甘宁边区政府文件选编》第 7 辑，档案出版社，1988 年版，第 123 页。

二是“制订每个农户的生产计划”[①]。思想上有了勇于担当、敢于负责的精神，在实际生产过程中，就会出主意、想办法，就会创造出一些切实可行且有效的办法。在组织变工的同时，延安县还创造出一种组织农民生产的办法，叫“按户计划”，即在春耕前，由政府派干部到每个农户（或找典型农户）帮助制订生产计划，并把计划贴在窑壁上，政府按期检查督促。1942 年，延安县着重每一农户生产计划的制订，由本人家中商量好，经本人同意，由政府印制统一的表格，表格里边包括开荒除草等。计划表格贴在每户的窑里，以后政府检查每户的生产计划时，即按此表进行。农户计划的制订是非常细致的，体现了实事求是的精神。它是按照往年生产情形、今年可能扩大生产的条件、劳动力（人力、牛力）多少来定，并且征得本人同意，还有经常的检查督促工作。由于对工作的负责任，因此干部们就会想办法解决问题，在实际的摸索中，找到了一条行之有效的办法。

三是发放农具贷款。延安的同志们面对困难，对待生产任务不消极，不懈怠，具有高度的责任感，这从他们的语言中就可感受到：

> 1942 年农具贷款放迟了一个星期，早一天早开多少荒地！抓紧时间，迅速解决各种问题是必要的，迟一天少开多少荒地！[②]

延安县面对开荒任务，面对办理农具贷款的工作任务的急迫感尤为突出，充分体现了大家积极工作、高度负责的精神。延安县的同志们面对开荒任务的繁重，积极想办法，“因为过去没有农贷的经验，于是决定先在中区三乡试办，以吸收经验，然后再分派干部赴各区开展工作”[③]，他们通过试办，认真总结出了办理农具贷款的经验，并

① 《毛泽东文集》第 2 卷，人民出版社，1993 年版，第 458 页。

② 同上。

③ 《延安县农贷开始散放——中区三乡试办结束》，《解放日报》，1942 年 7 月 17 日。

在其他乡的工作中运用，进而在陕甘宁边区进行了推广。

农具贷款不仅解决了农民的生产困难，使边区农民“不仅有地可耕，而且有力可耕”，提高了农民的生产积极性，促进了边区农业的发展；农具贷款不以信用为前提，而以发展生产为目的，极大地提高了中共中央和陕甘宁边区政府的威信，使广大农民和移难民踊跃参军参战，为保卫边区和支援抗日战争做出了重大的贡献。延安县同志们的伟大探索，对于边区发展生产、促进经济发展和支援抗战、巩固边区的金融事业等都起到了重要的先行作用。

延安县同志们身先士卒，在工作中积极树立模范带头作用。

> 延安县金盆第三锄奸主任叶生祥同志，平常工作认真，在春耕运动中，更加表现了布尔什维克的劳模精神，现已开荒 15 亩。[①]
>
> 叶生祥按计划只需开荒 10 亩，但是他认为自己是共产党员，应当给大家起到模范带头作用，在村动员大会上，主动认开 20 亩，在群众中间起了很大的影响。大家都说：“叶生祥同志做公家事，还开 20 亩荒地，咱们为什么不能多开一些？”[②] 结果，产生了积极的示范和带动的作用。
>
> 延安县同志积极工作，不知疲倦。
>
> 在 12 月 22 日晚上，开了一个座谈会。18 个下乡工作的干部，集中在区政府的大窑里，睁着睡眠不足的眼睛，仍然很有毅力地谈着他们今年工作的优点、缺点、经验教训。
>
> 大家你一言我一语，对工作充满了激情和责任。

① 《努力完成开荒计划——共产党员影响群众积极生产》，《解放日报》，1942 年 4 月 27 日。

② 同上。

延安县同志们的负责精神，还体现在他们在没有经验可以遵循、没有现成的道路可以走的情况下，“敢于大胆尝试新的办法”，勇于开拓局面的担当。延安县南区合作社正是在改革面前敢于闯新路的典范。

今天，面临中国改革进入深水区的关键时期，习近平特别强调担当和责任意识。2012 年 12 月，他在中央经济工作会议上说：

> 切实转变工作作风，做到讲实话、干实事，敢作为、勇担当，言必信、行必果。

在中国共产党局部执政的陕甘宁边区，就有啃硬骨头的成功先河。合作社是边区发展经济的重要的经济组织，延安县南区合作社是边区合作社工作的一面旗帜，是 1942 年西北局高干会评选的大生产运动三个先进单位之一，西北局给南区合作社题词“模范合作社”，毛泽东给主任刘建章题词“合作社的模范”，而“南区合作社式的道路，就是边区合作社事业的道路”。从 1936 年 12 月南区政府采用宣传和摊派的方式办起第一个消费合作社，一路走来，靠的就是刘建章带领群众“敢于大胆尝试新的办法”，解决了其他合作社在同期不曾解决的 4 个问题：

第一，放手扩大股金，试行合作社民办政策。1939 年秋，由于物价上涨，合作社营业和社员扩股都遇到了很大的困难。南区区长张和堂、合作社主任刘建章商议与私人合伙在三十里铺创办分社。区政府入股 100 元，合作社入股 100 元，私人股份 700 元，三方订立合同：每股 100 元，最多不加限制；入股退股完全自由；合作社业务性质不限定；工作人员由入股者直接推选；盈余除酌提公积金外按股分红；工作人员待遇做股份；社员有困难时，合作社给予借贷、赊货、担保、帮助；工作方针受南区合作社的指示与领导，作为南区合作社的分社。很多人认为这些规定如一、二、三、六等项不合乎合作社的原则，发展了私人经济，主张取消。刘建章认为这种办法是对的，只是将社名改为“兴华号”予以坚持。经过一段时间，民办合作社的做法得到县政府和边区建设厅的同意，才正式命名为兴华社。三十里铺分社与私人合伙，采取“合作社民办政策”，成为南区合作社事业发展的一个重要转折点。借鉴这样的经验，南区合作社先后成立民合社、民生公药社、和合社酒坊、新民社，“吸收私人入股 10 万元”，社员甚至包括了安塞、保安、富县、洛川、三边的小商人和来往最多的脚户。

合作社的民办政策主要解决了两个问题：一是拓宽融资渠道，吸收社员不仅包括本区群众和外地的商人、脚户，还包括光华商店、边区银行、新华化学工业合作社这样的团体社员。截至 1943 年年底，南区合作社社员达到 4000 余人（户），是南区人口 1800 余户的两倍之多。二是股金数额上不封顶，个人社员在消费社入股最多者有 20 万元，供销社最多者 80 万元，运输队最多者 60 万元。截至 1943 年年底，南区合作社股金总计达 2500 万元，成为联系组织人民的重要的经济组织。

第二，不断扩大合作社业务范围，由专营消费发展为兼营生产、信用、运输的综合性合作社。供给日用消费品和农业、手工业工具原料是南区合作社最重要的业务。从创办之日，合作社就以廉价售货、收受苏票、减少群众误工的优势，逐渐在群众中树立信任。在南区全境，“除合作社外，再没有私人商业”。消费合作社的另一个业务是收购土产，如粮食、草料、木材、木炭，主要供本社之需，或为政府和延安各机关代购。

根据边区政府发展生产合作社的指示，1939 年，南区合作社与私人和新华化学工业合作社、光华商店等机关团体合作建立油坊、粉坊、酒坊，经营制粉、榨油、酿酒农产品加工业；建立羊场子，经营剪羊毛、抓羊绒，以及制毡、织毛口袋等畜产品加工。1940 年刘建章在第二次社员代表大会上提议组织发展本区纺织业，逐渐实现穿衣自给。次年 6 月，由总社入股 0.3 万元，5 个分社入股 0.7 万元，在南庄河分社的地址上建立新合纺织社。1942 年边区银行又入股 2 万元，织布机从 1 架增加到 8 架，生产小布 891.6 匹。合作社虽连年亏本，却生产出急需的布匹，解决了群众部分穿衣问题，有着重要而特殊的意义。

陕甘宁边区沟壑纵横，道路交通非常落后，货物运输只能依靠畜力，因此催生了农村中的运输专业户，俗称“脚户”。1937年春，南区合作社投资200元，在沟门开了一家牲口店。为了招揽脚户，“放旗子”给一些长脚户，名义上是合作社的运输队，到1938年冬发展到百余头牲口的规模。1939年冬，合作社与脚户刘建加合伙投资5000元，成立了运输队。后有安塞、甘泉等地脚户加入，牲口折资本，人折份子，牲口扩大到22头。1940年，光华商店因其店运输队经常亏本，入股4.5万元于南区合作社，规定三七出资（南三光七），对半分红，发展成为拥有百余头精壮骡子的运输队。采用这一办法，到1942年南区合作社组织了10支运输队。

随着合作社生产消费业务的日益发展，需要进一步了解商情，与市场建立密切关系，同时为了建立运输队的专用枢纽，提高运输效能，降低合作社原料及必需品购买成本，提高土产售出价格，南区合作社还经营运载业务。1940年，由合作社创办了“集成运载栈”，1942年夏遭受洪水全部损失，是年冬与延安县在七里铺合股重办“复成过载栈”。1942年春，区社与各分社集资同延安市群众合作社在新市场联合建立“运合过载行”，当年获利60万元，无论是对了解行情，还是推销土产、购买必需品，都起到了重要作用。特别是对于运输队的业务“有如流水之于源泉与河海，有着重大的意义”。

南区合作社业务还把给群众服务的各种社会事业当作自己的经营业务，以公私两利的方针，如包交公粮，包运食盐，代缴人民各种负担及公债、储蓄券等；从公益金中慰劳本区抗属，代表本区群众慰劳军队；成立教育合作社，帮助家境困难的学生；为乡政府购买部分办公用具和服装；帮助难民解决吃粮、耕牛和生产工具。帮助变工队、扎工队，给社员发放树苗和棉籽。总之，凡是群众有了困难，或是于群众有利益的事情，合作社都主动地想办法来做；凡是政府号召的事情，合作社都从经济上支持社员予以响应。不但解决了人民的困难，减轻了人民的负担，在人民中建立了威信，同时又帮助和减轻了政府的工作，巩固与加强了政府与人民的关系。

第三，以看得见的物质利益，吸引群众自愿入股。比如摊派股金是一种普遍的常态现象，股金能够分红已经是群众满意从而调动入股积极性的主要方式。南区合作社吸引群众自愿入股，首先是股金分红。从 1936 年 12 月至 1942 年 8 月，分红 10 期。第一期规定 0.3 角为 1 股，每股红利 0.18 角。之后每股红利最少 0.02 角，多者 1 元 1 股，每股红利 7 角。利润分配“不斤斤计较于公积金、公益金的百分比，而是尽量把盈利分给社员”。南区合作社的利润分配结构中，公积金占 10%，低于 20% 的规定；公益金占 5%，低于 10% 的规定；职工及理事奖金占 5%，低于 10% 的规定，用于职工奖励和理事开会误工的补助；股金和职工分红占 80%。需要说明合作社职员实行的是分红制度，年初规定每人分股的钱数，年终结算根据物价情形再做增减，在社员代表大会上通过。大体上除伙食由社方供给外，以能挣“两个人穿衣服的费用为度”，既不同于边区党政机关和学校实行的津贴供给制，也不同于商号所行的“钱股”“人股”。

最主要的是以看得见的物质利益吸引群众入股，主要有：分红入股，1941 年每元股金分红 0.7 元，不提取红利即作为 1 元入股；1943 年每元股金分红 3 元，不提取红利即作为 5 元入股；实物入股，社员可以粮食、羊毛、木料、甘草甚至鸡蛋入股，作价比市价高出 10% ~ 20%；纺纱入股，新合织布厂创建后，刘建章提出入股 1 万元，当即发给价值 5000 元的棉花 3 斤 3 两，社员纺纱交回工厂并出资织布，布属社员，股金当年不能参与分红；运输入股，合作社发展运输队采取“公家利小，私人利大”的办法，实行“三七入股，对半分成”，即合作社与私人脚户合作，脚户入股三成，红利对半分成，吸引脚户牲口入股，发展运输事业。

第四，建立合理的规章制度和领导关系。总社、分社以社员大会或代表大会为最高权力机关。在 11 个结算期中，前 3 期是每 3 个月召集 1 次全体社员大会，分红 1 次；第四期至第六期改为每半年召集一次社员大会，分红 1 次；第九期后会期改为每年 1 次；第七期开始，因为社员增加，改为召集社员代表大会，每自然村按社员多少选举 1 至 2 名社员代表。之前的社员是以人为单位，每个农户会有好几个会员，从第八期开始改为以户为单位，每 10 个社员成立 1 个社员小组，并选举 1 名小组长。选举和表决，不分股金大小，每个社员皆有平等权利。

社员代表大会产生理事会作为执行和监察机关。理事会会议每月 6 日举行一次，检讨与确定全区合作社的社务和业务方针。合作社主任由社员大会或代表大会选举产生，并任理事会会议主席。每社都有定期的业务会议，由有关职员参加。理事、社员代表和社员小组长有沟通合作社与社员双方意见之责任。第九期之前还设有监事会，没有发挥作用，之后取消了。

总社直接领导各分社和合股企业，制定全区合作事业的方针，检查各分社的执行。分社每月月终向总社书面报告，各分社的社务、业务是在总社的计划与方针指导下独立进行。各分社和企业资金周转困难，可以经过总社相互融通，并形成相互投资的关系。总社和分社的关系经历了一个发展过程。起初，集中力量办好后来的总社，以取得群众的信任。之后，以此为基础向各乡投资发展分社，以广泛地联系服务群众，并集中群众手中的资金。各分社的力量壮大后，抽出部分资金办理全区的生产、运输、批购、供销事业，适当地合并过于分散和不必要的分社，逐渐形成以分散为主、集中为辅的格局。延安县南区合作社在当时的条件下，敢于大胆尝试新的办法，蹚出了一条成功的经济发展之路。

今天，面对新形势、新任务，中国全面深化改革，特别是解决发展面临的一系列突出矛盾和问题。比如：发展中不平衡、不协调、不可持续问题依然突出，科技创新能力不强，产业结构不合理，发展方式依然粗放，城乡区域发展差距和居民收入分配差距依然较大，社会矛盾明显增多，教育、就业、社会保障、医疗、住房、生态环境、食品药品安全、安全生产、社会治安、执法司法等关系群众切身利益的问题较多，部分群众生活困难，形式主义、官僚主义、享乐主义和奢靡之风问题突出，一些领域消极腐败现象易发多发，反腐败斗争形势依然严峻，等等。解决这些问题，关键在于深化改革。而深化改革，尤其需要各级领导干部，特别是基层干部要有勇于担当、敢于尝试的精神。正如习近平同志所说：

> 提出改革举措当然要慎重，要反复研究、反复论证，但也不能因此就谨小慎微、裹足不前，什么也不敢干、不敢试。搞改革，现有的工作格局和体制运行不可能一点都不打破，不可能都是四平八稳、没有任何风险。只要经过了充分论证和评估，只要是符合实际、必须做的，该干的还是要大胆干。

无论是延安县的刘秉温、南区合作社的刘建章，还是那些普通的延安县的干部们，他们都具有强烈的担当意识和敢于负责的精神。延安县同志们的“这种精神，对于那些一遇困难就唉声叹气，就缩手缩脚的人们，对于那些办事不认真、得过且过、敷衍了事的人们，真是一个天上，一个地下！在这种精神下，延安同志们没有一件事不是实事求是的。他们对于他们所领导的延安全县人民群众的情绪、要求及各种具体情况是充分了解的，他们完全和群众打成一片，他们有很好的调查研究工作，因而他们就学会了马克思主义的领导群众的艺术，他们完全没有主观主义、宗派主义与党八股。这种情形，对于那些处理问题不根据群众要求而根据主观想象的主观主义者，对于那些完全不做调查研究，工作三年五载、下情一点不知的官僚主义者，又是怎么样呢？岂不又是一个在天上，一个在地下吗？我们希望全边区的同志都有延安同志这样的精神，这样的工作态度，这样的和群众打成一片，这样的调查研究工作，因而也学会领导群众克服困难的马克思主义的艺术，使我们的工作无往而不胜利”①。

“责任重于泰山，事业任重道远。”中国革命经历了 28 年的血雨腥风，无数仁人志士抛头颅、洒热血，用血与火铸就了中国革命事业的苦难辉煌。1949 年 10 月 1 日中华人民共和国的成立，开启了中国共产党的执政新篇，中国人民从此走上了当家做主的新时代。改革开

---

① 《毛泽东文集》第 2 卷，人民出版社，1993 年版，第 458—459 页。

放30多年来，中国的经济建设得到了长足的发展，人民生活水平日益提高。习近平总书记说：

> 坚持和发展中国特色社会主义是一篇大文章，邓小平同志为它确定了基本思路和基本原则，以江泽民同志为核心的党的第三代中央领导集体、以胡锦涛同志为总书记的党中央在这篇大文章上都写下了精彩的篇章。现在，我们这一代共产党人的任务，就是继续把这篇大文章写下去。[①]

事业的担当、民族的担当、全人类解放事业的担当，归根结底是推动社会进步的原动力。从延安同志们身上，我们感受到了这股强大的精神气场，感受到了一股神奇力量。当前，全党全国各族人民正在为全面建成小康社会、实现中华民族伟大复兴的中国梦而团结奋斗。面对复杂多变的国际形势和艰巨繁重的国内改革发展稳定任务，进行具有许多新的历史特点的伟大斗争，需要这股力量，需要这种勇于承担责任的精神。有了这种精神，做任何事情将无往而不胜。

2013年1月22日，在十八届中央纪委二次全会的讲话中习近平总书记又强调："该承担的责任必须承担"，"要有担当意识，遇事不推诿、不退避、不说谎，向组织说真话道实情，勇于承担责任。"2013年5月4日，在同各界优秀青年代表座谈时他指出：

> 历史和现实都告诉我们，青年一代有理想、有担当，国家就有前途，民族就有希望，实现我们的发展目标就有源源不断的强大力量。

2013年6月18日，在党的群众路线教育实践活动工作会议

---

① 中共中央宣传部：《习近平总书记系列重要讲话读本》，学习出版社、人民出版社，2014年版，第20—21页。

上，习近平又一次强调，要“在大是大非面前敢于担当，敢于坚持原则”。

敢于担当的精神，在任何时候都不过时，常讲常新。

二、核心骨干的民族担当精神：“四八”烈士

1946 年初春，是中国面临两种命运、两个前途抉择的关键时刻，实现全国停战协定、东北停战协议、整军方案以及政治协商会议的各项决议，遭受国民党的严重阻挠。为与中共中央商议坚持上述各项协定的办法，国共谈判与政治协商会议中共代表王若飞、政协起草审议委员会中共代表秦邦宪，于 4 月 8 日从重庆乘坐美军观察组 047 式运输机返回延安，向党中央汇报工作。同行的还有新近被国民党释放的新四军军长叶挺和夫人儿女、出席世界职工大会的解放区职工代表邓发以及贵州老教育家黄齐生。

> 当日十二时二十五分，飞机还与延安电台联络一次，当时位置约在甘泉一带，甘泉居民在雨中还听见了飞机的声音，但以后即失去联系。[①]

当日下午 1 时许，毛泽东、朱德、任弼时等中央领导同志到达东关机场迎候久违的战友。当日下午 2 时许，飞机抵达延安上空，其时云厚雾大，能见度极差，机场上人们透过蒙蒙细雨似乎听到了飞机的轰鸣声，随即渐渐消失。疑惑、焦虑、不安立刻袭上每一个人的心头，在蒙蒙细雨中守候直到下午 4 点多才失望地慢慢散去。

> 九日、十日、十一日三天虽经美机在边区境内多方寻觅，仍无结果，直至十一日晚十时始得晋西北电讯，谓该机已于兴县东南八十里的黑茶山发现，机已焚毁，人员均

---

① 《王若飞同志等遇难经过》，《解放日报》，1946 年 4 月 13 日。

已遇难。[①]

兴县行政公署闻耗，即派负责人员前往装殓遇难人员遗体，运送延安。中共中央已决定由重要领导人亲往接应。[②]

4月12日，中国共产党中央委员会以极大的悲痛宣布：

中共中央委员王若飞同志、秦邦宪同志，中共中央职工委员会书记邓发同志，新四军军长叶挺同志、叶挺同志的夫人及男女公子二人，贵州老教育家黄齐生先生、十八集团军参谋李少华同志、彭踊左[③]同志及随行员魏万吉同志、赵登俊同志、高琼同志（女）等十三人，及美国驾驶员兰奇上尉（C.E.Lange）、瓦伊斯上士（Dallas Wise）、迈欧（M.S.Maier）、马尔丁（E.R.Martin）等四人，在本月8日乘美机由重庆飞延安途中，因飞机迷失道路，于下午二时左右在晋西北兴县东南八十里的黑茶山遇雾，撞山焚毁，当即全部遇难。[④]

“四八”烈士为了中华民族的解放事业，为了祖国的和平、民主、团结、统一，忘我奋斗、不懈努力，献出了自己宝贵的生命。这么多的高级干部一起遇难，无疑是中国革命和党的历史上一个重大的损失。他们是中华民族的英雄，得到全国人民的敬仰、爱戴和尊崇。他们是为着中国的解放事业而牺牲的，他们担负的是中华民族的命运，担负着中国共产党的历史使命。

中共中央成立了以毛泽东为首的治丧委员会。4月19日，在延

① 《王若飞同志等遇难经过》，《解放日报》，1946年4月13日。

② 同上。

③ 经后来查实，遇难烈士中没有彭踊左同志，应为黄晓庄同志。

④ 《中共中央以极大悲痛宣布王若飞同志等遇难》，《解放日报》，1946年4月12日。

安东关机场举行了隆重的公祭大会，并将烈士安葬在东关机场的东北角。

亲爱的战友们，不朽的英雄们：数十年间，你们为人民的事业做了轰轰烈烈的工作。今天，你们为人民事业而死，虽死犹荣！①

为了祭奠和缅怀“四八”烈士，1957年春，经中央批准，从全国党员缴纳的党费中拨出100多万元重建“四八”烈士陵园，陵园由东关机场迁至王家坪革命旧址北侧。1970年，迁设于延安市区以北6公里的李家洼村，这里三面青山环绕，正面延河，“四八”烈士的英灵长存于此。

烈士们在以往的工作生活中，都是敢于担当、认真负责的，他们时刻准备着为中国的革命事业献身。

三、人类解放救国的责任全靠我们自己来担承

延安时期，大批优秀中华儿女为着一个共同的目标——抵抗侵略、民族独立，聚集到延安，积极工作，艰苦奋斗，最终取得了抗日战争的伟大胜利。正如他们在抗大校歌中唱的：

黄河之滨集合着一群中华民族优秀的子孙，人类解放救国的责任全靠我们自己来担承。

在从1936年到1945年的9年期间，抗大共培养了10余万名革命干部，为中国人民军队的建设，为中国抗日战争的胜利做出了重大

① 毛泽东：《向“四八”被难烈士致哀》，《解放日报·追悼“四八”被难烈士特刊》，1946年4月20日。

的历史性贡献。[①]

抗大师生在非常困难的条件之下，坚持自力更生，勤俭办校。他们自己动手，挖窑洞，修课堂，制教具，因陋就简，艰苦奋斗，以解决经费不足、校舍不足、教材不足等困难。[②]

没有校舍自己建校舍，没有桌子就用膝盖当桌子，在地上写字，总之，“一切都要依靠我们的双手来解决”。他们一边学习，一边生产劳动，战斗开始立即上前线打仗，在阶级斗争和生产斗争的实践中学习锻炼，理论与实践相结合，教育与生产劳动相结合。无数仁人志士，无数普通的学生、工人、农民加入到了抗战的队伍中，担负起了报效国家、拯救民族于危亡的重任。在 1943 年建党 22 周年之际，抗大全体教职人员和学员给毛泽东致电：

我们誓以最大努力，坚决执行您和党中央的号召，学习您伟大的布尔什维克的品质和作风，并有信心完成您所给予的一切任务，为中国抗日战争的胜利和人民解放的胜利奋斗。

抗大学员们把对民族的这份担当，把对国家的这份崇高的责任，转化为自己的具体行动，他们不仅学习，还开荒、锄草、劳动、纺线等。抗大学员“每天天刚亮就到十里路以外的山上开荒”，表现出了极高的生产热情。

---

① 《中国人民抗日军事政治大学校史展览内容介绍》，中国人民革命军事博物馆编印，1966 年版，第 1 页。

② 同上书，第 2—3 页。

> 女劳动英雄李振敏同志积极响应学校纺纱动员，当场宣布自己的生产计划，她生产的第一个月纺纱五十五斤，每天抽出一点半钟的时间帮助别人纺线和修理工具。[①]

抗大学员一边学习，一边生产，在劳动生产中争先恐后，情绪高涨。

> 有的同志身体弱，组织上分配他放牛、看家伙做后勤工作，他很不高兴，坚持要求上山开荒。有的满手是泡又长了脓，裂了口子，还是勇敢地坚持挖地，直到严厉的命令制止才放下锄头。
>
> 雷生海同志是抗大某部年过五十的劳动英雄。老雷一天不多讲话，鸡叫时就扛起锄头上山。他说，“我老汉不觉得累，每天吃饭、中午拾粪、晚上睡觉，学习时间，就是休息”。[②]

雷生海不仅是个劳动英雄，还是节约的模范。

> 为节省文具，他用大石板当学习纸，用猪毛扎起来当毛笔，白土子红土子便是他的墨。他说：“我为公家节约了纸笔墨开支，我同样能学习得好。”[③]

1921年中国共产党成立，从此担负起了拯救中华民族于危难的历史使命。从1921年到1949年，中国共产党领导中国人民进行新民主主义革命，历经28年血雨腥风的斗争，建立了中华人民共和国；到社会主义建设时期，又历经30多年的改革开放，向世人展现了一

---

① 《陇东抗大分校女同志半年内要纺纱一万斤》，《解放日报》，1944年3月27日。

② 《抗大雷生海老同志生产节约都模范》，《解放日报》，1944年5月22日。

③ 同上。

个充满生机的强大的国家。这个党是伟大的党，是中华民族的脊梁，同时也为世界无产阶级革命运动进行了英勇探索。中国共产党从诞生那天起就是优秀中华儿女的代表，由思想进步、工作努力、态度积极、信念坚定的一批仁人志士组成。他们经历了生与死的考验；他们为中国革命抛头颅、洒热血；他们不怕牺牲，为革命英勇奋斗。正是有了他们的担当，正是有了他们的付出，中国革命和建设事业才能在困难面前不断前行。中国共产党在发展中不断壮大，由最初的 50 多人，到今天形成由 8700 多万人组成的大党，不得不说，这是一个奇迹。

今天，习近平总书记提出了实现国家富强、民族振兴、人民幸福的中华民族伟大复兴的中国梦，为全世界中华儿女构建了一个共同的理想追求和奋斗目标。实现中华民族伟大复兴的中国梦的任务需要全世界中华儿女共同来“担承”，延安时期无数仁人志士正是为了全人类的解放事业而齐聚宝塔山下艰苦奋斗的。今天，我们为了中华民族的伟大复兴，为了人类的共同繁荣发展而不懈努力正是需要发扬这种全人类的担当精神，争做先锋。

第六章

中国的希望在延安：党的精神力量

> 延安啊延安，你从艰苦中找到乐观，你从劳动中夺取幸福，你从战斗中获得安乐与发展！延安啊延安，我不能用别的名称叫你，我只能称呼你是个“赤脚天堂！”①

这是新中国美术奠基人之一、著名美术家、社会活动家蔡若虹在回忆延安生活时所发出的最富诗意的感慨。蔡若虹夫妇于1939年抵达延安，彼时延安艰苦的物质环境与丰富的精神生活形成的鲜明对比给蔡若虹留下了深刻的印象，被延安的精神魅力所深深折服的他由衷地称延安为“赤脚天堂”。

延安，这座西北小城在与共产党人的交融中，以它绵延不绝的山脉与奔流不息的河流吸引和容纳了彼时中国一大批拥有坚定信仰、努力追寻革命真谛的革命斗士。他们追寻民族解放和国家繁荣富强的精神，如同生生不息的火种，从延安播撒到全国各地，让曾经沉寂已久

① 蔡若虹：《赤脚天堂——延安回忆录》，湖南美术出版社，2000年版，第129页。

的边陲小城恢复了生机盎然的青春，成了锻炼革命战士的熔炉，成了中国革命的圣地，成了无数仁人志士追求自由、追求平等、追求理想的“赤脚天堂”。

乐观向上是延安时期人们灵魂深处最深刻的烙印。即便是时光变迁的今时今日，蓦然回首，延安那充盈着乐观向上的精神生活，始终如同一颗颗珍珠在岁月的漫漫长河里熠熠生辉，散落在延安城的角角落落，触手可及，俯拾可得。著名诗人艾青的夫人韦嫈在晚年回忆起延安时期的生活时，这样说道：

> 虽然一切都是简陋的粗糙的，但心情是愉快的。①

凤凰山麓窑洞里彻夜燃烧的火炭，翻身农民绽放的笑脸，飘荡在荒山里的歌声，无数幅画面构筑了延安时期人们内心深处永远抹不掉的记忆：

> 延安的确是新天地，官兵平等，生活虽然艰苦，精神上却是极为满足和快乐的。②

一、“中国的希望在延安”

1937 年到 1941 年间，中国正处于全力抗击日军侵略的最艰苦的阶段。抗战初期正面战场的失败，使大片国土沦丧于日本帝国主义的铁蹄之下；汪精卫的叛国投敌、欧美的对日绥靖政策等都使得处在深重灾难里的中国抗战看不到胜利的希望。“灵台无计逃神矢，风雨如磐暗故园”，五千年的华夏文明在内忧外患的风雨之中，摇摇欲坠。但即使在这样艰苦的时期，亡国灭族的外来威胁也没有消弭国内各阶

① 任文主编：《延安时期的社团活动》，陕西师范大学出版社，2014 年版，第 25 页。

② 华君武：《华君武集（文集）补丁》，河北教育出版社，2003 年版，第 38 页。

级、各党派之间的矛盾，特别是国共两党之间的矛盾。在抗日战争进入相持阶段后，面对日本的诱降政策，国民政府开始动摇妥协，采取了消极抗日、积极反共的策略，并具体提出了“防共、限共、溶共”的方针，直接制造了震惊中外的皖南事变，并对陕甘宁边区采取了军事、经济等一系列的封锁措施。

1942 年，作为中共抗战总后方的陕甘宁边区因国民党采取的封锁措施，财政经济状况发生了严重困难，人民缺衣少食，甚至连战士的鞋袜、被服都无法供给。毛泽东在回顾这段历史时说：

> 国民党用停发经费和经济封锁来对待我们，企图把我们困死，我们的困难真是大极了。

而物质匮乏和粮食短缺是边区一直面临的窘境：

> 很少吃馒头、肉。白水、盐煮洋芋，吃饭时在露天的院子里，每一组一个瓷罐，小米饭常常挺硬。

陕北公学学员丁农回忆起当时在延安的生活状况时这样说道：

> 我们从家里带来的衣服都穿破了，冬天只有一件棉衣、一件单衣，只得束紧皮带御寒。春秋两季早晚挺凉，光穿一件单衣还不行，常常得把棉衣披在身上。夏天一套单衣无法换洗，到延河洗澡时将单衣单裤脱下，光着身子下水，把衣服洗干净，晾在河滩上，洗完澡，穿上就走。冬天被子不够暖，常常是蜷缩着睡觉，大家互相开着玩笑说：我们都是“团长”。[①]

尽管物质条件如此艰苦，但这些困难丝毫不能影响共产党人坚定

① 任文主编：《延安时期的日常生活》，陕西师范大学出版社，2014 年版，第 107 页。

的信念，不能断绝广大人民对革命胜利、民族自强的希望，延安城内不论男女老少，他们的脸上始终洋溢着微笑；人们精神饱满，没有人叫苦，更没有人抱怨，甚至苦中作乐编起了顺口溜：

吃红薯，啃金砖（苞米面饼子），生活虽苦心里甜。①

为了克服经济封锁造成的困难，以及由于物质匮乏造成的一系列生活、生产问题，党的领导同志率先垂范，带头开荒种地、纺线织布，组织开展了如火如荼的大生产运动。无数贫困农民因此解决了温饱问题，曾经荒无人烟的南泥湾也在第一二〇师三五九旅的开荒生产中，从“烂泥湾”变成了陕北的“好江南”。1943 年 9 月，毛泽东到南泥湾视察，看到南泥湾到处是庄稼、遍地是牛羊的景象时，兴奋地说道：

困难，并不是不可征服的怪物，大家动手征服它，它就低头了。②

大生产运动不仅为我党我军战胜日本帝国主义奠定了坚实的物质基础，更形成了延安时期乐观、积极、向上、充满昂扬斗志的革命乐观主义精神，成为延安时期战胜艰难困苦、夺取革命最终胜利的精神基础。1938 年从北京到延安的于蓝深深地被团结、紧张、严肃、活泼的抗大所感染，她如此评价延安的生活：

延安是世界上最艰苦的地方，但延安也是世界上最快乐的地方！③

① 任文主编：《我要去延安》，陕西师范大学出版社，2014 年版，第 56 页。

② 王恩茂：《南泥湾精神永远激励我们奋勇前进》，《陕甘宁边区抗日民主根据地》回忆录卷，中共党史资料出版社，1990 年版，第 209 页。

③ 于蓝：《苦乐无边读人生》，北京大学出版社，2011 年版，第 41 页。

这种强烈的精神幸福感不仅感染了来延安的知识青年，更鼓舞、感染和折服了无数的爱国民主人士。

1940 年 3 月，爱国华侨陈嘉庚率领“南洋华侨回国慰劳视察团”，先后访问了重庆与延安。5 月 31 日，延安各界群众夹道欢迎陈嘉庚一行，人人齐喊口号，场面气氛极为热烈。初到延安的陈嘉庚深深地为延安人民的热情所感动，及至之后在延安各地考察的所见所闻，陈嘉庚逐渐把希望的目光从重庆转移到延安。在延安的南洋学生用自己的切身体会告诉陈嘉庚：

> 解放区男女平等，互助生产，一片光明。生活虽然苦一些，但人们精神愉悦。①

陈嘉庚在离开延安之际深情地说：

> 在延数日逗留，对各方有机会多接触，对边区各界人士之努力抗战工作、努力后方生产、艰苦奋斗的精神，尤为感奋。

通过重庆与延安的直观感受的对比，陈嘉庚一扫初到延安时的疑虑。他兴奋地发现，延安是一个与国民党统治区完全不同的崭新世界。他激动地说：“余此次劳军经延安所见，深感中国有希望了！”② 他用坚定的声音告诉全世界的华侨：“中国的希望在延安！”③ 这一声“中国的希望在延安”，如珠玉坠地，如金石铮铮，响彻了彼时满目疮痍的中国。无数仁人志士开始将目光投向了小小的延安城，他们开始坚信胜利终将是属于身处延安城的以毛泽东为

① 廖冰：《陪陈嘉庚先生参观延安女大》，《延安女大——纪念延安中国女子大学建校五十周年（1939—1989）》，纪念延安女大五十周年筹委会编印，1989 年版，第 115 页。

② 陈国庆：《我的父亲》，《回忆陈嘉庚——纪念陈嘉庚先生诞辰 110 周年》，文史资料出版社，1984 年版，第 58 页。

③ 陈碧笙、陈毅民编：《陈嘉庚年谱》，福建人民出版社，1986 年版，第 142 页。

代表的中国共产党人。

延安五老之一的徐特立，大革命时期的国民党左派人士，坚持在51岁时加入了中国共产党。对此他曾发出这样的感慨：

> 在二万五千里长征中，骑马时间至多不过二三千里。自抵卓克基以后，我的衣服，从脚上的鞋一直到头上的帽子，都是自己缝的。在缺乏粮食的草地，我也一般的吃草。但我的愉快精神如故。其他的共产党员和群众也一般的愉快如故。其总的原因，就在于只要党存在，红军存在，我们在政治上是有出路的。我们党的自信心，群众的自信心，结合成为战胜帝国主义的民族自信心，因此就战胜了一切肉体上的困难。①

徐老的这种乐于吃苦、不惧艰难的乐观主义精神贯穿了他在长征结束之后所有的工作与生活。朱德在给徐老的六十大寿的贺信《你是一个老怪物》中满怀敬意地写道：

> 尤其是你的耐劳忍苦的模范，更兴奋了红色指战员及一般的同志。就是那些悲观失望，想在掉队落队的人们，想起我们徐老头的样子，也就跑起来了。②

人不仅需要物质，更重要的是要有一种精神，精神往往比物质更重要。一个人，一旦有了坚定的信仰，有了能够为实现信仰而奋斗的途径，即使是在延安时期食几乎不能果腹、衣几近不能蔽体的艰苦环境里，他的精神世界也是丰裕而快乐的，是乐观而向上的。徐特立如同漫长黑夜里一盏灯光摇曳的煤油灯，将自身的光与热交付给了人

---

① 湖南省长沙师范学校编：《徐特立文集》，湖南人民出版社，1980年版，第246—247页。

② 徐禹强、徐文浩主编：《万世师表徐特立》上卷，档案出版社，1998年版，第11页。

民，交付给了全国的解放事业；他面对艰难困苦却始终甘之如饴的乐观精神，更是一种引而不发、绵延不绝的精神，是战胜革命过程中一切艰难困苦的制胜法宝。

延安时期这种乐于吃苦、不惧艰难的乐观主义精神不仅使爱国民主人士深受感染，更深深地感染了来延安参观、访问和工作的外国人，并给他们留下了极为深刻的印象。加拿大共产党员、中国人民永远的朋友白求恩医生，冲破国民党的重重阻挠来到延安，在延安不到一个月的短暂停留给了他很深的触动：

> 在这里，无论地位高低，人人都是平等相待，人们都有一种勤奋向上的精神，相处非常友好。

白求恩同志为中国的革命和解放事业做出了非常巨大的贡献，抢救了无数革命战士，并为此付出了自己宝贵的生命。他在临终前给聂荣臻司令员的遗书中这样写道："我在这里十分快乐，我唯一的希望是能多做贡献。"

出生于四川成都一个美国传教士家庭的约翰·斯图尔特·谢伟思，曾作为"美国军事观察小组"的政治顾问于 1944 年 7 月进驻延安。谢伟思惊奇地发现，延安的山山水水呈现出的是一幅不同于重庆的画面。从重庆来到延安，满目山河呈现出欣欣向荣的景象，这片神奇的土地上没有妓女、没有乞丐、没有吸食鸦片者，更没有腐败的政府官员和沉重的税收，人们脸上都洋溢着灿烂的微笑，每个人都唱着歌学习、工作，而中共领导人开诚布公、直截了当和对人友善的态度更是让军事观察小组的成员备受感动。谢伟思在写给上司的报告中这样描述延安给他的感觉：

> 我们一行所有的人都有同样的感觉：我们似乎来到了另一个国家，见到了不同的人民。精神面貌和气氛是如此之不同。无论官员还是平民，都坦诚相待，非常友善，没

> 有任何的装腔作势和繁文缛节。延安没有警察，士兵也很少见到，没有乞丐，没有极端的贫困，这里祥和宁静。

延安时期留存下了大量的照片，随着时光的流转，尽管照片在泛黄，尽管回忆在消退，但是照片上人们脸上洋溢的笑容始终清晰。人们走路时在笑，纺线时在笑，开会时仍在微笑。这是怎样的一种笑容啊，有着发自肺腑的真切，展示的是面对艰难困苦毫不退缩的乐观精神；这是怎样的一种乐观精神啊，它如同镶嵌在物质匮乏的艰苦岁月里的一颗颗钻石，焕发着璀璨的光芒，照亮了西北边陲的小城，让无数仁人志士抛弃物质富足的生活，以勇毅而果敢的姿态前赴后继地奔赴延安，奔向一个全新的世界。

远东问题专家、哥伦比亚大学教授罗辛格来到延安后，面对着延安的黄土地，发出了与谢伟思几乎相同的感慨：

> 延安的十天，是一个极其愉快的访问。……延安是中国千百个城市中的一个城市，因而它不能完全脱离掉中国的现状，因之我不能毫无根据地把它誉之为人间的天堂；然而我必须肯定地说：延安是中国进步的象征，是中国光明的指针。

延安，作为一个时代的象征，是人们的精神世界里永不熄灭的灯塔，在暗夜里发出灼灼明光，照亮了小小的延安城，点燃了人们心中为国为民而艰苦奋斗的熊熊烈火，点燃了人们对于革命必胜的信念之光。延安，是中国的精神圣地与希望之所在。

二、最终的胜利一定是属于我们的

抗战即将取得胜利的前夜，1945 年 4 月 23 日，中国共产党第七次全国代表大会在延安召开。七大是中国共产党在新民主主义革命时期极其重要的一次全国代表大会。在 6 月 11 日的闭幕式上，毛泽东说："我们开了一个胜利的大会，一个团结的大会。"他在讲话中这样评价会议的目的："就是要使全党和全国人民建立起一个信心，即革命一定要胜利。"

根据毛泽东在七大闭幕式上的致辞整理出来的名篇《愚公移山》，其中流传最广的名言是："下定决心，不怕牺牲，排除万难，去争取胜利。"革命必胜的信念从此深入人心，正是靠着这股信念，靠着"为有牺牲多壮志，敢教日月换新天"的胆识与气魄，靠着共产党人坚定的信仰，靠着革命战士大无畏的乐观主义精神，党和人民最终取得了革命的胜利。

1938 年 5 月 26 日至 6 月 3 日，毛泽东在延安抗日战争研究会上做长篇演讲《论持久战》，开篇便尖锐地批判了当时在全国抗日阵营中具有一定影响的"亡国论"与"速胜论"两种错误思潮。他在《论持久战》中旗帜鲜明地指出："中日战争既然是持久战，最后胜利将是属于中国的。"除《论持久战》外，毛泽东还在《抗日游击战争的战略问题》一文中提出了抗战时期应采取的方针，朱德写了《论抗日游击战争》，周恩来写了《怎样进行持久战》。

言为心声，词为意表。这一系列的军事理论，正本清源，肃清了各类错误思潮，从思想上厘清了对于抗日战争的正确认识，从理论上武装了全党、全军和广大人民群众，从逻辑上阐明了争取抗战胜利的正确道路，极大地鼓舞和坚定了广大军民争取抗战胜利的信心与决心。这些闪耀着智慧光芒的军事思想，逐渐深入人心，获得了各界人士的价值认同，成了一个时代的精神信念。

1945 年 8 月 15 日，日本宣布无条件投降的消息传遍了祖国的大江南北。人们高声欢呼，欢欣若狂。延安的广大干部和群众更是敲锣打鼓，载歌载舞，欢声笑语响彻云霄。抗日战争的胜利是近百年来中国人民第一次取得完全胜利的民族解放战争。斯诺在陕北时期的翻译王汝梅（黄华）在陪同斯诺采访红军的领导干部和普通战士的过程中，深深地被红军所打动，他如此感慨道：

> 在苏区人民中、在红军战士身上，我的确发现了另一个中国，看到了中国人民的希望和力量！①

“众寡同力，则战可以必胜，而守可以必固。”抗日战争的胜利，离不开共产党人的努力和广大人民群众的鼎力支持，离不开广大党员干部和革命战士在一切艰难困苦面前无所畏惧的英雄主义精神、甘愿为革命而牺牲一切的奉献精神，更离不开军民团结一致驱除鞑虏的革命乐观主义精神。

1946年春夏，中国时局错综复杂，蒋介石发动全面内战。3月13日，胡宗南以数倍于陕甘宁边区西北人民解放军的兵力，兵分两路进攻延安。毛泽东提出撤离延安，并且饶有兴致地说道：“你既然可以打到延安来，我也可以打到南京去。”任弼时针对中央纵队的同志们想不通为何放弃延安时，这样说道：

> 大家要懂得一个道理，我们今天放弃延安，意味着将来要解放南京、上海，解放全中国。②

3月28日，当胡宗南大军已逼近延安城南的三十里铺，毛泽东信心百倍地说：

> 回去给全体指战员讲清楚，延安永远是我们的。少则一年，多则二年，我们就要回来，我们要以一个延安换取全中国。

从此，毛泽东、周恩来、任弼时三人在一起，随着战场形势的变化，跋山涉水，历经惊涛骇浪，从一个山村转移到另一个山村，以惊人的毅力和高度的镇定，开始了一年零五天转战陕北的岁月。

---

① 黄华：《亲历和见闻——黄华回忆录》，世界知识出版社，2007年版，第27页。

② 中共中央文献研究室编：《任弼时传》（下），中央文献出版社，2014年版，第753页。

在党中央、毛泽东的指挥下，西北野战军同比自己多十倍的国民党军队从容周旋，相继取得了青化砭、羊马河和蟠龙等战役的胜利。为了庆祝“三战三捷”，陕甘宁边区召开军民祝捷大会，周恩来在一片欢呼声中宣布：

> 党中央还在陕北，毛主席还在陕北。毛主席让我转告大家，他要和边区军民一起奋战，与陕北人民同甘共苦，一天不消灭胡宗南匪军，他就一天不离开陕北。

临危不惧，每逢大事必有定力的毛泽东，展示的不仅是一个领导人的胸怀与气度，还是对于革命前途必胜的信心，更是一种革命的乐观主义。管子曰：“观国者观君，观军者观将，观备者观野。”毛泽东同志乐观向上的精神如同漫漫黑夜里的一盏明灯，指引着人们精神的前进方向，引领着前方将士走向革命的胜利之路。《解放日报》曾在报道里这样描述毛泽东：

> 毛主席同边区诸老“纵话乡土风情，笑谈国际局势，状如家人，一种亲爱精诚之气象，感奋四座”。

中国近现代著名的政治活动家、教育家、民主建国会的领导人黄炎培先生于 1945 年初次与毛泽东在延安见面时，便被毛泽东胸怀天下的气度和乐观豁达的精神所感染。当他得知毛泽东曾听过他的演说时，不禁赞叹道：“想不到在大群听众中，竟有这样一位盖世的英雄豪杰！”埃德加·斯诺抵达延安，在与毛泽东会晤结束后，他这样评价毛泽东：

> 他有着中国农民的质朴纯真的性格，颇有幽默感，喜欢憨笑。甚至在说到自己的时候和苏维埃的缺点的时候他也笑得厉害——但是这种孩子气的笑，丝毫也不会动摇他

内心对他的目标的信念。①

历次战争的胜利，除了依靠党的正确指挥外，更依靠着广大军民不怕牺牲的大无畏精神以及积极乐观的高昂士气。无数仁人志士抛头颅洒热血，将一腔报国为民的热忱悉数献给了正义的事业，献给了救亡图存的解放事业。广大将士的身上充满着希望和热情，使斯诺深受感染，他对此慨然叹道：

这是一支神奇的队伍，上帝也征服不了。②

正是这样的一支神奇之兵，他们在战场上骁勇善战，不惧牺牲，始终对革命前途充满了必胜的信念；他们不畏艰险迎难而上的大无畏的革命乐观主义精神，如同漫漫黑夜里的一盏明灯，指引着广大军民的前进方向，引领着前方将士走向革命的胜利之路。

由于国民党的封锁，延安时期物资极其匮乏，甚至可以说是“没有衣穿，没有油吃，没有纸，没有菜，战士没有鞋袜，工作人员没有被盖”③。面对军需物资的缺乏，战士们不仅自己动手打草鞋、缝棉被，甚至动手赶制了一批毡帽以抵御严寒的天气。但是由于原材料粗糙，战士们的做工又比较差，帽子一直往下耷拉，样子非常不好看。战士们便戴着这样的毡帽，雄赳赳，气昂昂，步伐整齐地奔赴前线。边区人民也因此传唱着一段顺口溜：

八路军，土包子，头上戴着毡帽子，打仗就像钢炮子，敌人像个龟孙子。

美国著名女作家史沫特莱曾跟随一支八路军连队作战，她看到

---

① ［美］埃德加·斯诺著，董乐山译：《西行漫记》，解放军文艺出版社，2002年版，第57页。

② 胡金魁：《斯诺在保安》，裘克安编：《斯诺在中国》，生活·读书·新知三联书店，1982年版，第365页。

③ 《毛泽东选集》第3卷，人民出版社，1991年版，第892页。

战士们在经过一整天的战斗之后，却没有任何东西可吃。战斗地附近田野里的稻谷已经完全成熟了，战士们始终一动不动。因为他们没有钱，而连队不允许战士们不付钱就拿走别人的东西。入夜，战士们围着篝火，饿着肚子唱起了歌。这是怎样坚忍的克制力啊！到底是怎样的一种精神支撑着战士们在战斗？这群战士，他们面对贫乏的物质条件做出了最简单却又最艰难的选择，只因为他们有着全中国最坚定的信仰，他们怀揣着革命事业必将胜利的乐观信念，这是他们悲壮的灵魂在黑暗中前行的希望与勇气之源。

谢伟思在评价延安的抗战气氛时，这样说道：

> 这里充满信心。战争是近旁和切实的存在。没有失败主义，而只有信心。没有对战争的厌倦情绪。

面对抗日战争中祖国被日军的铁蹄所践踏的痛心局面，面对解放战争中国民党的独裁统治和坚持内战的政策，一大批有良心、有志气的进步青年为了中华民族的独立解放，为了中华民族的繁荣富强，以大义凛然的姿态奔赴到了民族、民主解放斗争的最前沿。不论是青年农民还是进步青年，人人都以成为战士、能够为祖国抛头颅洒热血为荣。在大大小小的战役中，没有旁观者，没有局外人，军民团结一致、群策群力、坚定自信地投入到民族解放的事业中。尽管战士们穿着破烂，武器落后，但他们斗志高扬，精神抖擞，全身心地投入到民族解放的斗争中，展示了大无畏的革命乐观主义精神，最终取得了革命的胜利。

三、大家是在解放了的自由的土地上

延安作为彼时烽烟四起的中国最自由明朗的天地，充满了奋进、向上、乐观的空气，是无数知识青年向往的革命圣地。它如同一块巨大的磁铁，吸引着人们为了共同的革命理想和目标而聚集在一起，将这漫天的星辰聚成了一团燎原之火。著名诗人、散文家何其芳曾这样描述延安：

> 延安的城门成天开着，成天有从各个方向走来的青年，背着行李，燃烧着希望，走进这城门。

正是为了这燃烧的希望，星星之火最终汇聚成了燎原之势。

谢伟思曾经如此描写延安：

> 延安民众官吏打成一片，路无乞丐，家鲜赤贫，服装朴素，男女平等，妇女不穿高跟鞋，亦无口红，文化运动极为认真，整个地区如一校园，青春活泼，民主模范，自修、自觉、自评，与重庆另一世界。①

很多进步青年都来到延安，他们年轻而有活力，朝气蓬勃，满怀着革命乐观主义与浪漫主义的情怀。陆定一回忆他对延安的第一印象时，这样说道：

> 到处都见到像我们一样新到的人和已经入学入伍、穿上铁灰色布料军装的男男女女。熟人相见，都是握手言欢，“同志，同志”相互招呼，耳目为之一新，真正是投到崭新的世界来了！②

华君武初到延安，见到中央组织部的两位同志，瞬间觉得耳目一新：

> 他们一身灰布制服，清清爽爽，干净利落，和蔼可

① 金城：《延安交际处回忆录》，中国青年出版社，1986年版，第196页。

② 陆地：《青春独白》，漓江出版社，1993年版，第261页。

亲，温暖周到，让我一下子就感觉到这是一个怎样清明公平的新世界，真是叫我一辈子都忘不掉。

多年后刘端棻回忆在延安的生活，还是念念不忘地说：

大家平等相处，亲如一家。大家都认为，当官和当兵的，上级和下级，仅是革命的分工不同，毫无高低、贵贱之分。所以无论干什么工作，大家都心情愉快地去干。①

他们始终坚信，陕北延安是“我和伙伴们内心渴望的新社会人间天堂”②。

延安是一座熔炉，用思想的火焰把无数青年锻炼成钢；延安是一座灯塔，用乐观向上的精神为漫漫长夜里的夜航人指引着方向，鼓舞和激励了无数的青年。著名的《延安颂》的词作者莫耶初到延安，便被延安所笼罩的乐观、积极的精神所感染，她不禁发出这样的感慨：

对于我这个十九岁的女青年，延安，是孕育乐观向上性格的深厚土壤，是培养革命乐观主义精神的温床。我走路想跳，张口想唱。大家歌声和着歌声，歌声引着歌声。歌声就像生活中的空气、阳光，没有歌声，生活便会窒息。③

当时的延安到处都飘荡着歌声，人们走路排着队唱歌，开大会唱歌，几个人开小会也要唱歌，延安似乎成了歌的海洋，歌声与笑声飘荡在整个延安城上空。对于心怀憧憬与期望的知识分子和爱国青年来说，延安就是一个光明的“新的世界”，它充满了希望，充满了阳

① 刘端棻：《回首延安——边区教育生活十二年》，陕西人民教育出版社，1990年版，第7页。

② 陆地：《直言真情话平生——陆地自传》，广西美术出版社，2004年版，第27页。

③ 莫耶：《〈延安颂〉诞生记》，《生活的波澜》，陕西人民出版社，1984年版，第115页。

光与活力，在这里生活和工作的人，每个人脸上的微笑都直抵内心深处。他们以乐观、积极的心态，在这座歌咏城里生活、工作，为了革命的胜利默默地在各自的岗位上散发光与热。

“诗言情，歌咏志。”1936年春夏之际，埃德加·斯诺深入陕北采访期间，惊讶地发现，几乎所有经历过长征的红军战士都热衷于集体唱歌。他们走路的时候在唱歌，训练的时候在唱歌，休息的时候仍然在唱歌，人们的脸上洋溢着真挚的笑容，用唱歌的方式来寄予憧憬和表达理想，他们的歌声中充满了革命乐观主义的精神。何其芳对于埃德加·斯诺的疑惑给出了自己的答案：

> 我想，延安的人们那样爱唱歌，大概由于生活太苦。然而我错了，刚刚相反地，是由于生活太快乐。[①]

在延安这一片解放了的自由的土地上，人们内心的快乐在身体里蓬勃生长，亟须一个情感的宣泄出口，而歌唱，则不仅仅是一种情感的释放，更是精神归属感的体现。

曾任陕甘宁边区文化界救亡协会（简称“文协”）秘书长的吴伯萧曾这样评价延安的歌声：

> 这样简直把唱歌变成了一种思想，一种语言，甚至一种号令。千人万人能被歌声团结起来，组织起来，踏着统一的步伐前进，听着统一的号令战斗。[②]

延安每逢群众集会，可谓是人山人海，歌声、笑声和口号声此起彼伏，构成了延安时期最令人心潮澎湃的场景，也描绘出了一幅最能传递乐观向上情感的画面。

1942年5月，毛泽东主持召开了延安文艺座谈会，在此次会议

① 何其芳：《我歌唱延安》，《何其芳文集》第2卷，人民文学出版社，1982年版，第179页。

② 吴伯萧：《歌声》，《北极星》，作家出版社，1963年版，第41页。

上他提出：

> 我们的文学艺术都是为人民大众的，首先是为工农兵的，为工农兵而创作，为工农兵所利用的。

延安时期文艺创作从此呈现出了崭新的时代风貌。在抗日救国的革命环境下，歌声便自然而然地成为社会运动的先声和人们灵魂最深处的呼喊。在战争与和平、解放与牺牲的社会主题之下，艺术家们保持着昂扬向上的革命精神，创作出了一大批音乐精神食粮，著名的《延水谣》《延安颂》《黄河大合唱》等歌曲在这一时期举行了大量的公演，给无数人带来了强烈的情感冲击和激荡。

延安的歌声，是人们内心情感喷涌而出后的音符，蕴含着无数的遐思，令人回味无穷。

莫耶的《延安颂》从延安传播到解放区，传播到国统区，如同暗夜里一颗明亮的星，点燃了无数青年知识分子内心的激情，一些奔赴延安的同志都说："我们当时就是听着这首歌，奔赴延安的。"《黄河大合唱》气势雄伟，昂扬澎湃，公演之后几乎振奋了整个延安，人人都为之所感染，为之兴奋，它以激动人心的力量感召和鼓舞着无数共产党人和爱国青年。"演出以后，大家都兴奋得跳着走回学院。"①陈嘉庚先生听完《黄河大合唱》之后，用几乎哽咽的声音说："在这里，我听到了中华民族的心声！你们唱的不是歌，而是中华民族的怒吼！"②这怒吼声里，蕴含着中华民族坚贞不屈的铮铮铁骨，展示的是中华民族的磅礴气势与激昂向上的精神。

对于爱国青年和知识分子这一特殊群体来说，他们多是抛弃了富足的家庭，怀抱着救国救民的理想来到延安的。面对艰苦的环境和清贫的生活，他们没有抱怨，没有退缩，而是以乐观向上的激情，昂扬奋发的斗志，以及苦中作乐的浪漫情怀求索革命的真理。他们始终对革命保持着坚定的信念，始终保持着高昂的革命热情，坚持追求精神

---

① 何其芳：《毛泽东之歌》，《何其芳文集》第3卷，人民文学出版社，1982年版，第51页。

② 蒋巍、雪扬：《中国女子大学风云录》，解放军文艺出版社，2007年版，第259页。

上的丰裕与富足，最终成长为中华民族最坚定的革命战士。

共产党人在延安时期创办了30余所干部学校，呈现出了“延安到处是学校，延安遍地是歌声”“开学典礼不断、结业歌声不绝”的景象。当时在陕北公学总校高级部二队学习的陈辛火这样深情地回忆：

> 没有课堂，就在窑洞前的坪地、在树荫下的空地上上课。即使在1938年11月20日日本飞机轰炸延安的第二天，我们也照常到山坡上坚持上课。没有桌子、凳子，就席地而坐，膝盖就是活动“桌子”。纸张困难，就用淡蓝色的马兰草造的纸写字，有时还用桦树皮写诗。现在回想起来，那一张张桦树皮，本身就是串串诗句啊！当时图书不多，每月发的一点津贴差不多全买了书。只要新华书店到了新书，如《联共（布）党史简明教程》《钢铁是怎样炼成的》，很快就被抢购一空。那时夜间照明条件很差，但是大家为革命如饥似渴地学习，常常围着豆粒大的灯光读到深夜……那时的背包很简单，几件衣服，一条薄被子，但是我们每个人的背包里却鼓鼓囊囊地装着好些马恩列斯著作和毛泽东、刘少奇的著作，行起军来，走到哪里背到哪里，就是在战斗紧张的情况下，也舍不得丢掉一本。

各个学校的学员们都在露天里上课，在野外的山坳里演戏，下地种粮种菜。吃的只有小米饭，脚上一年四季穿的都是草鞋，甚至没有袜子，夏季烈日炎炎，冬季雨雪霏霏，夜晚睡在虱子与臭虫并存的土炕上。面对如此艰难的生活条件，靠着追求真理的理想，靠着学习抗日本领的愿望，靠着一股革命事业必胜的信念，他们始终受之如饴，激情满怀，谈笑风生。

> 每天起床号一吹，校内就歌声四起。不仅起床后唱，出操行军唱，上课前也唱。尤其是开大会听毛主席等领导人做报告之前，队伍一带到会场，便你拉一个，我拉一

个，你唱《到敌人后方去》，我唱《毕业歌》，此起彼伏，形成了热烈的歌咏比赛。[①]

夕阳的余晖洒落在滚滚延河水上，黄昏的夜色渐渐笼罩着绵延不绝的山脉，如银盘的明月高悬在夜空之中，月色如同一层薄纱，缓缓地飘浮在延安城的上空。夜晚的延安蔚蓝色的夜幕中，闪烁的星辰如同一捧倾倒的碎钻，四下散落，在不同的角落里散发着微弱的光芒，一如散布在全国各地的知识分子和爱国青年。三三两两的人在延河裸露的河床边散步，聊天，谈理想，交流最真挚的情感；年轻的学生们跑着、跳着，似乎有着用不完的力量。他们眼里流露出的笑意，如同水晶般清澈。冯牧曾这样评价延河漫步：

在我的记忆里和梦境中，这片田野却永远是一个美好的具有无限魅力的天地。

这种历久弥新的记忆如同滚滚的延河水，在无尽的时光里奔腾不息，始终为人们所怀念。

鲁艺可谓是延安时期知识分子和爱国青年的文学殿堂，鲁艺的师生们在那灰蒙蒙的窑洞里点燃了青年学子们五彩缤纷的梦。他们举办了富有西方文艺色彩的文学沙龙，诗人萧三擅长用标准的俄语朗诵普希金的长诗，实验剧团的演员王大化朗诵的时候声音像银子一般纯净，也不装腔作势。而何其芳总会用柔和的声调朗诵自己的诗作，他的声音自然亲切，饱含着无限的深情。鲁艺学员冯牧记得何其芳在“文学沙龙”里朗诵他的新作《夜歌》时，“我们每一个人都被深深打动了。我感到，这首诗如同一只温柔的手，在轻轻地拨动和抚摩着我的心弦”[②]。

夏日延河散步，冬日围炉夜话，是延安时期最富诗意的生活。漫

---

① 任文主编：《延安时期的日常生活》，陕西师范大学出版社，2014年版，第91—92页。

② 冯牧：《何其芳的为文和为人》，《冯牧散文精选》，作家出版社，2019年版，第261页。

长的冬日寒夜里，年轻的知识分子们常常与二三好友齐聚于窑洞之中，围着烧红的火盆，谈天说地，道古论今，或是挑一挑微弱的麻油灯，独自在昏黄的灯光下读一卷书或即兴书写。即使在缺衣少穿的延安，如斯情景，却总是能让人热血沸腾，精神上唯觉愉悦，使人兴奋难眠。

革命乐观主义精神，是指对社会生活和革命斗争的前途充满信心。它是一种情绪热烈、朝气蓬勃并表现持久的精神面貌；是一种不惧挫折艰险、不惑于寸利小益，始终坚持积极进取的强健心态；它是乐观而不盲从，是热情而不冲动，是顺利时勇于行动而非耽于幻想，是挫折时高歌猛进而非角落呢喃的心境。

战争时期的延安不过是黄土高原上一块贫瘠的弹丸之地，但正是这座小小的城市，在党中央在陕北的 13 年间里，不仅承受着自然灾害的无情侵袭，还饱受着战争的威胁。延安的人民，不论是党员、群众、军人、学生、艺术家都清清楚楚地知道自己正处于极端危险和极端困难的境地，然而他们毫不畏惧。正如埃德加·斯诺所称颂的那样：

> 这些千千万万青年人经久不衰的热情，始终如一的希望，令人惊诧的革命乐观情绪，像一把烈焰贯穿着这一切，他们无论在人力面前，或者在大自然面前，上帝面前，死亡面前都绝不承认失败。

正因为这样的革命乐观主义情绪，他们取得了革命的最终胜利，最终将巍巍宝塔山下经久不息的革命歌声，滚滚延河水畔回旋荡漾的朗朗笑声撒向了全国各地，他们用革命的乐观主义精神创造了革命的奇迹。

2012 年 11 月 29 日，习近平同志在参观《复兴之路》展览时指出：

> 现在，大家都在讨论中国梦，我以为，实现中华民族

> 伟大复兴，就是中华民族近代以来最伟大的梦想。这个梦想，凝聚了几代中国人的夙愿，体现了中华民族和中国人民的整体利益，是每一个中华儿女的共同期盼。历史告诉我们，每个人的前途命运都与国家和民族的前途命运紧密相连。国家好，民族好，大家才会好。实现中华民族伟大复兴是一项光荣而艰巨的事业，需要一代又一代中国人共同为之努力。

为梦想而努力奋斗，就需要我们接过历史的接力棒，脚踏实地，继续秉承乐观向上、艰苦奋斗的革命精神，为中华民族的伟大复兴而努力奋斗。从当今来看，中华民族的强盛需要民族精神的挖掘和重铸，昂扬起时代精神，呼唤出一种无与伦比的巨大凝聚力是当务之急。无论是从实事求是的哲学基础、全心全意为人民服务的伦理思想、艰苦奋斗自力更生的创业精神等诸多丰富内涵的探究中，还是从英勇献身、严守纪律、吃苦耐劳、乐观进取等外延展现的审视中，延安精神中所包含的革命乐观主义精神都无愧于作为新时代的精神支柱而值得弘扬。

第七章

用“艰苦奋斗”的精神做支撑

艰苦奋斗是中华民族的光荣传统。中国共产党和它所领导的人民军队堪称继承和弘扬艰苦奋斗精神的典范。而提及最能诠释中国共产党艰苦奋斗的时期，抗日烽火中的延安岁月在很多人的记忆和认识中都具有特殊的重要地位。

从自力更生、开荒生产到窑洞工厂、窑洞大学，勤俭办一切事业，领袖人物以身示范，官兵同甘共苦，陕北高原的山山水水都留下过共产党人不畏艰难困苦的足迹，圣地延安的一草一木都记载着边区军民勇于奋斗的生动故事。靠着艰苦奋斗，中国共产党不仅度过了艰苦的战争岁月，赢得革命胜利，而且也为社会主义现代化建设和中华民族伟大复兴积累了宝贵的精神财富。所以，当新中国成立之初，毛泽东同志就在给延安人民的复电中提出，希望“全国一切革命工作人员永远保持过去十余年间在延安和陕甘宁边区的工作人员中所具有的艰苦奋斗的作风”。

一、“面对严重的困难，我们是饿死呢？解散呢？还是自己动手呢？”

延安时期，对中国共产党和它领导下的革命军队来说，是最为艰难困苦的时期之一，也是艰苦奋斗精神发扬光大和实践最为自觉的时期。

1935年，当党中央和红军历经千辛万苦，突破国民党的重重封锁，到达陕北之际，呈现在他们眼中的，究竟是怎样一种景象呢？

美国记者埃德加·斯诺曾这样描述那时的陕北：

> 陕北是我在中国见到的最贫穷的地区之一……陕西的农田可以说是倾斜的，有许多地方可以说是滑溜溜的，因为经常发生山崩，农田大部分是地缝和小溪之间的条状小块。在许多地方，土地看来是足够肥沃的，但是所种作物受到很陡的斜坡的严格限制，无论从数和质上来说都是这样。几乎没有名副其实的大山，只有无穷无尽的断山孤丘，连绵不断，好像詹姆斯·乔伊斯的长句，甚至更加乏味。①

应该说，斯诺的描述是客观的。黄土高原横亘于中国的华北和西北，陕西居中，而陕北则是典型的黄土高原地貌。渭河平原向北绵延到延安地区，多为人烟稀少、沟壑纵横、崎岖难行的黄土山地。由于森林和黄土塬长期遭受侵蚀或被人类破坏，这里的农牧业收成微薄且不稳定，可以说是20世纪中国最贫穷落后的地区之一。

导致陕北这片黄土高坡生活条件恶劣的另一个重要因素，是位置偏远和交通不便。在马克·塞尔登所著《革命中的中国：延安道路》一书中，乔治·克莱茵形象地记录了当年黄土塬区的交通困难状况：

---

① ［美］马克·塞尔登：《革命中的中国：延安道路》，社会科学文献出版社，2002年版，第10—11页。

> 一个人如果不顺道路走，许多黄土地区就是不可穿越的。这些道路形成此地农村特色之一。每过一辆车或一群动物，就搅起黄土。黄土如此之轻，可轻易升入云中。由于持续的水土流失，一些路或小径变成了真正的峡谷，宽度仅够一辆车通过，几乎像矗立的墙，高耸达四十英尺以上。①

道路较少，雨水还常会冲坏不多的道路，使得这一地区与国内其他地方，甚至地区内部的贸易和交通一样，大都原始而零星，常见的场景就是牲口驮着物品行走在陡峭的山路上。

一首“端上饭碗照影影，睡在炕上望星星，身穿羊皮摞补丁”的民谣，形象地描绘出在这样恶劣的自然条件下，当地老百姓过着的艰难日子。

党中央和红军的到来，客观上增加了大量非生产人口的生活需求，在一定程度上，加剧了陕北这块本就贫瘠土地上老百姓的负担。

抗战初期，延安作为革命圣地，接纳了许多向往光明的国统区知识分子和革命青年，陕甘宁边区各级各类机关、学校、军队等脱产人员数量不断扩大。1937 年为 1.4 万余人，占边区总人口的 0.7%；1938 年为 1.6 万余人；1939 年约为 4.97 万人；1940 年约为 6.11 万人；到 1941 年，增加为约 7.31 万人，占边区总人口的 7.29%；1942 年和 1943 年，分别为约 7.25 万人和 7.56 万人；1944 年，达到约 11.22 万人，占边区总人口的 8.93%。②

1937 年，国共两党第二次合作后，红军改编为国民革命军第八路军，陕甘宁边区财政主要以接受外援为主，包括中央协款、八路军军饷和国外华侨、后方进步人士的捐款，负担尚在承受范围之内。八路军每月军饷 50 万元，加上新四军的军饷，每月共计 60 万元。这些

① ［美］马克·塞尔登：《革命中的中国：延安道路》，社会科学文献出版社，2002 年版，第 11 页。

② 朱鸿召：《延安曾经是天堂》，陕西人民出版社，2012 年版，第 45 页。

军饷中有一定数额划拨陕甘宁边区政府财政厅。

抗日战争进入相持阶段后，由于日本侵略者的残酷扫荡和国民党反动派的军事进攻及经济封锁，加之自然灾害侵袭，陕甘宁边区和华北各抗日根据地军民面临着严重的财政经济困难。1941 年年初皖南事变发生后，每月 60 万元的军饷停发了，海外华侨及后方进步人士的捐款被迫停止，边区财政遭遇了空前危机。

经济困难，其他财政支出可以紧缩，但人员的吃饭问题总得解决。怎么办？无奈之下，边区政府除了号召开展少量生产自救外，增加征缴农民公粮的数量也成为缓解燃眉之急的措施之一。

粮食紧缺和公粮缴纳负担过重，直接影响到边区群众的生活。1941 年下半年，危机日益严重。当时在延安自然科学院学习的林伟回忆：

> 1941 年夏，粮食不够吃，我们吃了几个月煮黑豆和苞谷豆等，那时每人每月发半根铅笔，我们在铁皮夹上写字，直到全部用完；发几张土麻纸，情况好一点后，每月发两张油光纸，三个月发一个蘸水笔尖；墨水是紫颜色配的；三个人用一盏小油马灯，每晚二钱蓖麻油；棉衣是发下裁好的布，由自己做，我自己曾纳过一双鞋底。①

1942 年 12 月，毛泽东在边区高级干部会议上谈及财政经济问题时说：

> 最大的一次困难是在 1940 年和 1941 年，国民党的两次反共摩擦，都在这一时期。我们曾经弄到几乎没有衣穿，没有油吃，没有纸，没有菜，战士没有鞋袜，工作人员在冬天没有被盖。国民党用停发经费和经济封锁来对待

---

① 林伟：《忆自然科学院发展中的一些情况》，《延安自然科学院史料》，中共党史资料出版社、北京工业学院出版社，1986 年版，第 433 页。

我们，企图把我们困死，我们的困难真是大极了。[①]

虽然“我们的困难真是大极了”，但中国共产党人没有被吓倒，更没有退缩。毛泽东在 1939 年 2 月召开的生产动员大会上提出：“面对严重的困难，我们是饿死呢？解散呢？还是自己动手呢？饿死是没有一个人赞成的，解散也是没有一个人赞成的。还是自己动手吧！”

“还是自己动手吧！”这就是延安时期共产党人面对困难的响亮回答。从中不难看出，在当时的自然条件和客观环境下，能不能坚持和发扬自力更生、艰苦奋斗的精神，实在是关系到中国共产党和军队的生死存亡，更关系到中国革命的命运和前途。

二、“一把镢头一支枪，生产自给保卫党中央。”

“花篮的花儿香，听我来唱一唱，唱一呀唱。来到了南泥湾，南泥湾好地方……”一支悠扬动听的陕北民歌，从 20 世纪 40 年代一直流传到今天，久唱不衰，百听不厌。

延安时期，最能体现艰苦奋斗精神的典型范例，当数八路军部队在南泥湾开荒屯田。

当时的陕甘宁边区，军队是除了农民之外数量最大、最有组织的劳动集团。经济困难时期的军队，只有一面打仗、一面从事农业生产，才能保障自己的物资供应，粉碎敌人的包围封锁。因此，军队的生产成为大生产运动中一个极其重要的方面。1940 年 2 月，中共中央、中央军委发出《中央、军委关于开展生产运动的指示》，指出：

斗争已进入更艰苦阶段，财政经济问题的解决，必须提高到政治的高度，望军政首长、各级政治机关努力领导今年部队中的生产运动。

提出一面战斗（非战斗机关是一面工作）、一面生

① 《毛泽东选集》第 3 卷，人民出版社，1991 年版，第 892 页。

产、一面学习的口号，三者合一，我们就能战胜一切。

1940年5月，作为八路军总司令的朱德从抗日前线返回延安，除参与指导抗日战争外，还专门抽出时间，指导边区的经济建设。他曾多次深入延安周边的山山峁峁，对当地的土壤、水质、森林资源进行勘察，最后选定了一块"宝地"作为垦区，准备让军队大干一番，这块"宝地"就是南泥湾。

南泥湾，位于延安东南大约45公里的地方。垦区范围包括延安、延长、甘泉、富县、固临等县各一部分。方圆百里，沟壑纵横，层峦叠嶂，三条大川组成一个"丫"字形，西边是南蟠龙川，南边是九龙泉川，东边为南阳府川，三川交会处是阳湾。

根据朱德同志的提议和中央军委的决定，1941年3月到1942年春，三五九旅全体指战员在旅长兼政委王震的率领下，分批从驻地开赴南泥湾，拉开了南泥湾大生产的序幕，开始了"一把镢头一支枪，生产自给保卫党中央"的光荣岁月。

进入南泥湾，首先映入战士们眼帘的，是一片人烟稀少、野兽出没、树木繁多、荒草丛生的景象。正如一首歌谣描述的那样：

> 南泥湾呀烂泥湾，荒山臭水黑泥潭，方圆百里山连山，只见梢林不见天，狼豹黄羊满山窜，一片荒凉少人烟。

多年以后，时任三五九旅七一九团特务连通讯排四班班长的梁生玉对初到南泥湾记忆犹新：

> 那儿就是一片荒土地。那草长得挺高的，人进去了就出不来。里面树也多，那森林密得很，那树都长得一块一块的，有的树好粗呢，几个人都搂不住。①

① 中国延安干部学院主编：《南泥湾》，中共中央党校出版社，2012年版，第24页。

战士们遇到的第一个问题是没有房子住。

为了不误农时，抓紧时间开荒，战士们先用砍来的树枝搭起草棚，草棚漏风、漏雨、漏光，战士们戏称为“三漏”茅屋。之后，部队又在开荒的同时，抽出一部分人员突击挖窑洞，解决住的问题。

忆起当时的艰苦，时任三五九旅七一九团二营五连指导员的赵士章至今印象深刻：

> 有个秋天爱下雨。天上下雨，地下到处是水。我们睡觉就在水里边睡，在树上睡。那个山脚下边有时候伸出一块岩石来，我们就在下边睡。这个到处是水啊，就那么睡都能睡着啊！困、累，坐在水里边都能睡着。[①]

挖窑洞不仅苦，是技术活，还是个危险的工作。由于延安也有雨季，雨季的时候下雨多，难免有的窑洞不安全。一些窑洞被水泡塌了，有的战士就牺牲在里头。条件这么艰苦，可战士们却充满了革命乐观主义精神，苦中寻出乐来。

> 一开始是找一些干燥的地方搭起草棚，或用被子搭帐篷来住。可是，一到下雨，哗哗直漏，我们就跑到岩洞避避风雨；雨一停，我们便去打窑洞。干活够紧张的了，可我们都非常愉快。不久，荒凉的山坡上，出现了许多窑洞，我们有“家”了。[②]

屯垦南泥湾 4 年，三五九旅除了用双手开荒种地以外，还“打下 1048 孔窑洞”[③]，彻底解决了自身的住宿问题。

---

① 中国延安干部学院编：《南泥湾》，中共中央党校出版社，2012 年版，第 27 页。

② 中共湖南省委宣传部、湖南省南泥湾精神研究会编：《南泥湾》，湖南出版社，1995 年版，第 87 页。

③ 继昌：《三五九旅的生产创造》，《解放日报》，1945 年 1 月 8 日。

艰苦奋斗不仅仅体现在挖窑洞中，三五九旅官兵在南泥湾与困苦斗争、创造辉煌的岁月里，留下了一个个口口相传的生动故事、一桩桩俯拾皆是的英雄事迹。这些故事和事迹，无不让人相信，延安时期的共产党军队，从领导干部到普通战士，都有那么一股子与困难斗争的热情，一股子攻坚克难的劲头。

作为旅长兼政委的王震，以自己的身体力行为全旅官兵树立了良好榜样。没有房子，他和大家一起搭草棚；没有粮食，他和大家跑到 50 公里外的供应站扛粮食；没有菜吃，他带领大家上山寻野菜；缺少农具，他领导干部战士用废铁和弹片打制。为了解决生产中遇到的难题，王震亲自向延安有经验的劳动能手和老农请教，请他们到部队传授耕种技术，指导部队种地。他聘请 71 岁的种地能手朱玉寰当部队的生产教官，朱老汉答应后，王震叫供给部发给他一身军装和一张执照。朱老汉高兴地接受了任务，还到延安三十里铺找来一位马老汉，一起指导战士种庄稼。

王震提出：“上至旅首长，下至伙马夫，一律参加生产，不使一个人站在生产战线之外。”在王震的带领下，副旅长苏进、副政委王恩茂，也和战士一样开荒种地。各级干部以身作则，参加农作小组，担负起与战士一样的生产任务。王震将旅部的公务员、饲养员、炊事员等都编入农作小组，并特意为自己打了一把大号镢头，到下边检查生产时随身扛着，走到哪里就参加劳动到哪里。一位到边区采访的外国记者由衷地感叹：“王旅长的双手像他的部下一样，由于劳动而生满了老茧。”

作为三五九旅开发南泥湾的急先锋，七一八团为轰轰烈烈的大生产运动做出了重要贡献。团长陈宗尧号召全团开展大竞赛，规定每人每天开荒一亩，任何人不得例外，并把团部的参谋长、通讯员、警卫员、司号员等 8 个人组成一个开荒小组，他亲任组长。每天，陈宗尧起早贪黑，到各营连布置、检查工作。他镢头不离手，走到哪个连，就在哪个连边干边了解情况。其他时间，他就带着自己的开荒小组，不停地挖地开荒。树枝戳破了手，手上磨出一个个血泡，他都毫不在乎。有时，大家都休息了，他还在一个劲地挖地。

领导干部以身作则，大大激发了战士们的劳动热情，大家你追我赶，越干劲头越大，越干办法越多。七一八团著名劳动英雄李位，创造了一天开荒三亩七分六的惊人纪录。后来，劳动英雄赵占魁又以四亩一分一的纪录超过了他。1943 年 3 月，三五九旅 94 个开荒能手齐聚一起，进行生产大比武。其中有个叫郝树才的战士，一连三天，天天保持 4 亩以上的纪录。有的战士早起晚归，披星戴月，每天劳动 10 个小时以上。为了保证大家的休息，领导不得不做出“生产时不得早到和迟退”的规定。

艰难困苦，玉汝于成。三五九旅官兵的艰苦奋斗，换来了硕果累累。1941 年，开荒万余亩，收粮千余石。1944 年，开荒 26 万多亩，产粮近 4 万石，不仅做到了粮食和经费自给自足，而且积存了一年的储备粮，还首次向边区政府上缴公粮 1 万多石。1942 年 12 月 12 日，《解放日报》专门发表的《积极推行“南泥湾政策”》社论中说：“经过披荆斩棘，耕耘种植，今天的南泥湾，已成了陕北好江南。”

共产党及其所领导的人民军队，就这样在陕北的黄土地上，以特有的英雄气概演绎着“艰苦奋斗”的赞歌。在南泥湾屯垦的那段特殊经历，成为许多亲历者一生中难忘的宝贵财富，艰苦奋斗留在他们记忆里的是一种积极向上的拼搏精神。今天，回忆起南泥湾的岁月，时为炮兵团三连战士的于忠彦深情地说：

> 现在我们是生活好了，但是不能忘记过去的苦，还是要继续发扬艰苦奋斗这种精神。[①]

三、“他们最大的魅力就是简朴”

埃德加·斯诺初到陕北采访时，看到共产党的领袖毛泽东打满补丁的衣服、朱德总司令马尾毛做的牙刷、彭德怀将军用降落伞布做的

① 中国延安干部学院编：《南泥湾》，中共中央党校出版社，2012 年版，第 240 页。

背心、边区政府主席林伯渠戴的一条腿的眼镜，被深深地震撼了。记者独有的敏锐，使他在这些普通的生活衣着现象之后感受到一种独特的力量，他称这种力量为“东方魔力”，断言这是中华民族的“兴国之光”。

1944 年到达延安的美军观察组也有同样的感受：

> 他们最大的魅力就是简朴。他们的目标是勤奋工作和简单生活，而他们的精力、活力和真诚使他们与腐化的国民党形成鲜明的对比。

这段话源于《1944—1947：美军观察组延安 963 天》一书，描写的是美军观察组对延安时期共产党人的深刻印象。1944 年 7 月 22 日，又名“迪克西使团”的美军观察组肩负着美国政府赋予的特殊使命来到延安，开始了美国官方与中国共产党长达 3 年的正式交往与合作。多年以后，美国加州蒙洛学院名誉教授、圣何塞州立大学讲师卡萝尔·卡特历时 20 年之久，查阅大量原始档案，采访“迪克西使团”成员，著成了《1944—1947：美军观察组延安 963 天》一书，记录了美军观察组在延安的生活，从中可以窥见延安时期共产党人工作和生活的点点滴滴。

究竟是什么让美军观察组产生了“他们最大的魅力就是简朴”的印象？我们不妨回溯到延安时期，看看共产党人的代表——毛泽东、朱德、周恩来等中共领导人是如何在工作和生活中身体力行发扬艰苦奋斗精神的。

那时候，毛泽东的生活十分简朴，他和大家一样，每天 3 钱盐、5 钱油，吃小米，穿粗布衣。一些同志多次提议给毛泽东增加伙食费，他都不同意，说：“伙食标准是供给部的统一规定，大家都要一样嘛，我怎么能搞特殊呢？”

1940 年 3 月，爱国华侨陈嘉庚率“南洋华侨回国慰劳团”回国慰问，在重庆等国统区的所见所闻令他非常失望。于是，当年 5 月，他排除一切障碍到达延安。在这里，他看到了完全不同的景象。

在杨家岭，陈嘉庚看到，毛泽东所住居室十分简陋，“屋内十余只木椅，大小高下不一，写字木桌比学生桌较大，系旧式乡村民用家私，盖甚简单也”。傍晚，毛泽东设宴招待他，“筵仅一席设于门外露天，取一旧圆桌面置方桌上，已陈旧不光洁，乃用四张白纸遮盖以代桌布，适风来被吹去即弃不用”[①]。简单的陈设和饭菜，与重庆所见国民党达官贵人的豪华官邸和招待宴会形成的鲜明对比，让陈嘉庚洞见共产党人“与民众辛苦协作，同仇敌忾，奠胜利维新之基础”[②]的长远未来。

在与毛泽东的交谈中，陈嘉庚发现，毛泽东烟瘾甚重，有时烟刚抽了一半，有客人来访，舍不得扔掉，就将火熄灭，待见客后再将剩下的半截烟蒂抽完。这令陈嘉庚十分感慨：“一党之领袖其艰苦朴素有如此者，令人敬佩。”[③]

堪称中共党内严格要求自己楷模的周恩来，不仅在延安期间艰苦朴素，即使在国统区的重庆、南京、上海等花花世界里也依然过着简朴的生活。西安事变发生后，周恩来夜以继日地操劳，身体越来越差，鼻子经常出血。一次，他乘火车赴石家庄与卫立煌谈判。工作人员为照顾他的身体，想给他买包厢票，他说：“我们是人民的勤务员，怎么能像有钱人那样呢？”最后只买了硬席票。车到石家庄后，卫立煌十分吃惊，认为像周恩来这样一个共产党的高级领导人竟然如此廉洁奉公，真是可亲可敬。

还有一次，周恩来发现经常用来画地图的半截铅笔不见了，于是叫来警卫员询问。警卫员回答：“刚才来了位总部首长，用它勾画地图，看它太短，用完后随手扔掉了。”周恩来要求工作人员立刻把它找回来，并严肃地对大家说，不管这些铅笔是买的、领的，或是从敌人那里搞来的，都说明一个问题，我们目前还没有能力自己造出来，

---

① 陈嘉庚：《南侨回忆录》，岳麓书社，1998年版，第178页。

② 同上书，弁言第4页。

③ 政协全国文史资料研究委员会编：《文史资料选辑》第75辑，文史资料出版社，1981年版，第224页。

是不是？看到大家不吭声，周恩来继续说道：

我们进行过长征，吃过很多苦头，如今在陕北安了家，可别大手大脚啊！这铅笔还可以用上几天，不要认为这仅仅是半截铅笔，这是我们军队艰苦奋斗的光荣传统。从现在起，我亲自把关，所有的人都不得铺张浪费。不仅如此，我们还要积极同一切浪费现象做斗争。是总部首长也不行，你们也可以批评和揭发嘛！我也要向总部讲的。

半截铅笔，在物质财富大大改善的今天，大部分人会觉得微不足道。但是，对当时经费奇缺、经济被封锁的边区而言，却是来之不易。看似不起眼的半截铅笔的小故事，却如水滴一样，真实反映了周恩来等老一辈革命家践行一生的勤俭精神。

敌后撑持不世功，金刚百炼一英雄。
时人未识将军面，亲切和蔼田舍翁。

这是著名抗日爱国将领、诗人续范亭在延安第一次见到朱德时的感慨之作，短短数语，朱德的风采跃然纸上。他没有想到，扬名四海的八路军总司令，居然朴素得犹如一个平常农家老翁。

延安时期，朱德虽然是统率千军万马的八路军总司令，但他处处以党和人民的利益为重，始终保持艰苦奋斗的共产党员本色，加之他衣着朴素、平易近人，没有一点架子，就像一位谦恭和气的普通士兵。当他和战士们在一起时，人们很难辨认出他就是赫赫有名的八路军总司令。他经常教导战士们：

我们的军队要与人民同呼吸，共患难，要和人民一样生产和节约，不能搞特殊化。这样，我们的军队才有力量，才能打败日本侵略者，取得革命的胜利。

不仅生活简朴，年近六旬的朱德还带头参加生产劳动。八路军总部大门西侧有一块河滩地，他和夫人康克清以及身边工作人员一有空就到地里捡石头、平整土地。有时一大清早就背着粪筐在路上捡粪，有时天快黑了还在地里劳作。在他的精心耕种下，小菜地里的白菜、黄瓜、西红柿等蔬菜长得很好，产量也高，被干部和战士们亲切地称为“小南泥湾”。

1944 年春节前，几张在陕甘宁边区政府机关大门边上新贴出的墙报吸引了很多人。原来，边区政府主席林伯渠公布了《我的生产节约计划》。其内容是：一、从农业生产上，完成细粮二石交粮食局（用变工合作方法）。二、收集废纸交建设厅。三、自三十三年一月二十五日（即 1944 年大年初一）起，戒绝吸外来纸烟。四、今年的棉衣、单衣、衬衣、鞋袜、被单、手巾、肥皂，完全不要公家供给。

林老还写了一首诗，附在计划后面：

> 待客开水不装烟，领得衣被用三年。淡巴菰一亩公粮缴，糖萝卜二分私费赡。施肥锄草自动手，整旧如新不花钱。发动男耕和女织，广辟草菜增良田。边区子弟多精壮，变工、扎工、唐将班[①]。

林伯渠还写信给毛泽东，汇报边区政府开展生产节约运动的打算，并附上了自己的生产节约计划。毛泽东看后十分赞同，回信称赞林老说：“你个人的计划能实行，必有好的影响。”[②]

延安五老之一的徐特立，是毛泽东的老师，曾担任延安自然科学院院长。虽然资格老、年龄大，但他以艰苦朴素为荣，从来不搞特殊化。抗战时期，组织上为了照顾 60 多岁的徐特立，给他配了一匹马，但他出门开会、讲演却很少骑，常常一走就是几里或十几里。一次，大雪纷飞，徐老要去延安大学上课，通讯员给他备马，徐老说什么也

① 扎工、唐将班，原是陕北和关中农村集体出雇的一种组织，当时带有劳动互助的性质。

② 刘益涛：《十年纪事——1937—1947 年毛泽东在延安》，中共党史出版社，2007 年版，第 290 页。

不让。通讯员执意把马牵了过来，他却一转身，自己朝延大走去。通讯员拉着马在后面追，谁知马是骑上走得快，拉着却拖住不走。一直到了延大，通讯员还是牵着马落在徐老后面。徐老这种有马不骑、坚决反对特殊化的作风，一度被传为美谈。有人用打油诗歌颂他：“衣服自己缝，马儿牵着走。”

在延安自然科学院期间，徐特立严于律己，工作上向高标准要求，生活上向低水平看齐，从不以院长身份而优人一等。当时，自然科学院的宿舍和办公室都在一个窑洞内，按规定，徐老可以一人住一个窑洞，但他坚持要和其他两位同志住在一起，以节约住房。按需要，徐老应一人用一盏油灯，但他坚持两个人合用自制的麻油灯，①并意味深长地说：

> 在困难时期，我们应该有苦同受，有福同享。我若自己点一个灯，学生就更会没有油点了啊！②

延安时期，一批批革命青年冲破种种险阻来到延安，其中有不少人陆续进入了自然科学院。他们革命热情高涨，但起初还不懂得革命创业之艰难。针对这种情况，徐老耐心细致地教诲学生：“俭朴的生活，不但可以使精神愉快，而且可以培养革命品质。”他还勉励大家要“用勤俭克服贫困，以清洁维持精神。”在徐老的殷切倡导和身体力行的带动下，自然科学院广大学生艰苦创业的思想境界得到了新的提高。当时，学生们写下了这样一首诗：

> 我们的生活艰苦又紧张，
> 我们的革命热情却日益高涨。
> 谁说我们没有课堂，
> 我们有着世界上最大的课堂。

---

① 油灯是由旧棉絮捻成的纱线插在陶瓷壶嘴里制成。

② 王云凤主编：《徐特立在延安》，陕西人民教育出版社，1991 年版，第 132 页。

蓝天是我们的屋顶，
高山是我们的围墙。
谁说我们没有教具，
自创的教具更加漂亮。
谁说“土包子”不能办大学，
我们的信心比泰山还稳固，
我们的意志比钢铁还坚强。
为了祖国的新生，为了民族的解放，
任何困难也不能把我们阻挡。[①]

不难看到，有时候，简朴就是一种力量。这种节制自身欲望，专注于更加高尚的事业以取得最大可能成就的力量，虽然发自个人的内心和精神，却会洗涤和照亮周边人群的灵魂。我们提倡艰苦奋斗，甘于清贫，并非是要摒弃基本物质的需要，不是为了吃苦而吃苦，而是希望建立起一种精神的榜样，一种净化灵魂的力量。尤其是当这种力量从一个单位、一个政党、一个国家的领袖，或者某个领导集体每个人身上散发出来的时候，无论对于这个领导集体下的队伍，还是被这种光芒照耀的任何人，都会在潜移默化中认同它、跟随它。它的引领作用是巨大的，影响也不可估量。就像自然科学院的学生在诗中所高声吟诵的：“我们的信心比泰山还稳固，我们的意志比钢铁还坚强。”“任何困难也不能把我们阻挡。”今天，在复兴中华民族伟大事业的征程中，我们依然需要，甚至比当初更加需要这种力量的感召。

四、“务必使同志们继续地保持艰苦奋斗的作风”

钟山风雨起苍黄，百万雄师过大江。

① 王云凤主编：《徐特立在延安》，陕西人民教育出版社，1991 年版，第 131—132 页。

虎踞龙盘今胜昔，天翻地覆慨而慷。[1]

中华人民共和国的成立，结束了中华民族百年苦难的屈辱历史。共产党执掌政权，领导人民步入社会主义建设新的历史时期，“歌唱我们亲爱的祖国，从今走向繁荣富强”。

时代变了，还要不要继续坚持和弘扬艰苦奋斗的延安精神？中国共产党历代领导人的头脑都是十分清醒的。

中国革命胜利前夕，在党的七届二中全会上，毛泽东同志就告诫全党：

> 中国的革命是伟大的，但革命以后的路程更长，工作更伟大，更艰苦。这一点现在就必须向党内讲明白，务必使同志们继续地保持谦虚、谨慎、不骄、不躁的作风，务必使同志们继续地保持艰苦奋斗的作风。

中华人民共和国成立之初，1949 年 10 月 26 日，毛泽东同志在给延安的同志和陕甘宁边区同志们的复电中，又一次谆谆嘱咐“全国一切革命工作人员永远保持过去十余年间在延安和陕甘宁边区的工作人员中所具有的艰苦奋斗的作风”。

改革开放之初，1979 年 11 月，邓小平同志在中央党政军机关副部长以上干部会议上指出，在新形势下“我们必须恢复和发扬党的艰苦朴素、密切联系群众的优良传统”。1989 年 3 月，他再次强调，“在经济得到可喜发展，人民生活水平得到改善的情况下”，还是要“加强对人民进行思想政治工作，提倡艰苦奋斗”。“包括共产党员在内，应该保持艰苦奋斗的传统。坚持这个传统，才能扛住腐败现象”。

20 世纪 90 年代中期，江泽民同志要求各级干部牢记：

---

① 毛泽东：《七律·人民解放军占领南京》。

> 艰苦奋斗，是中国共产党的光荣传统，是我们党保持同人民群众密切联系的一个法宝，也是一个干部特别是领导干部必须具备的基本政治素质。

进入21世纪，胡锦涛同志强调：

> 艰苦奋斗作为我们党的优良传统和作风，作为我们马克思主义政党的政治本色，是凝聚党心民心、激励全党和全体人民为实现国家富强、民族振兴共同奋斗的强大精神力量，是我们党保持同人民群众血肉联系的一个重要法宝。一个没有艰苦奋斗精神做支撑的民族，是难以自立自强的；一个没有艰苦奋斗精神做支撑的国家，是难以发展进步的；一个没有艰苦奋斗精神做支撑的政党，是难以兴旺发达的。

2012年11月29日，中共中央总书记、中央军委主席习近平和中央政治局常委来到国家博物馆，参观《复兴之路》基本陈列。回顾近代以来中国人民为实现民族复兴走过的历史进程，习近平同志强调，回首过去，全党同志必须牢记，落后就要挨打，发展才能自强。审视现在，全党同志必须牢记，道路决定命运，找到一条正确的道路多么不容易，我们必须坚定不移走下去。展望未来，全党同志必须牢记，要把蓝图变为现实，还有很长的路要走，需要我们付出长期艰苦的努力。

可见，艰苦奋斗的延安精神，对于共产党人来说，不是为了应付一时困难局面的权宜之计，不是延安艰苦岁月的无奈选择，而是党的理想信念和本色体现，是党永远立于不败之地的动力及活力源泉，是每个共产党员必须具备的基本政治素质。

艰苦奋斗是一代代中国人在兴衰成败的历史实践中认识、形成和发展起来的一种工作和生活作风。艰苦是一种客观条件，奋斗是一种精神状态。在时代发展、物质极大丰富的今天，艰苦奋斗重在“奋斗”。因为艰苦奋斗反映了“为有牺牲多壮志，敢教日月换新天”的革命情怀，反映了共产党人在困难面前打不倒、压不垮、不低头、不弯腰的革命斗志，体现了共产党人改造世界、劳动创造世界的世界观。它的本质关乎人的理想信念，更多的是一种精神状态，是一种奋斗和创业精神，是共产党群体精神面貌的重要表现。所以，不仅在条件艰苦的情况下要努力奋斗，而且在生活改善的情况下仍需要谦虚谨慎，求真务实，埋头苦干，永不言弃。

今天，重提艰苦奋斗，不是否定合理合法的利益，也不是排斥现代生活方式，而是强调消费水平与经济社会发展水平要相适应，不能铺张浪费；重提艰苦奋斗，不仅是物质层面的艰苦奋斗，而是要更加注重精神上的艰苦奋斗；重提艰苦奋斗，节俭依然是基础，对一个单位、一个组织而言，坚持勤俭办一切事业，同样是艰苦奋斗。对党和政府来讲，减少执政成本、行政成本，建设资源节约型和环境友好型社会，是和平建设时期艰苦奋斗的应有之义。

中国特色社会主义是一项前无古人的崭新事业，更是一项长期艰巨的历史任务。今天，党和国家又一次处在深化改革的关键时期。改革再出发，精神最重要。难走的路，往往是上坡路。对于今天的中国而言，接近民族复兴的每一步，都是一次背负风险乃至危机的艰险攀爬。攻坚克难，离不开艰苦奋斗的精神。正如习近平总书记强调的：“良好的精神状态，是做好一切工作的重要前提。”在新的困难面前，拿到历史接力棒的新一代共产党人只有继承和弘扬延安时期的艰苦奋斗精神，带领全国人民付出长期艰苦的努力，始终做到团结一心、接续奋斗，勿忘昨天的苦难与辉煌，无愧今天的责任与使命，不负明天的梦想与追求，横下一条心，拿出一股子气，打一场与时间竞争、与问题对抗、与自己较量的艰难而伟大的比赛，才能再一次化难为易、转危为机，创造属于新一代共产党人的荣光，把中华民族的伟大复兴事业不断推向前进。一代人有一代人的使命，成就体现在战胜困难的追求中，更加美好的中国，只有在全体中华儿女的共同努力下，在每一个人的奋斗中才能变为现实。

保持艰苦奋斗的精神和作风，共产党人永远在路上。

第八章

榜样的力量：做一个纯粹的共产党人

把中国共产党建设成一个什么样的党，把加入党的成员教育、培养、锻炼成什么样的人，是一个关乎中国革命未来建设乃至国际共产主义运动前途命运的大问题。延安时期，中国共产党和老一辈革命家始终把思想建设放在首位，坚持用以爱国主义为核心的民族精神和抗战时期与时代精神相结合的延安精神，教育每一个党员如何在小生产者海洋的包围中摆脱束缚，纯洁党性，牢固树立起共产主义的世界观、人生观、价值观，成为自觉践行为人民服务的宗旨、为中华民族的解放事业“鞠躬尽瘁，死而后已”的英勇战士。毛泽东基于对中国“两头小中间大”的特殊国情的认识和尊重，对无产阶级历史使命的高度自觉和对中国历史进程的深刻洞察，在延安冬暖夏凉的土窑洞里、煤油灯下，凝神静思，形象具体生动地为中国共产党推出了三位来自“古今中外”的道德模范，成为塑造纯粹的共产党人的榜样。这就是《为人民服务》中的张思德、《纪念白求恩》中的诺尔曼·白求恩、《愚公移山》中的北山老愚公。另外，还有党的核心领导集团中集中了这三位典型品质的任弼时同志。

一、党的骆驼——任弼时

他是一位有着“骆驼”精神的坚强战士；

他被人们称为“党内的老妈妈”；

他是伟大的马克思主义者，杰出的无产阶级革命家、政治家、组织家，中国共产党和中国人民解放军的卓越领导人；

他是延安时期形成的以毛泽东为首的中国共产党核心领导集体的重要成员之一——任弼时。

1. 一身正气，坚持真理，敢与“老先生”叫板

1925 年 1 月，时年 21 岁的任弼时已经是中国共产主义青年团中央总书记。也就在这一年，五卅惨案、中山舰事件爆发，对国民党内越来越猖獗的反共势力，以陈独秀为首的中共中央却生怕影响同国民党的联合战线，对以蒋介石为代表的国民党右派势力不敢斗争，处处让步。在这一过程中，任弼时对陈独秀的决策开始是怀疑、不满，进而抵制，最后公开和他做斗争。

原本，任弼时是很敬重陈独秀的，他是任弼时政治上的启蒙人，他所主编的《新青年》杂志，就是任弼时开始接触马克思主义的读物之一。和党内许多同志一样，他把陈独秀尊称为“老先生”。近一年来，“老先生”对蒋介石和汪精卫的妥协退让几乎到了丧失原则的地步，为此，任弼时和团中央的同志研究后，起草了一份《政治意见书》，主张武装工农，发动土地革命，开展坚决的斗争。当任弼时当面把意见书递交给“老先生”时，陈独秀发火了，斥责说：“你们晓得什么？我现在还是党中央书记，究竟是党领导团还是团领导党啊?！”而后当场把意见书撕碎，掷在地上，拂袖而去。任弼时并不气馁，并不害怕，因为他知道在原则问题上党内是讲是非的。他再一次把意见书通过中共中央秘书长蔡和森递交给中共中央，坚持自己的政治意见。1927 年 7 月 3 日，任弼时出席中共中央扩大会议，这次会上陈独秀提出了 11 条《政治纲领》，要求会议通过。面对陈独秀放弃革命领导权，承认国民革命中国民党处于“当然领导地位”的

《政治纲领》，任弼时要求在会上发言，这一来，任弼时和“老先生”政治上的斗争就在会议上公开爆发了！12天之后，汪精卫宣布“分共”。8月2日，汪精卫一道命令，对昨天的合作者共产党人“一经拿获，即行明正典刑，绝不宽恕”，武汉三镇顿时成了残杀革命者的屠宰场。历史肯定了任弼时对革命事业的坚定性和在关键时刻的无私无畏精神，他爱他的老师，但他更爱真理！1927年大革命失败后，党内同志深感他与陈独秀争论时的观点正确，“八七会议”上，23岁的任弼时被选入中央政治局，成为中共党史上最年轻的政治局委员。

以后，任弼时长期担负着到各地恢复党的地下组织的危险工作。1928年年末，他作为中央巡视员到安徽接头时被捕，国民党当局当时未搞清楚他的身份。在押解途中，他巧妙地把被捕的消息和预定的假口供托人带给在上海的陈琮英，以便配合组织营救。审讯时，他受到跪铁链和“老虎凳”等酷刑，依然咬定编出来的假身份。敌特按他所说到上海查对，因组织上已有安排，未露破绽，三个月后他被释放。1929年年末，他在上海主持江苏省委工作时，又被租界当局逮捕。他趁巡捕不注意，吞掉了身上的文件，只被搜出一张月票，而票面上写的使用人住处是火灾中已烧掉的房子，无从查对。外国警探怀疑有假，便使用电刑，竟在他背上烙出两个拳头大的窟窿。任弼时苏醒后仍坚不吐实，这种顽强态度使巡捕房更感到他像共产党，继续将他关押拷打。幸亏党组织通过关系极力营救，才使他获释。

任弼时一身正气、坚持真理的党性原则在长征途中再次得到体现。1936年7月，二、四方面军在四川甘孜会师。此时张国焘虽已取消另立的“中央”，但并没有改变同中央对抗的立场。他企图拉拢任弼时、贺龙、关向应、王震率领的二方面军支持他的错误活动和主张，派人给二方面军送东西，散发反对中央的宣传小册子。任弼时坚决反对，命令将东西退回去，将反党分裂的小册子收起来，统统烧掉，而且力劝张国焘放弃错误立场，执行党中央北上抗日的方针。在一身正气的任弼时等的力争下，二、四方面军决定共同北上，同中央和红一方面军会合。1936年10月，在西北实现了红军三大主力的胜利会师。

1937 年 8 月，红军改编为国民革命军第八路军，任弼时出任八路军政治部主任。改编时曾一度取消了政治委员制度，改为政训处，政委变为副师长。出师华北抗日后，由于放松了对军队的思想政治教育工作，部队中滋长了以国民党委任做官为荣耀的新军阀作风。任弼时敏锐地认识到这是一个严重的问题，有违我军的优良传统，便即时起草了《恢复军队政治工作及执行党代表制的意见》，同朱德、彭德怀联名报告中央、中央军委，得到毛泽东、张闻天的支持，使一度取消的红军时代的政委制和政治机关制度得到恢复。

早年，任弼时同王明曾留学苏联，也曾犯过教条主义错误。当他在实践中认识到脱离中国实际的错误后，毅然同王明的教条主义宗派决裂，坚持真理、修正错误，支持拥护毛泽东的正确主张。抗战初，针对王明回国后大肆鼓吹“一切经过”“一切服从”统一战线的右倾错误，1938 年 3 月，任弼时被派往莫斯科，向共产国际介绍中国抗日民族统一战线的情况，以取得共产国际的理解和支持。他坚持原则，向共产国际起草提交了《中国抗日战争的形势与中国共产党的工作和任务》的报告大纲，全面介绍了抗日战争的发展过程，详细阐述了以毛泽东为代表的中国共产党坚持抗日民族统一战线，独立自主地开展敌后游击战争，实现全面持久抗战的方针，促使共产国际做出了正确的决议，确认“中国共产党的政治路线是正确的”，“应该承认毛泽东同志是中国革命实际斗争中产生出来的领袖”。有力地克服了王明的右倾错误，为维护以毛泽东为领袖的党的团结统一，做出了历史性的贡献。

中华人民共和国成立后，任弼时被捕时的指纹卡和“判决书”被史学工作者查找出来，陈列在革命博物馆里，它无声地向人们讲述着一个对共产主义信念坚定，对党的事业无限忠诚，坚持原则，服从真理，实事求是，光明磊落，敢于坚决斗争，始终坚持党性原则的模范共产党员所具有的崇高品德。

2. 中央秘书长、“党的管家婆”

在中华人民共和国成立时，中央的五大书记里，毛泽东大任弼时 11 岁，朱德大任弼时 18 岁，刘少奇、周恩来大任弼时 6 岁。任弼时 46 岁的一生，经历过中国共产党从弱小发展到强大的全过程。坐过两次牢，受过非人的酷刑，爬过雪山走过草地，他用自己的力量和方式支持着毛泽东。他后半辈子主要的工作是做中共的大管家，1941 年 9 月，担任秘书长，操持着这个过度贫穷又过度理想的有着近百万武装力量的政党的日常事务。看任弼时各个阶段的照片，他几乎都是眉头紧锁心事重重的样子。沉重的压力、责任，或许就是他所留的历史照片中少有笑容的主要原因。

任弼时同志几十年如一日，为党和人民的革命事业鞠躬尽瘁，死而后已。凡曾同他一道工作或生活过的人都知道，他有“三怕”：一怕工作少，二怕麻烦人，三怕用钱多。他担任中共中央秘书长期间，制定了统一的作息时间、供给标准，成立了中共中央办公厅，加强了机关正规化建设，克服了长期的游击习气，提高了工作效率。从人事安排到谁吃大灶、中灶、小灶都要管。由于处理问题周到，待同志和蔼可亲，他被称为“党的管家婆”“党内的老妈妈”。

1943 年 3 月 20 日，中央机构调整后，任弼时与毛泽东、刘少奇组成书记处，39 岁即进入党的领导核心，负责书记处日常工作。他不仅要协助毛泽东领导整风运动、大生产运动和中央机构改革，实行精兵简政，筹备党的七大，同时分管西北局、华中局、中央组织部、中央青委及工会、妇委、西安办事处等工作，是名副其实的毛泽东的亲密助手、左膀右臂。

1941 年 7 月建党 20 周年之际，中央政治局通过了《关于增强党性的决定》。为了让全体党员充分认识《决定》的重要性和主要内容，任弼时向机关干部做了《关于增强党性问题的报告大纲》的报告。就《决定》中所提出的要求，党性的范畴是什么，应从哪些方面着手增强党性的修养，如何真正领悟马列主义理论来培养、坚定自己等做了详细深刻的辅导。他特别强调要与群众建立真正的密切的联系。他说：

我们的党是为无产阶级、为广大劳动群众谋利益的党，是领导广大群众为自身求利益求解放而进行革命斗争的党。我们的党是已经与群众密切联系起来的党，而且仍然为与广大群众取得密切联系而斗争。我们党的伟大力量就在于与广大群众有密切的联系，就在于它得到广大群众的拥护。所以，哪个党的组织脱离了群众，失掉了群众，那就等于失掉了基础，失掉了斗争力量。哪个党员脱离了群众，那他对党便减弱了自己的作用。可以说，少联系一个人，便对党减少一份力量。[①]

1945年，七大后，他与毛泽东、刘少奇、周恩来、朱德并列为中央五大书记。1947年，他拖着病体与毛泽东、周恩来转战陕北并担任中央支队司令员。行军每到一处，他都要亲自安排住房、布置警卫、组织物资供应，还参与行动决策，被称为中央前委纵队中身体最差的一人，又是最忙的一人。战争剥夺了他的休息，他抱病转战陕北，风餐露宿，栉风沐雨，接着东渡黄河，翻过五台山，长途跋涉到西柏坡，医生要求他卧床休息，他却说：

我们中华民族，多少年、多少代受着封建主义的束缚，帝国主义的奴役，现在胜利就在眼前，我们要迅速夺取全国胜利，有多少事急着办啊，我能躺得住吗？[②]

三大战役打响，书记处集中办公，不分日夜地聚在一起，研究战况，发布作战命令。此时的任弼时血压高达220，脉搏每分钟跳110多次，医生警告他不要熬夜，但他坚持出席书记处集体办公会。他告诉同志们：

我们共产党员，肩负着革命的重任，能坚持走一百

① 《任弼时选集》，人民出版社，1987年版，第236—237页。

② 金海林：《今镜百鉴》，中国方正出版社，2005年版，第488页。

步，就不该走九十九步！①

就这样，这位极其年轻的老同志在他才30岁出头时，干部战士们从外貌看就以为他已有50岁了。这样一个根本不懂得照顾自己的书记处书记，却时刻在关心和帮助着他人。一次，军委二局的一位同志向他汇报工作时提到，电台的工作人员，不分昼夜在机房里收发电报，健康状况恶化。任弼时立刻要求有关部门给这些同志每人每月补助3斤猪肉，由特会科每月上旬按市价发钱，同时每年给他们一个月假，分两次休息，他强调：

补助要从人员的实际出发，不以职位为标准，要打破平均主义。

他同时要求机要干部也轮流休息，唯独他自己整夜整夜地工作，却从来不领夜餐费。对待犯错误的同志，他说，我们的责任是弄清是非，帮助他端正认识，提高思想，绝不能用高压手段，威慑、疏远都会增加他们的精神负担，更不能随便抛弃人，一棍子把人打死。因为他的和气、可亲而又有原则，批评人合乎情理，恰如其分，大家都尊敬他、亲近他，愿意把心里的话向他诉说。

中华人民共和国成立以后，他家住在北京景山东街，房子狭小还紧挨着马路，声音嘈杂。组织上为了照顾他的工作和休息，要给他搬家，他坚决不让搬，也不让维修，说能将就着住，就不必整修，免得给组织添麻烦。在北京市郊养病期间，他总是等许多事情积在一起时才要车进城，集中处理。逝世前盖的一床被子，是1935年长征时战士送给他的战利品。任弼时能严格要求别人，恰恰在于自己一身正气，只讲奉献不求索取。正如古语所说："其身正，不令则行；其身不正，虽令不从。"

《我的父亲任弼时》里面记录了1951年任弼时逝世一周年时，周

① 金海林：《今镜百鉴》，中国方正出版社，2005年版，第490页。

恩来特意去看望老战友的遗孀和遗孤，说到动情处，从来是喜怒不形于色的周恩来竟然号啕大哭！

3.“功在人民，虽死犹荣！”

> 每个共产党员入党誓词中都说“为共产主义事业奋斗到底”，何为“到底”？“底”在何处？时任中共中央组织部部长的陈云回答，这个“底”就是棺材底，鞠躬尽瘁，死而后已。[①]

1950年10月27日，任弼时因突发脑溢血抢救无效而去世。10月28日，中共中央成立了以毛泽东为首的由242人组成的任弼时同志治丧委员会。同日，任弼时遗体入殓，并移灵至劳动人民文化宫，接受战友和各方友好人士、人民群众的瞻仰和吊唁。这天上午9点，毛泽东亲视入殓。刘少奇、周恩来、朱德、彭真亲自抬任弼时遗体入殓。当将遗体从屋内小心翼翼抬出门时，因屋门太窄，几位领导都侧过身，慢慢地挪动脚步。毛泽东在门外快步迎过去，伸手帮助走在前面的刘少奇和周恩来托起任弼时的遗体，平稳地来到院中。任弼时遗体入殓后，毛泽东俯身深情注视着老战友，似乎要把任弼时最后的遗容深深地印在脑子里。多少往事都在他的脑海里、心灵深处留下了永远难忘的印象，刻骨铭心。

中央根据地时的煎熬，长征路上的艰难曲折，莫斯科时对共产国际的秉公直言，抗日战争中在窑洞中一个又一个废寝忘食的日日夜夜……在转战陕北时的那个惊心动魄的雨夜，他和任弼时手拉手行进在陕北黄土高原的沟沟岔岔里的情景；过湍急的五女河时，任弼时亲自迈步上桥，确定便桥安全无误后才请他人过桥的战友深情；他曾与个性耿直的老战友发生过多次不妥协的争吵，但在历史的关键时期，他的战友都坚定地站在自己一边，维护了党的团结统一……

---

① 朱鸿召：《延安缔造》，陕西人民出版社，2013年版，第369页。

9点30分，毛泽东缓缓挥动右手示意起灵，10名解放军战士把沉重的灵柩抬上灵车。毛泽东以及刘少奇、周恩来、朱德、彭真等亲自执绋扶灵，将灵柩由寓所移往劳动人民文化宫灵堂。

两天后，1950年10月30日上午，任弼时曾工作过多年的延安市西区枣园、杨家岭等地的农民，在听到任弼时逝世的不幸消息后，70多位农民代表拿着香表，在枣园书记处礼堂举行追悼会。大家以沉痛的心情回顾了任弼时在枣园时对他们的亲切关怀，表示要以搞好生产的实际行动来安慰英灵。会上还通过了给中共中央任弼时同志治丧委员会的唁电。唁电说：

> 任弼时同志领导边区建设事业，贡献极大。特别是1943年亲自领导我们生产，时刻关心农民的生活，但不幸病故，实为中国人民一大损失。功在人民，虽死犹荣。特电致唁。

陕北的父老乡亲怎能忘记，转战陕北时，中央纵队在安塞的王家湾村先后住了两个月。王家湾头年遭灾，加上一部分牲口支援前线去了，春耕发生困难，任弼时拖着病体派工作组将缺粮、缺种子、缺牲口的困难户一一登记下来，组织力量帮助群众适时春耕。这一切，对于一个患高血压的老病号来说，需要付出多大的精力和心血啊！

> 我们共产党领导的革命所以优于一切历史上的革命，就是因为只有我们才能采取最为公平合理的政策，最大限度地发展社会的生产力，达到人人有衣穿，人人有饭吃，人人有屋住，人人有事做，人人有书读之目的，而不使任何一个人得不到生活的满足。我们这样做，首先是使劳动人民得到满足……①

① 《任弼时选集》，人民出版社，1987年版，第427页。

3 天后，即 1950 年 10 月 31 日下午，中共中央中南局举行痛悼任弼时同志大会，大会由中南局第二书记邓子恢主持并讲话，他说：

> 任弼时同志是中国人民的最英勇、最坚决、最伟大的战士，三十年如一日，没有一天放松过工作。

1951 年 7 月 18 日，任弼时遗体被安葬在北京八宝山革命公墓，墓碑上镌刻着毛泽东亲笔题写的“任弼时同志之墓”。

“中共中央书记处书记任弼时没有参加开国大典。”只此一句，当你从历史的深处和一摞摞各式纸堆里走近中共最高层的领导人物任弼时时，或许才有可能体会，历史往往就这样的只言片语，背后可能会隐藏着无穷的内容含义。1949 年 10 月 1 日，作为中共最高层的政治领导人，只有最年轻的任弼时没有参加开国大典，45 岁的他因为身体原因只能在香山听着收音机里的直播，没人能完全清楚知道这位五大书记之一的年轻政治家当时真正的心情会是什么样。但事实告诉我们，站在天安门城楼目睹中华人民共和国成立的伟大梦想，成了他一生真正的梦想！

叶剑英曾饱含深情地为任弼时说过这么一段极富诗意的话：

> 他是我们党的骆驼，中国人民的骆驼，担负着沉重的担子，走着漫长的艰苦的道路；没有休息，没有享受；没有个人的任何计较。他是杰出的共产主义者，是我党最好的党员，是我们的模范！①

2004 年 4 月 30 日，在隆重纪念任弼时同志诞辰一百周年座谈会上，胡锦涛有这样一段表述：

> 任弼时同志是伟大的马克思主义者，杰出的无产阶

① 金海林：《今镜百鉴》，中国方正出版社，2005 年版，第 490 页。

> 级革命家、政治家、组织家，中国共产党和中国人民解放军的卓越领导人，以毛泽东同志为核心的中国共产党第一代领导集体的重要成员。任弼时同志十六岁参加革命，四十六岁英年早逝。他三十年的革命生涯，同中国共产党的建立、发展、壮大，同中国新民主主义革命胜利的全部历史紧密地联系在一起。他为中国人民的解放事业和新中国的诞生贡献出了自己的一切。[①]

共和国的人民永远会铭记，中国共产党在创建几个月后，就有一位不满 17 岁的青年成为党员。此后，他以钢铁般的意志和刻苦耐劳的精神奋斗了 30 年，并在 20 世纪 40 年代与毛、刘、周、朱并列，成为领导全党的“五大书记”之一，这就是任弼时。他虽英年早逝，但其精神却会在他倾其生命为之奋斗一生的伟大事业里永远地传承下去！

在纪念任弼时诞辰 90 周年时，诗人朱子奇写了首《骆驼颂》，让我们以诗中的一段作为党和人民对这位英年早逝的无产阶级革命家的深情怀念吧——

> 一头高大的骆驼在广漠中远行，
> 驮负着民族、阶级的希望与憧憬。
> 刚赶到第一片绿洲就安然地倒下，
> 把一切的享受全留给了未来的人们。
> 虽然岁月早已将蹄印深深掩埋，
> 那些多彩的驼迹已印在人民的心里。

二、“毫不利己专门利人”的白求恩

> 这是多年以前，我们经常感动的往事，

① 胡锦涛：《在纪念任弼时同志诞辰一百周年座谈会上的讲话》，《人民日报》，2004年5月1日。

这是多年以后，我们重新唤起的记忆。
不远万里，你带来和平的希望；
出生入死，你拯救战争的创伤；
生生不息，你走在英雄的路上；
永永远远，你在我们心上。

这是电视连续剧《诺尔曼·白求恩》的主题歌。白求恩，一个中国人无比熟悉的名字，从未被历史厚重的尘埃所湮没。

我们大家要学习他毫无自私自利之心的精神。从这点出发，就可以变为大有利于人民的人。一个人能力有大小，但只要有这点精神，就是一个高尚的人，一个纯粹的人，一个有道德的人，一个脱离了低级趣味的人，一个有益于人民的人。①

这是毛泽东的名篇《纪念白求恩》里最为精彩的段落。和这一段相映衬的是书本里插图中，那个头发少少的、额头宽宽的、眼窝深深的，留一撮小胡子的清瘦的在手术台上忙碌的脸。

没有哪个外国人会被中国人民这么广泛漫长地铭记，对于白求恩来讲，恐怕再没有一种纪念会比这种纪念更加绵长和耐人寻味！

无数的人们循着他的足迹试图对他有更深层次的解读，尽管他已经去世 75 年。

1.“我要去延安！”

1938 年，对中国人来说是一个极其需要有人肯定的年代。中国的抗日战争进入最艰难的岁月。为了独立、自由、尊严，中国人手握简单的武器，与侵略者浴血奋战。尽管可歌可泣，然而实力悬殊，前景黯淡。在这种漫无边际的国力消耗和几乎没有尽头的生命付出面

---

① 《毛泽东选集》第 2 卷，人民出版社，1991 年版，第 660 页。

前，人的意志在渐渐地磨损和消解，有人退缩了，有人怀疑了，有人投降了。

这是一道关口，是一个国家必须要跨过去的关口，在这个紧要关口，加拿大外科医生诺尔曼·白求恩率领的这支由 3 人组成的加美援华医疗队的到来，所代表的重大意义绝不是他们所携带的价值数千美元的医疗器械，而是他告别故土、亲人，整整 18 个昼夜不远万里的颠簸，是他 1938 年 1 月下旬到达香港，随即又马不停蹄乘坐飞机抵达武汉，来到他从未谋面的中国的无限善意。是的，他的到达就已经证明并完成了他此行的所有对中国人而言的意义。他以他的勇气、无私、热忱，还有全身心的投入，在晋察冀前线，在炮火连天的战场上，拯救了无数与他没有任何体貌相似点的抗日战士年轻的生命。

到达武汉后，白求恩坚定地拒绝了国民党军界、政界和卫生界一再要求他留汉任职的请求。他坚定地回答他们："我要去延安！"

1938 年 3 月 30 日晚 8 时，那时延安的夜晚应该是很冷的，就在那个小小的院落里，黄皮肤黑眼睛的毛泽东与黄头发白皮肤的国际主义战士白求恩的手紧紧地握在了一起。白求恩向毛泽东提出了他的请求：

> 我请求到前线去，到晋察冀根据地去，一个军医的战斗岗位应该是离火线最近的地方。在那里，我将使 75% 的伤员恢复健康。我带的医疗器具，足够战地医疗的需要。

毛泽东向白求恩表示他的工作将由八路军卫生部安排。

长达三个小时的谈话在这个外国友人的心里激起层层的涟漪。当晚，我们的白大夫失眠了。他在自己的日记里这样写道：

> 我在那间没有陈设的房间里，和毛泽东同志面对面坐着，倾听着他的从容不迫的言谈的时候，我回想到长征，……我现在明白为什么毛泽东那样感动每一个和他见

> 面的人。这是一个巨人！他是我们世界上最伟大的人物之一。[①]

八路军卫生部顾问马海德医生热情地陪同白求恩视察了延安的医院和卫生学校，真诚地对白求恩表示他们需要他，为了他的安全，希望他能留在延安。白求恩发火了，他以与众不同的方式——愤怒地从窑洞中掷出了一把椅子，提出了他的不同意见。在马海德的劝说下，他渐渐平静下来，他说：

> 我不是为生活享受而来的。什么热咖啡、嫩牛肉、软绵的钢丝床，这些东西我早就有了！但为了理想，我都抛弃了！需要特别照顾的是伤员，而不是我。
>
> 我为我的鲁莽向你们道歉，但你们也要向拄着拐杖的伤员道歉。

面对倔强的白求恩，卫生部的同志只好报请中央批准，同意他去晋察冀前线。

在中国人的眼里，这个老外很单纯，他的思维是平直的，一面之缘足以使他把自己的全身心交予这个陌生的国度。或许，仅凭一人的力量，救死扶伤的数量毕竟有限，但是，在中国抗战极为孤立少援的情况下，一个西方人的关切、同情、参与，以其特殊的政治象征意义、雪中送炭的实际效果，给奋斗中的中国人带来的精神抚慰与士气鼓舞，继而坚定他们奋战下去的信心，是无论如何也不可低估的。

2.“毫不利己专门利人”

白求恩在延安住了一个多月后，就去了晋察冀边区工作。在边区后方医院，他第一周就检查了 521 名伤病员，第二周就开始手术。在一次激战中，他连续 69 个小时为 115 名伤员动了手术。哪里最艰苦，

---

① 《纪念白求恩》，人民出版社，1979 年版，第 118 页。

哪里最需要他，他就到哪里去。在残酷的战争中，他丝毫不顾个人的安危，把不能挽救一个人的生命看作是对他最大的痛苦折磨。白求恩是第一个把血库送到战场上去的医生。他的输血工作曾为西班牙共和国挽救了数以百计的战士的生命。在中国，他提出并实践了这个口号："医生们！到伤员那儿去，不要等他们来找你们！"[①]他的手术台就安在离前线2.5公里地的村中小庙里。为了保住伤员的性命，他多次把自己的鲜血输给中国战士，因为他是O型血。他得意地称自己是"万能输血者"。

1938年秋天，他在自己亲手建起的"模范医院"落成典礼上讲话，他说：

> 千百万爱好自由的加拿大人、美国人和英国人的眼睛都遥望着东方，怀着钦佩的心情注视着正在与日本帝国主义作着光荣的斗争的中国，我被派来做他们的代表，我感到无上的光荣。你们不要以为奇怪，为什么在三万里以外，地球的那一边的像我这样的人要帮助你们。你们和我们都是国际主义者。没有任何种族、颜色、语言、国家的界限能把我们分开。法西斯们在威胁世界和平。我们必须击败他们。[②]

白求恩常说：一个战士，在前方奋勇杀敌，负了伤来到医院治疗，我们如果对他不负责任，就是对革命不负责任。

白求恩对工作极端负责的态度，给每一个在他身边工作的同志和接受过他治疗的伤员留下了深刻的印象。

一次，他发现一个护士换药，瓶里的药和瓶签不一致。他立即用刀把瓶签刮掉，予以改正，并对那个护士说：

> 小同志，这种粗枝大叶的作风，是要害死人的，今后

---

① 《纪念白求恩》，人民出版社，1979年版，第9—10页。

② 《伟大的国际主义战士白求恩》，中国青年出版社，1965年版，第163页。

> 不允许再有类似的事情发生，我们要对病人负责啊！

一天，白求恩看到一个股骨受伤的伤员没有上夹板，立即询问是哪个医生负责的。有人解释说，夹板都用完了。白求恩严肃地说：

> 没有夹板这成理由吗？难道说我们就等着现成的夹板吗？我们战士有现成的武器吗？在他们没有武器的时候，是不是就不打仗了呢？如果没有夹板，大夫就应该想办法做几个。

于是，白求恩领着医生和木匠一起做了一批夹板，供伤员使用。

白求恩十分疼爱他的病人，决不宽容任何使病人遭受不必要痛苦的行为。为了杜绝责任事故，白求恩根据工作经验，结合实际情况，帮助建立了一系列医疗规章制度。他自己带头执行，每晚休息前，他都要在记录本上记上第二天的工作要点，还要检查核对常用的手术器械和药品。他说：

> 不这样，万一急用时，器械发生了毛病，药品短少，就要影响治疗。

白求恩对伤病员和老百姓怀着极大的热忱。他从不以专家自居，只要伤员需要，他都愿意去做。他深夜查房，为伤员复诊、盖被、倒屎、倒尿。伤员们说："做白求恩的病人是幸福的。"

有一次，白求恩率领医疗队准备通过日军封锁线，发现了一位患脓胸症的老乡，他不顾在敌人封锁区停留的危险，坚持为这位老乡成功地做了手术，才继续前进。

在艰苦的战争环境下，白求恩无私地奉献着自己的一切。他从不考虑自己，在生活上毫无所求。当毛泽东特意给晋察冀军区负责同志拍电报，指示每月发给白求恩 100 元津贴时，白求恩拒绝了。他在给毛泽东的复电中说：

我谢绝每月一百元的津贴。……我自己不需要钱，因为衣食等一切均已供给。[1]

能和这样一些共产主义生活方式的同志工作在一起，是我毕生最大的幸福。

白求恩毫不利己、专门利人的模范行为，受到了抗日根据地军民的尊敬。

白求恩在中国工作了差不多两年的时间。他四处转战：在摩天岭、黄土岗，在所有听得到枪炮声的地方，在农舍和寺庙里，在匆忙中用门板搭成的手术台上，他总有做不完的手术。

为了培训出更多合格的医护人员，他倡议创办卫生学校，亲自打字、画图、编写教材、讲课。他曾经在幽静的丛林中，给 300 多名学生上大课。

为了适应战争环境，方便战地救治，他组织制作了可以应付 100 次手术、500 次换药和配置 500 个处方的药驮子，因为药驮子是桥形木架，搭在牲口背上使用，便被命名为“卢沟桥药驮子”；他制作的换药篮，被称作“白求恩换药篮”。

在边区，白求恩以自律和一以贯之的公正信念，谢绝了所有与众不同的待遇，他要求人们忘记他的国籍、身份、年龄，把他当作一挺机关枪来使用。

他的确做到了。

一年多的时光，白求恩把自己从一位生活优裕、风度翩翩的西方绅士，磨砺成身着粗布军服、容貌瘦削然而目光炯炯的东方战士。除了身材和眼睛的颜色，几乎看不出他与晋察冀其他抗日军人的区别。

白求恩以他对同志极端热忱的态度，对工作极端负责的精神，在极短的时间内，使他的名字成了传奇。这位不怕死的外国人把自己的衣服、粮食，甚至自己的鲜血献给伤员的事迹被到处传颂。当然，中国人民的献身精神也感染着他。与中国人民一起工作，使他的急躁情

① 《纪念白求恩》，人民出版社，1979 年版，第 98 页。

绪消失了，他在写给加拿大一位朋友的信中说：

> 我的确非常疲倦，但长期以来我从未像现在这样愉快……因为人们需要我。

他还在写给毛主席的报告中说：

> 我在此间不胜愉快，我深深感到必须向中国同志学习，学习他们为其美丽的国家对野蛮的法西斯而进行的英勇搏斗的伟大精神，我将以这种精神投身于解放整个人类、整个亚洲的斗争。

1939 年 11 月 12 日，河北省唐县黄石口村，诺尔曼·白求恩死于败血症。就在这一年的 10 月 28 日下午，白求恩在涞源摩天岭前线为最后一位腿部受伤的战士做手术。几乎同时手术室前方枪声四起，为了加快速度，他把左手伸进伤口掏取碎骨，战士挣扎着恳求大夫不要管他，赶紧走。“不！我的孩子，谁也没有权力将你留下，你是我们的同志！”这时大家看到白求恩的手从伤口里抽出，鲜血不断地从他的左手中指流淌下来。他把手指伸进消毒液里浸了浸，镇定地缝完最后一针。第二天，白求恩的伤口开始发炎，他忍着剧痛和肿胀，为一名患颈部丹毒合并蜂窝组织炎的伤员做了手术，这位伤员的病属外科烈性传染病。白求恩受到致命的感染。

在中国将近两年的时间中，他拯救了无数生命，却没能够救活自己。

临终前，他用颤抖的笔，给聂荣臻司令员写信，最后一次以一个医生的理性与严谨，对自己的后事做了详尽的交代。

今天，我们再反复读这封条理清晰、语言冷静的信，都感觉他不是在写遗书，而是在写一份平常的医嘱。

信的最后，是这样写的：

两个行军床，你和聂夫人留下吧，两双英国皮鞋也给你穿了。

马靴和马裤给冀中的吕司令。

贺龙将军也要给一些纪念品……

给叶部长两个箱子，游副部长八种手术器械，杜医生可以拿十五种，卫生学校的江校长让他任意挑选两种物品做纪念吧！

给我的小鬼和马夫每人一床毯子，并另送小鬼一双日本皮鞋。

照相机给沙飞……

每年要买二百五十磅奎宁和三百磅的铁剂，专为疟疾病患者和极大数目的贫血病患者。[①]

千万不要再往保定平津一带去购买药品，因为那边的价钱比沪港贵两倍。

最近两年是我平生最愉快、最有意义的日子，感觉遗憾的就是稍嫌孤闷一点。同时，这里的同志，对我的谈话还嫌不够。

我不能再写下去了。

让我把千百倍的谢忱送给你和其余千百万亲爱的同志。

诺尔曼·白求恩

1939 年 11 月 11 日下午 4 时 20 分

1939 年 11 月 12 日凌晨，在河北省唐县黄石村，白求恩的心脏停止了跳动，终年 49 岁。相信每一个有良知的中国人读到他在生命垂危中写的最后这封信时，都会感动不已。一个外国人，远离祖国、家乡、亲人，在异国的土地上忘我地工作，毫无保留地奉献，在弥留之际，想的不是自己，而是曾经同自己一起工作战斗的将军、同事、

① 《纪念白求恩》，人民出版社，1979 年版，第 140 页。

战士，身边的小鬼、马夫以及如何节约宝贵的药费，依然是把“千百倍的谢忱”送给“千百万亲爱的同志”。毛泽东虽然只在延安凤凰山的窑洞里同白求恩见过一面，但我们相信，白求恩写给他的报告和白求恩在战火纷飞的抗日前线的感人事迹主席是知道的。因此在《纪念白求恩》一文中，他满怀深情地赞扬白求恩说：

> 一个外国人，毫无利己的动机，把中国人民的解放事业当作他自己的事业，这是什么精神？这是国际主义的精神，这是共产主义的精神，每一个中国共产党员都要学习这种精神。①

3. 新中国永远不会忘记白求恩大夫

> 新中国永远不会忘记白求恩大夫。他是那些帮助我们获得自由的人中的一位。他的事业和他的英名永远活在我们中间。②

人心是温热的，时隔近 80 年，他的一份似医嘱般朴素到极致的遗言，让我们每一个中国人泪流满面，至此，关于纯粹，关于信仰，关于超越国际的爱，都无须用任何的文字去解释了。他用他的死忠实地履行了自己生前的誓言：

> 我拒绝生活在一个充满屠杀和腐败的世界里，我拒绝以默认或忽视的态度，面对那些贪得无厌之徒，这世界只要还有流血的伤口，我的内心，就一刻不得安宁。

---

① 《毛泽东选集》第 2 卷，人民出版社，1991 年版，第 659 页。

② 《纪念白求恩》，人民出版社，1979 年版，第 11 页。

共产党人，一个共产党员，从他举起拳头的那刻起，为主义而生、为主义而死就已经是渗入骨髓伴随其一生的信仰了。至此，我们就不难理解，为什么白求恩到达延安，见到毛泽东以后，第一件事就是郑重地递交党证。那是一种神圣的仪式，那是一种极为庄严的印证，同时也是某种意义上的归队。无论什么国籍，什么人种，什么肤色，“共产党员”是他们唯一有效的身份。白求恩告诉毛泽东：

> 我不是为生活享受而来的，让我去前线，我要去照顾伤员！

因为他是一名共产党员，他谢绝来自中国同志的一切照顾，他告诉他的中国同志：

> 贡献不是银行里的存折，贡献大就应当向人民伸手要更多的利息？我是个共产主义战士，怎能向党、向人民要求特殊呢？

作为医生，白求恩恪守医德、救死扶伤，为了伤员可以牺牲自己的生命。他抛弃舒适的生活，不远万里来到极其艰苦的晋察冀抗日前线，感到帮助受侵略、受压迫者，比当一名享有盛名、拥有高水准生活的医生更能使他得到心灵上的慰藉。无论是在加拿大还是在西班牙和中国，无论是对伤病员还是对贫民和难民，凡是需要救助的人，他都以深厚的感情和负责的态度，倾其所有、尽其所能给予帮助。正是这种对人民的满腔热情和毫不利己、专门利人的无私奉献精神，使他保持了与人民群众的血肉联系，赢得了广大人民的由衷赞誉。白求恩一生恪守这样的信念：毫不利己，专门利人，生命不息，奉献不止。他曾经说过：

> 我们必须运用技术去增进亿万人民的幸福，而不是用技术去增进少数人的财富。

白求恩成为一个伟大的共产主义战士，绝对不是偶然的。他对自己的工作采取了严肃的态度，不仅用科学态度行医治学，而且通过自己的社会实践，去解剖社会，追求科学真理。没有人会相信，一个以自己的工作作为追求名利的敲门砖的人，能够成为一个真正的革命者。正因为他清楚地认识到一个共产主义者对人类解放事业应尽的责任，他才会成为一个百折不挠的忠诚的革命战士。在他而言，无论是在西班牙，还是在中国，他都是为了人类的正义而战。白求恩精神的价值在于它是国际主义精神和共产主义精神的有机结合和高度统一。共产主义的世界观、人生观和价值观成为白求恩精神的主线和灵魂，完全彻底为人民服务的理念是白求恩精神的核心。

“感人心者，莫过于情。”白求恩之所以为一代又一代中国人所铭记，名垂青史，除了他的献身精神外，恐怕更多的是他对中国人民这种发自心底的细微、诚恳的情谊吧！同样，中国人民也不会忘记任何一个为中国的解放事业做出过贡献的人。

白求恩去世后，1939 年 11 月 17 日，在反扫荡的间隙，晋察冀边区党政军领导机关和驻地群众为白求恩举行了隆重的安葬典礼。

11 月 21 日，中共中央发出唁电和对家属的慰问电。

11 月 23 日，朱德总司令通令全军举行沉痛哀悼。

12 月 1 日，延安各界举行追悼会。毛泽东主席亲笔题写了挽词：

> 学习白求恩同志的国际精神，学习他的牺牲精神、责任心与工作热忱。[①]

12 月 21 日，毛泽东在延安杨家岭的窑洞里写了《纪念白求恩》一文。

1940 年，晋察冀边区军民在河北省唐县军城南关修建了白求

① 中共中央文献研究室：《毛泽东年谱（1893—1949）》中卷，中央文献出版社，2002 年版，第 145 页。

恩墓。

1950年，白求恩的遗体被移葬于石家庄华北烈士陵园。在陵园对门，建起了拥有800张床位的“白求恩国际和平医院”，内部开设了“白求恩纪念馆”，以资永远纪念这位国际主义战士。

中国人民共和国成立后，凡到加拿大访问或旅游的中国人，大都会去瞻仰参观白求恩故居。

1973年，加拿大联邦政府购买了白求恩的出生地——格雷文赫斯特长老会的牧师住宅，建起了《诺尔曼·白求恩纪念馆》，于1976年开放。

白求恩，一个洋溢着高尚的自我献身精神的加拿大共产党员，他对中国人民倾尽一生的热爱，中国人民将以自己最最质朴的形式倾情回报，那就是永不遗忘！

反抗外来侵略者，建立独立、自由、解放的新中国的历史任务已在老一辈的浴血奋斗中完成了，而实现国家富强、人民幸福、民族振兴的中国梦则落在了新一代中国人的肩上。因此白求恩精神没有过时，在最终实现中华民族腾飞的中国梦的伟大进程中，只要每一位共产党员，每一位中国公民，以白求恩为榜样，弘扬光大他的精神，“满腔热忱”“极端负责”地去对待生活、工作、同志，就一定会斩关夺隘，胜利到达理想的终点。

第九章

他们是具有世界眼光的人

21世纪被称作全球化时代，人类可以在世界范围内定位自己的生活空间，同时必须学会在相互依存与斗争中共同发展。站在今天回望历史，回望延安时期中国共产党的成功之道，其立足世界的战略眼光、灵活务实的外交探索以及独立自主的外交理念，不仅为新中国的外交奠定了良好的基础，同时向世界展示了中华民族争取世界和平与实现伟大复兴的坚定信念。

那么，延安时期的共产党人究竟是如何让他们的视线与思想一起穿越广袤的黄土高原，投向世界的呢？一支处于弱势的政治力量又是如何在艰苦的战争环境中追寻世界变化的脚步，在纷繁复杂的大国关系中寻找发展壮大的契机呢？

一、“共产党究竟有没有‘对外政策’呢？”

中国共产主义运动的军事和政治前景如何？它的具有历史意义的发展是怎样的？它能成功吗？一旦成功，对我们意味着什么？对日本意味着什么？这种巨大的变化对世界五分之一的人口会产生什么影响？它在世界政治上会引起什么变化？在世界历史上会引起什么变化？它对英、美等外国在中国的巨额投资会产生什么后果？说真的，共产党究竟有没有'对外政策'呢？[①]

20世纪30年代中期，当中共中央长征到达陕北时，作为一支政治力量，中国共产党在世人的眼里是怎样的一种存在呢？第一个到访陕北苏区的美国记者埃德加·斯诺这样描述：

九年以来一直遭到铜墙铁壁一样严密的新闻封锁而与世隔绝。千千万万敌军所组成的一道活动长城时刻包围着他们。他们的地区比西藏还要难以进入。自从1927年11月中国的第一个苏维埃在湖南省东南部茶陵成立以来，还没有一个人自告奋勇，穿过那道长城，再回来报道他的经历。[②]

可见，无论对于中国还是世界，当时的中国共产党人都是极为神秘而少有人了解的力量。当埃德加·斯诺决定启程前往陕北时，他为自己罗列了上百个想要获得答案的问题，从共产党的政治纲领到共产党人的穿衣吃饭，从兵力多少到领导人是谁，再到共产主义运动在中国的前景及其对于世界可能发生的影响。同时，他对中国共产党是否能够敞开大门欢迎他毫无信心，对地处陕北一隅的共产党人是否具备与外界沟通的能力充满怀疑，甚至，他对自己是否能够安全返回也毫无把握。然而，为了获得真实而非杜撰的答案，埃德加·斯诺战胜了自己内心的恐惧，决定“拿一个外国人的脑袋去冒一下险”，他勇敢地出发了。当然，后来发生的事情证明，斯诺的所有问题都得到了几

① ［美］埃德加·斯诺著，董乐山译：《西行漫记》，解放军文艺出版社，2002年版，第5页。

② 同上书，第1页。

乎圆满的回答，甚至远远超出了预期。他的陕北之行相当成功，此后陆续发表的系列报道尤其是著作《西行漫记》，不仅让他名满天下，同时也从某种程度上帮助中国共产党打开了与外界沟通的大门。

那么，斯诺此行何以会如此成功呢？

1921 年，当中国共产党作为一支独立的政治力量登上历史舞台时，中华民族正处于无以复加的外交困境当中。一方面，整个世界被列强所构建的殖民体系囊括其中，他们用武力强加给中国的不平等条约将中华民族推入了半殖民地的深渊，中国已经被抛入了世界秩序的最底层。另一方面，晚清之后的历届政府，既没有能够获得民众足够的支持，更没有能力消除内部的重重矛盾，中国一直处于事实上的分裂状态。软弱的统治者们不得不依靠外来力量来达到自己的政治目标，维护自身的统治地位。各国列强因此可以通过支持不同的统治者，轻而易举达到干预中国内政、不断扩大自身权益的目的，这样的现实在国民政府时期也并没有得到真正的改观。面对这样的历史与现实，中国共产党自诞生之日起，就清楚地意识到，在半殖民地半封建的中国，要领导人民实现中华民族彻底的独立与解放，就必须学会正确认识和处理中国革命与国际政治变化之间的关系，学会正确认识和处理与国内外各种力量之间的斗争与合作。为此，共产党必须学会在准确判断国际国内形势的基础上，形成自己的外交政策理念。但是，中国共产党的幼年时期，一方面，残酷的斗争环境严重限制了其获取信息的渠道，自身思想上、理论上的不成熟也束缚了其独立认识世界的视野与能力；另一方面，作为共产国际的一个支部，中共完全接受了苏联和共产国际对于世界政治所做出的判断，认为世界正处于资本主义危机加剧、世界革命形势趋于成熟的历史时期，坚信中国革命是世界革命中最主要最具有决定意义的成分。在这一基本判断指导下的内外政策，既不符合国际政治的实际状态，更脱离了中国革命的现实。九一八事件爆发后，面对日益严峻的民族危机，当时的中共领导人却认为，日本进攻的目标不是中国而是苏联，并提出了“武装保卫苏联”的口号。认识上的局限性及内外政策的不成熟，给中国革命带来了相当沉重的损失。严重脱离中国实际和民族需要的目标设定，很大程度上影响了广大民众对于中共的认知与认同，限制了中国共产党与外界的联系与沟通。

1933 年，战争阴云笼罩整个欧洲，德国更公然打出了反对共产主义的旗号。为维护自身国家安全，苏联着手调整其外交战略，试图通过与西方国家结盟来构建集体安全体系。1934 年，被迫进行长征的中国共产党也开始总结失败的教训。遵义会议之后，中共新的领导核心努力领导全党摆脱教条主义的束缚，调整内外政策以应对严酷的环境和日益严重的民族危机。正是在以上内外因素的共同作用之下，1935 年 12 月，中共中央在瓦窑堡会议上明确提出，要建立“抗日民族统一战线”，推动全民族抗战。在日本帝国主义企图单独吞并中国的情况下，党要“执行灵活的外交政策”，以便使英美等国“暂时处于不积极的反对反日战线的地位”。为了让更多的民众以及中外政治力量了解并支持中共的这一主张，中共中央开始主动打开通往外部世界的通道，并很快迎来了第一位到访苏区的西方记者——埃德加·斯诺，他就这样幸运地成为首个向世界报道红色中国的西方记者。

在与毛泽东进行了很多个夜晚的谈话之后，斯诺惊奇地发现：

> 他对于当前世界政治惊人地熟悉。……毛泽东熟读世界历史，对于欧洲社会和政治的情形，也有实际的了解。
>
> 他对于罗斯福总统的看法是令人很感兴趣的。他相信罗斯福是个反法西斯主义者，以为中国可以和这样的人合作。①

在斯诺的记录里，这位中国共产党的领导人，洞察了日本企图灭亡中国的本质，分析了抗日战争的进程与结果，看到了中国抗日战争将对世界政治带来的深远影响，肯定了国际社会尤其是美英法苏等大国对中国抗日战争的作用，认为使中国人民“在尽可能短的时期内以

① ［美］埃德加·斯诺著，董乐山译：《西行漫记》，解放军文艺出版社，2002 年版，第 58—59 页。

最小的代价赢得对日本帝国主义的胜利”的重要条件，就是“组成一个反侵略、反战、反法西斯的世界联盟”。以这样的形势判断为出发点，毛泽东清楚地向斯诺阐释了当时中共所主张的对外政策：

> 要抗日成功，中国也必须得到其他国家的援助，但这不是说，没有外国的援助，中国就不能抗日。中国共产党、苏维埃政府、红军和中国的人民，准备同任何国家联合起来，以缩短这次战争的时期。但是如果没有一个国家加入我们，我们也决心要单独进行下去！①

1937年7月23日，在《反对日本进攻的方针、方法和前途》一文中，毛泽东正式提出“抗日的外交”，称“不能给日本帝国主义者以任何利益和便利，相反，没收其财产，废除其债权，肃清其走狗，驱逐其侦探。立刻和苏联订立军事政治同盟，紧密地联合这个最可信最有力量能够帮助中国抗日的国家。争取英、美、法同情我们抗日，在不丧失领土主权的条件下争取他们的援助。战胜日寇主要依靠自己的力量，但外援是不可少的，孤立政策是有利于敌人的”。

1937年10月，随着《西行漫记》的出版，中国共产党面对民族危机所采取的政策调整为世界所关注，而毛泽东对于国内国际形势的准确判断、预测，则第一次向世界展示了中国共产党开阔的视野与战略思维。

二、毛泽东对国际形势的对策是灵活的

> 在这时，他还从来不曾去过中国以外的地方，但是，从头到尾担任翻译并对每句提到毛或引用毛的话都进行了核对的吴亮平告诉我，毛泽东每天都要花一个多小时的时间细读延安从世界短波电台收下来的国际新闻摘要。他对

---

① ［美］埃德加·斯诺著，董乐山译：《西行漫记》，解放军文艺出版社，2002年版，第69页。

我提出的有关欧洲和美洲的问题表明，他对政治力量对比有真正的了解，他对民主制度的运行有真正的兴趣，因为这时他正在为发展中的统一战线的中国制订他自己的“新民主主义”的国内政策。毛泽东的思想对国际舞台是开放的，他对国际形势的对策是灵活的。这是蒋介石那样的头脑僵化的封建人物根本办不到的。[①]

中国共产党如何推动“抗日的外交政策”得以落实呢？

抗战全面爆发后，中国共产党积极倡导的抗日民族统一战线终于形成，国共两党实现了第二次合作。但是，政治主张的巨大差异以及双方根深蒂固的不信任，造成国共双方的合作关系从一开始就充满了矛盾与斗争，而美苏英法这些大国势力在中国的长期影响和对国共关系的深度介入，更增加了双方关系的复杂性。确立自己在抗日民族统一战线中的地位、策略，妥善处理好复杂变化中的内外关系，是中国共产党实现内外政策目标的前提。

正如毛泽东所说的：

历史的车轮将经过这个统一战线，把中国革命带到一个崭新的阶段上去。中国是否能由如此深重的民族危机和社会危机中解放出来，将决定于这个统一战线的发展状况。[②]

中国共产党高度重视国共合作，认为抗日民族统一战线是决定抗战能否持久进行并最终取得胜利的根本保证。但是，1927 年大革命失败的教训，以及对国民党进行的阶级分析，都使得中国共产党人坚定地相信，只有独立自主地发展和壮大自身力量，才是维护统一战线

① ［新西兰］詹姆斯·贝特兰著，何大基等译：《在中国的岁月》，中国对外翻译出版公司，1993 年版，第 37 页。

② 《毛泽东选集》第 2 卷，人民出版社，1991 年版，第 364 页。

内国共团结的唯一路径，才是打败日本侵略者的最重要保证。

在国民党方面，国共合作更大层面上则是迫于形势的权宜之计，1938 年 12 月，蒋介石面对中共代表周恩来明确表达了这样的意愿：

> 我的责任是将共产党合并国民党成一个组织，此事乃我生死问题，此目的如达不到，我死了心也不安，抗战胜利了也没有什么意义，所以我的这个意见，至死也不变的。
>
> 共产党不在国民党内发展也不行，因为民众也是国民党的，如果共产党在民众中发展，冲突也是不可免的。[①]

正是基于这样的理念，国民党对于中国共产党的怀疑、防范无一日停止。1938 年之后，相继出台大量“反共”“限共”政策，造成国共摩擦呈现愈演愈烈的趋势。

就各大国而言，无论是美国、英国还是苏联，尽管站在意识形态的角度，对中国两种政治势力的态度存在天壤之别，彼此之间也存在错综复杂的利益纠葛与矛盾冲突。但第二次世界大战全面爆发前后，出于各自国家利益的考量，这些国家都希望中国战场能够分担更多的责任，都不愿意看到中国两支抗日力量相互消耗，为此，阻止国共关系的破裂符合所有大国的共同利益。

基于这样的政治现实与国际形势，整个抗日战争期间，中国共产党坚持“兄弟阋于墙而外御其侮”的指导思想，高举全民族抗战的旗帜，为维护抗日民族统一战线做出了巨大的努力；同时，中国共产党坚持民族利益至上的原则，积极主张与世界各国爱好和平的国家与人民团结起来抗击侵略，善于利用大国矛盾维护抗日大局。早在 1938 年，毛泽东就表达了这样的观点：

> 中国、日本、世界各种反法西斯的势力是互相影响

---

① 《陈绍禹等关于一个大党问题与蒋介石谈判情况向中央的报告》，1938 年 12 月 13 日。

> 的，互相帮助的。世界和平不能分割，世界是一个整体，这是现在世界政治的特点。①

秉持这样的理念，中国共产党始终将国内问题置于国际大局势中加以分析，不断调整斗争策略与外交方针，表现出了高超的政治智慧和真正的世界眼光。

首先，在与国民党的关系中，中国共产党坚持“以斗争求团结”的策略方针：

> 抗日战争胜利的基本条件，是抗日统一战线的扩大和巩固。而要达此目的，必须采取发展进步势力、争取中间势力、反对顽固势力的策略，这是不可分离的三个环节，而以斗争为达到团结一切抗日势力的手段。在抗日统一战线时期中，斗争是团结的手段，团结是斗争的目的。以斗争求团结则团结存，以退让求团结则团结亡。②

其次，为确保处于弱势中的中国共产党能够在与国民党的斗争中赢得主动，中共开展了卓有成效的对外探索，形成了极富特色的“窑洞外交”，推动外交实践由“民间外交”逐渐发展为“半官方外交”。其利用国际力量抑制国民党反共政策方面的能力在实践中不断提高。

抗战之初，中共中央本着外交政策积极化的原则，展开了积极的民间外交。继斯诺之后，至 1939 年 9 月，中共中央共邀请和接待 20 批次近百名外国记者、军人、传教士等到访陕甘宁边区。这些来访者以其亲身经历，对边区进行了大量的报道，将一个欣欣向荣的“完全不同的中国”介绍给全中国、全世界，也为中国共产党赢得了一批忠实的国际友人，成为中共对外传播的重要喉舌与获取信息的重要

---

① 《毛泽东文集》第 2 卷，人民出版社，1993 年版，第 133 页。

② 《毛泽东选集》第 2 卷，人民出版社，1991 年版，第 745 页。

通道。

1940 年，国际形势云谲波诡，大国关系剧烈调整。中共时刻关注形势变化，及时调整外交策略，积极主动发展与美英外交人员的合作关系。1940 年 11 月，毛泽东在给周恩来的电报中首先强调“应与英美做外交联络”，进而在 12 月发表的《论政策》中，系统分析了党的对外关系的基本原则，指出必须在具体分析和有所区别的基础上，制定党的对外政策，总的原则是“利用矛盾，争取多数，反对少数，各个击破”，同时明确中共中央制定对外政策的根本方针，就是“坚持独立战争和自力更生的原则下尽可能地利用外援”。在《论政策》起草发布的同一天，中共中央专门就对待英美新闻记者等问题发布党内指示，要求“待之以外宾之礼，以便通过他们形成我们与英美之间一定程度的外交关系”。太平洋战争爆发后，中共中央明确提出建立太平洋反日统一战线的主张，并强调：中国共产党应该在各种场合与英美人士做诚恳坦白的通力合作。通过中共坚持不懈的外交努力，中国共产党与外界的交往达到了一个新的高度，从 1944 年初至 1945 年抗战结束，甚至逐步上升至“半独立外交”的层面，中共由此开始逐步形成自己的外交组织系统与外交政策体系。

1944 年 6 月 9 日，由 9 位中国记者、6 位外国记者组成的中外记者西北参观团抵达延安，开始为期三个多月的实地走访。期间，参观团成员先后访问了毛泽东、朱德、彭德怀、贺龙、叶剑英、林伯渠等党政军领导人，自由参观考察了学校、医院、报社、工厂甚至边区保育院，与作家、学生、工人、农民进行了广泛交流，围绕政府机构及其运作、“三三制”政权以及边区各项政策进行深入走访、座谈。8 月下旬，5 位外国记者还前往晋西北根据地，实地观察了八路军与地方游击队夜袭日寇汾阳据点的全过程。随着采访的深入，记者们对于中共及其领导的根据地有了全面、客观的认识，并根据所见所闻采写了大量的精彩报道，通过电台、报刊发往全世界。《来自红色中国的报道》《红色中国的挑战》等一系列采访专著真实地记录了中国共产党及其领导的抗日武装，向世界揭开了红色根据地的神秘面纱，把未来中国的希望与雏形真实地展示在世人面前，冲破了国民党政府长期对中国共产党领导下的边区及敌后根据地的新闻封锁，对国际舆论产生了非常广泛而深远的影响，获得了极大的成功。

1944 年 7 月 22 日，美国政府派出美军观察组进驻延安，标志着中国共产党同美国政府之间建立了一种官方联系。至 1947 年 3 月最后一个美国军事观察员离开，他们在延安共驻留 963 天。期间，美军观察组成员通过与中国共产党人充分接触，通过对边区的切实了解，不仅顺利完成各项任务，更向美国政府发回了大量客观反映“共产党中国”的报告，引起了美国国务院的重视。对于这一时期中共中央对美军观察组的高度重视和积极配合、周密安排，观察组组长包瑞德评价：“八路军给予美国陆军的衷心合作和实际协助几乎是尽善尽美的。”美军观察组成员谢伟思也曾这样描述：“从来没有一个共产党社会像中共在 1944 年 7 月至 1945 年 3 月这 8 个月期间那样向美国开放。”

以上外交活动，极大地提高了中国共产党的影响力，并在国共关系的处理中发挥了重要作用，有效遏止了国民党发动的第二次反共高潮。早在 1940 年年底，由于国民党强令八路军、新四军退至旧黄河以北狭小地带，企图以此彻底解决共产党领导的军队。国共两党之间的关系陷入紧张状态，周恩来等共产党人就在驻华使馆人员和外国记者中进行了大量宣传解释工作。1941 年 1 月，皖南事变爆发，中共南方局通过同英美记者的联络工作，在英美等国的报刊上及时登载了相关报道，将事件真相迅速公之于众，引发了国际舆论对于中国战场的严重不安以及对国民党政府的强烈抨击。罗斯福带信给蒋介石，希望国共“为抗日之共同目标而加紧团结”，苏联大使以有可能停止援助相威胁。来自国际舆论的压力成为国民党政府不得不暂时停止反共军事行动的重要原因之一。

反观抗战时期国共关系的变化，中国共产党能够追随国际局势与大国关系的细微变化，善于利用大国矛盾维护抗战局面，善于在实践中总结经验教训，灵活务实而非教条主义地理解和调整外交政策，成功维护了抗日民族统一战线，并不断走向发展壮大。

三、“不允许任何外国及联合国干涉中国内政”

> 最后，也是最重要的一项，不允许任何外国及联合国干涉中国内政。因为中国是独立国家，中国境内之事，应由中国人民及人民的政府自己解决。如有外国人提到外国政府调解中国内战等事，应完全拒绝之。
>
> 《中央关于外交工作的指示》1949 年 1 月 9 日

虽然并非执政党，但在民间以及半独立的对外交往当中，中国共产党积极探索，善于总结，逐步形成了自己的外交原则与方针政策，不仅为中国革命的成功做出巨大贡献，为新中国提供了可资借鉴的宝贵经验，其中独立自主外交原则的形成更成为中华民族走出百年耻辱外交史的起点。

延安时期，苏联和共产国际始终都是中国共产党最重要的外交对象。基于相同的意识形态，苏联在中共诞生和成长进程中，均给予了极大的支持与帮助。在中共发展壮大的历史进程中，从共产国际的一个支部，到独立领导中国革命的伟大政党，中共同苏联一直保持着极为密切的联系。但是，苏联和共产国际的外交政策始终都是以维护苏联的国家利益为根本目标的，在与中国共产党的交往中，苏联时常要求中共牺牲自身甚至中华民族的利益来服务于苏联的国家利益，从而给中国共产党的决策造成干扰，给中国革命带来了一些负面的影响。如何在维护与苏联友好合作关系的同时，逐步走出符合自身特点的建党和建国之路，是中国共产党必须要面对的现实问题。延安时期，正是在处理这样的复杂关系中，中共逐步确立了实事求是的思想路线与独立自主的外交原则。

苏德战争爆发后，为防止日本军队进攻苏联导致腹背受敌的不利局面，苏联要求中共迅速命令八路军对日军发动全面军事进攻。以当时八路军实际的作战能力以及中国革命的具体实际，毛泽东反复思考之后给彭德怀发出电报：我军必须准备配合苏军作战，但此种配合，是战略的配合，长期的配合，不是战役的配合。1942 年上半年，苏德战争形势紧张，日本军队蠢蠢欲动。苏联再次要求八路军、新四军走出根据地，采取大规模军事行动以牵制日军，阻止日军发动针对苏联的进攻，给苏军以直接的军事支持。从军队拥有的实际战斗力出发，中央决定坚持原定的以游击战争长期配合的方针，同时致电斯大林，耐心解释八路军、新四军目前的实际情况：如果盲目出击就有可能被打败，无法长期坚持，这于我于苏都将不利。虽然苏联对此颇有怨言，但还是接受了中共的决定。以上两次在处理同苏联关系的过程中，中共没有将意识形态置于民族利益之上，而是从自身实际以及国家利益出发，既坚持自己的原则，同时又以极大的努力争取苏联的理解，表示了足够的尊重。这样的处理方式，获得了较为良好的效果。

第二次世界大战结束前夕，美苏英三巨头召开了一系列会议，就迅速结束战争和战后格局划分展开磋商，在一系列公开协议的背后，也达成了有关战后势力范围的秘密协定，其中包括美苏之间在远东地区包括中国的势力划分，不仅又一次损害了中国权益，也为美苏在中国的争夺埋下伏笔。抗日战争结束后，国共谈判未能带来“和平民主的新局面”，相反，随着美国支持国民党独裁政权这一政策的最终确立，国民党再无丝毫谈判诚意，内战一触即发。此时，中国共产党在积极争取和平局面的同时，不得不面对可能的内战局面。党内有人对开战是否会引发美国大规模的直接干涉甚至美苏之间新的大战疑虑重重，同时也对依靠自身力量取得胜利信心不足。1946 年 8 月，在延安杨家岭的一个小小石桌前，面对美国著名记者安娜·路易斯·斯特朗，毛泽东提出“中间地带”与“一切反动派都是纸老虎”的论断，他认为，美苏之间隔着辽阔的地带，这里有欧、亚、非三洲的许多资本主义国家和殖民地、半殖民地国家。美国反动派在没有压服这些国家之前，是谈不到进攻苏联的。根据这一判断，即可得出结论，中国国内的战争并不会引发美国与苏联的战争，而中国革命将无须再受到美、苏关系的束缚。同时，他以“一切反动派都是纸老虎”比喻拥有原子弹的美国：

> 一切反动派都是纸老虎。看起来，反动派的样子是可怕的，但是实际上并没有什么了不起的力量。从长远的观点看问题，真正强大的力量不是属于反动派，而是属于人民。[①]

此论断的提出，不仅极大地提高了中国共产党战胜国民党的信心，同时也代表着中国共产党人开始独立自主思考和决定中国自己的事情，将独立自主作为自己处理对外事务的最高准则。接下来，这一原则很快就在决定中国命运的历史关头发挥了重大作用。

1949 年 1 月，面对无可挽回的败局，国民党提出举行国共谈判，希望与共产党划江而治，并请美国和苏联出面斡旋。此时，美苏之间的冷战已经开始，两极格局已经形成，美苏在欧洲的争夺已经将欧洲大陆一分为二，分属资本主义和社会主义两个阵营。出于维护战后秩序、避免同美国正面冲突的考虑，苏联态度暧昧，数次劝说中共同意举行国共和谈。而以毛泽东为首的中共中央不受任何外力干扰，坚决提出“将革命进行到底”的口号，并在关于外交问题的指示中明确指出：

> 不允许任何外国及联合国干涉中国内政。因为中国是独立国家，中国境内之事，应由中国人民及人民的政府自己解决。

4 月 21 日，中国人民解放军百万雄师横渡长江，一举击溃国民党的长江防线。近代以来的百年历史中，这是第一次，中国的政治力量没有受制于任何一个大国，而是从民族利益、国家利益出发，独立自主决定自己的事情。

回望整个延安时期，中国共产党在民族利益至上的原则指导下，以高超的政治智慧保持国共关系的斗而不破，在抗日民族统一战线

---

① 《毛泽东选集》第 4 卷，人民出版社，1991 年版，第 1195 页。

的旗帜下不断发展壮大，保证了抗日战争的伟大胜利。同时，延安时期，中国共产党虽然身居偏僻的陕北小城，但却始终能够以独特的世界眼光来分析和判断国际形势，并积极开展了一系列卓有成效的外交实践，形成了独立自主的外交原则。中华人民共和国诞生之后，独立自主成为新中国处理同所有国家关系的外交原则。

1935 年底，毛泽东曾经说了这样一段话："我们中华民族有同自己的敌人血战到底的气概，有在自力更生的基础上光复旧物的决心，有自立于民族之林的能力。"① 1949 年，中华人民共和国成立之时，毛泽东在天安门城楼庄严宣布：中国人民站起来了。2014 年，习近平总书记站在法国的演讲台前，充满自信地说："中国这头狮子已经醒了，但这是一只和平的、可亲的、文明的狮子。"② 这三句话掷地有声，代表着中国人民为实现中华民族伟大复兴的中国梦，所走过的艰苦卓绝的奋斗历程。

21 世纪，人类将自己生活的世界称为"地球村"，无论是否愿意，所有国家都必须要面对一个你中有我、我中有你的命运共同体。伴随综合国力的不断提升，中国在这个共同体中的影响力与面临的挑战都在同步上升。作为世界舞台上举足轻重的国家，中国吸引了越来越多关注的目光：这个崛起中的大国究竟会给世界带来怎样的影响呢？今天的中国早已告别了列强主宰的时代，成长为经济总量位居世界第二的发展中的大国。但中国所面对的外部环境日益复杂化，既存在阻碍中国经济社会发展的诸多不利因素，也存在某些国家对中国发展道路、发展模式的横加指责，还存在各种反华势力对中国政府的无端污蔑与攻击。同时，质疑中国政府和人民是否会始终坚持走和平发展道路的声音也甚嚣尘上。对此，中国的外交战略目标非常明确：建立以合作共赢为核心的新型国际关系！"我们的事业是同世界各国合作共赢的事业"，"各国应该共同推动建立以合作共赢为核心的新型

① 《毛泽东选集》第 1 卷，人民出版社，1991 年版，第 161 页。

② 《习近平总书记在中法建交 50 周年纪念大会上的讲话》。

国际关系，各国人民应该一起来维护世界和平、促进共同发展。”①2014年3月28日，习近平总书记在德国讲演时说了这样一段意味深长的话：

> 中国走和平发展道路，不是权宜之计，更不是外交辞令，而是从历史、现实、未来的客观判断中得出的结论，是思想自信和实践自觉的有机统一。②

纵观从延安一路走来的历史进程，执政的中国共产党，无论何时何地，都必须保持清醒的认识，深深地根植于中国社会，得到民众真心的拥护，是中国共产党领导中国人民战胜国际国内不利因素，实现中华民族伟大复兴的力量之源。其次，在综合国力竞争日益激烈的今天，时刻把握世界格局发展的趋势，随时关注大国关系的变化，准确认知自己在国际上的地位，既不为中国威胁论所捧杀，也不被中国崩溃论所吓倒。坚持在自己既定的发展轨道上稳步前行，不断提升软硬实力，广交朋友，与全世界爱好和平的国家与人民团结起来，在构建和谐世界目标的指引下，积极推进世界多极化，促进中国国际影响力的稳步提升，为实现中华民族伟大复兴而努力。

---

① 《习近平总书记系列重要讲话读本》，学习出版社、人民出版社，2014年版，第146页。

② 同上书，第148页。

第十章

党领导人民当家做主

“民主”这个词，边区的老百姓曾经很陌生，共产党到了延安以后，渐渐不陌生了。来到延安的各界人士谈论着共产党高举五四运动的“民主”与“科学”旗帜，继承孙中山的三民主义思想，谈论着毛泽东的《新民主主义论》。根据地的老百姓则用朴素的话表达他们心中的民主：“大家的事，大家来议，大家来做。”

一、“我们这些农民还能批评政府的干部，而且（他们）都能虚心接受，真是开天辟地没有见过的事。”

“解放区的天是明朗的天，解放区的人民好喜欢。民主政府爱人民呀，共产党的恩情说不完。”一曲《解放区的天》，把根据地的民主建设传唱到千家万户，传递出老百姓的无比欢乐。

初到延安的中国共产党，面对的是山塬绵延、物质贫乏、文盲众多和卫生条件非常差的艰难状况。但是，这种艰难困苦没有阻挡共产党发展民主、追求光明的脚步。1937 年 5 月，边区政府通过了《陕甘宁边区选举条例》，在大西北破天荒地制定了“普遍、自由、直接、平等”的选举原则，国统区惊讶不已，老百姓开心不已。次年7月，世界学联代表团访问延安，毛泽东对远道而来的朋友说：“边区是一个什么性质的地方呢？一句话说完，是一个民主的抗日根据地。”

民主到什么程度呢？1937年、1941年、1945年，共产党在陕甘宁边区进行过三次大规模的选举，进行了“三三制”政权建设，开展了普遍、平等、无记名的差额选举，探索了许多世界选举史上闻所未闻的投票方式——投豆法、烧洞法、票选法、画圈法、画杠法、画点法、投纸团法、背箱子……连很少出远门的小脚老太太都被热火朝天的选举形式所吸引，她们骑着毛驴翻山越岭，不辞辛苦参加选举，甚至“一些小脚妇女、老太婆都觉得非到会不可”。

中国几千年的历史，老百姓从来没有做主过，没有体验到主人翁的感觉，这次他们用过节的方式庆祝参议会的直接选举。当年的亲历者记下了老百姓欢快参加县城历时4天的民主大会场面：

> 头一天开幕仪式，儿童和群众组织做了多姿多彩的表演。第二天和第三天是报告和讨论，以及批评政府和个别官员。最后一天进行选举。据报农民热情很高，许多人带来米、肉、瓜作为礼物。[①]

茶馆曾是地主和有钱人聚集处理当地问题的地方，选举结束后也成为群众议事的场所。参加选举的老百姓说：“一颗豆，顶一颗豆的事。”“事情真不同了，咱们也有权利，也能干事，同别人平等了。”地主和士绅说：“从前以为革命不要咱们这号人了，今天咱也能管政权。”[②]农民参议员刘德富高兴地说：“我们这些农民还能批评政府的干部，而且（他们）都能虚心接受，真是开天辟地没有见过的事。”

---

① 《陕甘宁边区见闻史料汇编》第3册，国家图书馆出版社，2010年版，第53—54页。

② 《陕甘宁边区抗日民主根据地》文献卷·下册，中共党史资料出版社，1990年版，第136页。

不但根据地的老百姓以前没有搞过直接选举，而且海外来的朋友看到边区的创造性选举后，也感慨万千。1946 年，《新华日报》介绍了延安别开生面的选举：

> 由候选人坐在晒场上，每人背后摆一个罐或碗，因事不能到会的候选人仍然给他们空出位子，位子后摆上碗，每只碗上都贴着候选人的名字，碗口都用纸盖起来，而让投票者从碗边上把豆子投进去，选民每人按应选出的人数发豆子数粒。由于乡级的选举中候选人不多，所以依候选人的多少，发给选民几颗颜色不同的豆子，比如：黑豆一颗，代表张 ××；黄豆一颗，代表李 ××；玉米一颗，代表赵 ×× 等，另外每个选民再发给小纸一张，如果想选谁，就把代表谁的豆子用纸包上，放在碗里，同时包几颗者作废。这种方法非常适合农村文盲的无记名投票。[①]

除了投豆法，票选法也别具一格，方法很土，但符合实际，很管用。比如红绿票，发给投票人额定的红绿票，投票人对每个候选人只能投一种颜色的票，红票意味着同意，绿票意味着反对。候选人背对投票者坐在台前，每人背后一个票箱。当场投票，当场开箱验票，红票多于绿票者当选。为了不得罪人，投红绿票的时候，一些投票人便将票搓成一个小纸团，让人看不出颜色，也有的将红票大张着，而绿票搓小或者干脆丢掉。选举结束后，老乡用他们特有的歌曲《选举小调》来表达自己的心声："民主政治要实行，选举为了老百姓，咱们选举什么人？办事又好又公平，还不耍私情。"

1939 年延安出版的《解放》杂志，刊登了老百姓选举时的盛况：

> 选民对于选举什么人的问题，更是非常的关心与慎重

① 力民：《人民文化水平低，就不能实行民选吗？》，《新华日报》，1946 年 1 月 24 日。

> 的。这表现在当候选名单公布以后，每个乡村都热烈地参加讨论，有的批评某人对革命不积极，某人曾经反对过革命，某人曾经贪污过，某人曾经是流氓，某人曾经吸食鸦片等等。有的选民则公开涂掉其名字，有的则到处宣传某人的坏处等等。又如安塞四区一个乡长因工作消极，蟠龙区一、三、五乡乡长不能代表群众利益等，均遭到反对为候选人。至于那些平日对抗战工作努力的分子，在选举中都当选了。①

共产党人诚恳、认真地教大字不识的边区农民通过投豆子、举胳膊，选举出他们满意的官员，这是比中国历史上金戈铁马、改朝换代更精彩和重要的一幕。群众选出了他们的当家人，很多近乎文盲、有公心的干部当选为乡长村长。1940 年选出的环县 37 位乡长中，21 人不识字，14 人可读一点儿，只有两人比较有文化。②

各级选举会议中，老百姓并非就是单纯选候选人，而是选举中贯穿着管理监督。比如：

> 在各级选举会议中，均报告了各级政府的工作。政府报告工作，选民均能细心地倾听。报告以后，提出了许多质问，以及正确的批评。尤其是安塞四区一乡，蟠龙区一、三、五乡的工作，更是受到批评最多的。反之，延安北一区的工作报告，却又得到选民热烈称赞。
>
> 在各级选举议会中，一般的均有提案。……至于妇女方面，更明显地提出了她们的要求。③

延安多样化的特色选举中，差额选举成为当时一道亮丽的风景。

① 《解放》周刊，第 68 期，1939 年 4 月 4 日。

② 《解放日报》，1941 年 9 月 11 日、12 日。

③ 《陕甘宁边区抗日民主根据地》文献卷·下册，中共党史资料出版社，1990 年版，第 31 页。

1941年11月，陕甘宁边区第二届参议会参议员就是通过差额选举产生的。当时日本工农学校的学生会会长森健同边区其他单位的候选人一起参加差额选举。

森健是日本士兵，出身工人，曾在中国东北日伪满洲铁路做工，1938年被八路军俘虏后经教育，申请加入八路军，是延安日本工农学校发起创办人之一。正式选举那天，首先由候选人所在单位介绍候选人情况，接着请各位候选人发表20分钟演讲。森健用日语演讲，由工农学校副校长赵安博现场翻译，所以特许将他演讲的时间延长为40分钟。他在演讲中说：

> 我们这些生活在中国抗日民主根据地的日本人，有幸能够参加陕甘宁边区参议会的选举，这是中国共产党和中国人民给我们的一个学习新民主主义政治的好机会，这将为我们打倒反动封建的日本军阀政府，建立民主的新日本，积累宝贵的革命经验。[①]

最后，到会选民进行无记名投票，投票结束后当场开箱验票。选举结果，森健当选为第二届陕甘宁边区参议会正式参议员。

延安民主还有一个亮点是党内竞选，这是抗战时期探索的特色民主。据当年在延安看过竞选场面的老革命回忆：

> 选举第二届边区参议员时，我们三分校和鲁艺、自然科学院三个单位为一个选区，产生一个参议员。我们提的候选人是当时的校长郭化若，鲁艺提的是院长周扬，自然科学院院长徐特立则退出竞选。郭化若因参加军委会议，委托俄文队队长曹慕岳替他竞选。周扬则是亲自出马，除谈了自己的施政意见外，还批评郭化若的缺席，说他对选

① 小林青：《在中国的土地上——一个“日本八路”的自述》，解放军出版社，1985年版，第107页。

> 举不够重视，将来还能保证负起参议员的责任吗？双方的啦啦队也是嚷成一片。我记得鲁艺的啦啦队长是刘炽（著名音乐家）。他能出洋相，花样翻新。他大喊一声：“《安娜·卡列尼娜》是谁翻译的？”鲁艺齐声答曰：“周扬！”相形之下，曹慕岳就名堂不多。但选举结果，由于抗大人数大大超过鲁艺，结果还是郭化若当选。周扬上台讲话说，其实他和郭化若都是共产党员，不论谁当选，也都得执行党的方针政策。徐老最后上台说，他是鼓励搞竞选的，这也是将来和国民党及其他党派进行竞选时的预演和操练。①

根据地的民主货真价实，深入千家万户，与各级党组织和党员干部深入基层、深入家庭，细致动员是分不开的。比如清涧县有 217 名干部做选举的准备工作，之前进行了一个月的培训。陇东 6 个县成立了 216 个选举工作队，总共 1512 人，指导乡级选举。选举动员的方式生动多样，比如组成秧歌队，以动人的歌声和舞蹈激发人们对选举的兴趣，结果出现妇女争当候选人和投票人的热闹景象。1941 年妇女当选占了乡参议会 8% 的席位，两个县里其席位还超过了 20%，这在中国历史上是前所未有的。②

1942 年，边区专门用群众语言编写了《陕甘宁边区各级参议会选举条例》，用农民炕上聊天的口吻，亲切而又不厌其烦地讲选举的意义和投票时要注意的每一个细节。比如《条例》第二十一条关于竞选注意事项，正义后有一段活泼的解释：

> 竞是争的意思，各党派各团体想自己提的候选人当选，都向选民宣布，要求选举他的人。竞选的好处就是摆出许多货色（候选人）叫人民选择，可以提高人民对政治

① 何方：《追忆 1938 年的“民主延安”》，《党史信息报》，2007 年 5 月 16 日。

② 《解放日报》，1941 年 6 月 21 日。

的认识及兴味，可以促起政治的改进，可以将民主更加发扬。怎样竞法？拿什么东西来竞？不是靠枪靠势力，而是靠自己的主张。比如某乡选举乡议会，那里有国民党有共产党，共产党要想自己的人当选，于是共产党的该乡支部，就提出竞选政纲，说我们共产党主张在本乡如何如何，要我党的人当选了，一定能做到。同时向人民介绍我党提的候选人的能力与品质。当然国民党或其他党派、团体，也都提出人和政纲来，都摆在人民面前，叫人民选择。人民是不会受骗的，看得准确的，选出的总不会坏。竞选的人如果失败了，那只怪你的货色不中客意。准备你的货色，下次再来吧！

这些话村夫农妇能听懂，所以选举深入人心。

恩格斯曾说，民主已经成了无产阶级的原则、群众的原则，延安时期确实是这样。林伯渠在总结 1941 年边区参议会选举时说：

今年全边区已经进行了自下而上的改选，只乡、市参议员就选出了四万多，选民参加（选举）的百分比，平均是百分之八十，绥德、清涧、延川则在百分之九十五左右。选举结果，各抗日阶层、党派、各民族人士都参加了政权。[①]

这是民主的生动体现，更是对人民的承诺兑现。

民主民主，人民做主。延安时期的特色民主，改写了中国几千年缺少民主传统的封建历史，改变了历朝历代官员长期“主民”的历史和代民做主的历史，书写了人民解放和民族独立的崭新篇章。正如国际友人爱泼斯坦记录的边区选举一样：

新的县长被选举出来了。人民第一次有权决定管理他

① 《陕甘宁边区抗日民主根据地》文献卷·下册，中共党史资料出版社，1990年版，第86—87页。

们事务的领导人。他们开始懂得了民主的含义，今后他们的公共事务要由他们自己来安排。他们思考着，担心着，最后极其认真地投了一票，认识到这种新权利的重要性。

二、“大家的事，大家来议，大家来做。”

阴冷的窑洞，清贫的生活，为什么能吸引那么多的青年，放弃舒适的城市，长途跋涉到延安？他们心中的延安，究竟有怎样的诱惑？

为什么所有来到延安的观察者，无论是梁漱溟、黄炎培这样的民主人士，还是卫立煌这样一度极端反共的国民党将军，或是陈嘉庚这样的海外侨界领袖，乃至美利坚的记者、大兵，往往少至一周，多至数月，便抛弃陈见，并在回去后成为延安热烈的赞美者和支持者？他们在一览无余的黄土高坡上，看到了什么？

他们为何而来？为抗日救国而来，为民主而来。成千上万的人冲破重重封锁，冒着生命危险来到延安，“向着法西斯蒂开火，让一切不民主的制度死亡！”

延安的民主生活充满了乡土味，甚至简陋、粗糙，但却浓郁、真诚。很多经历延安时期的老干部回忆，普通党员和干部同中央领导人一起开会时，青年唱歌说笑，无论会议规模大小，歌声总是此伏彼起，啦啦队也是喊个不停。经常有领导人参加的会就“啦”领导，包括毛泽东、朱德、张闻天。记得有一次朱德就在不断的喊声下，站起来唱了一首北伐时的歌：“打倒列强，打倒列强，除军阀，除军阀！国民革命成功，国民革命成功，齐欢唱，齐欢唱！”清苦但民主的生活，好比寒冬中的炭火，黑暗中的灯光，照亮人们的前程，温暖人们的心窝。

国民党封锁延安的时候，常常可以看到上至中央领导，下至伙夫，都欢快地劳动生产。自此，党和边区人民不仅成为生产的一体，也成为生命的一体。这种简朴之风的背后，是民主精神的体现，是高远境界的支撑。

采访过在延安的中共领导人的外国人士，曾这样描述毛泽东的民主精神：

> 他常常会步行在尘土飞扬的街道上，不带警卫，同老百姓随意交谈。在集体照相时，他总不站在正中的位置上，也没有人把他引导到这样的位置上。

爱泼斯坦采访毛泽东，经常没有时间限制，无拘无束，自由自在。

延安生活中，到处都是思想解放、敢想敢说的风气。物质生活简单但精神生活丰富的毛泽东，亲自组织和参加了“克劳塞维茨《战争论》研究会”，请何思敬逐章讲解，然后大家讨论。张闻天任组长的“《资本论》学习小组”无论是开讨论会，还是平时谈话，经常会有不同意见的争论，甚至当面反驳领导的意见。对一些干部的空话、套话、老话和教训人的话，人们斥之为“洋政治”。有时就听到有人说：“别给我来这套洋政治！”一些批评和争论在报刊上也可以经常看到，街头和各单位的墙报也经常提出改正工作的意见。

民主风气的另一个突出表现是工作、生活中的平等。彭德怀当年在延安对战士们讲的一段话道出了民主的力量。他说：

> 我们要像扫帚一样供人使用，而不要像菩萨一样让人民恭敬我们，抬高我们，害怕我们。菩萨看起来很威严，很吓人，可是他经不起一扫帚打。扫帚虽然是小物件，躺在房间里不惹人注意，但是每一个人都离不开它。

这段话通俗而又深刻，打破了千百年来的封建等级秩序，反映在军队中，就是官兵平等的新型关系。在旧军队里当兵的战士，常常受到欺负，官兵等级森严，而共产党在军队实行三大民主，作战方案常常在连队、班组讨论，甚至负责人为受伤的战士擦洗伤口、端水洗脸。这让国民党俘虏兵和日军战俘惊愕、感动和被感化，使他们全心投入民族解放的战斗中。这就是人民军队的内涵，这就是民主生活的魅力。

爱泼斯坦在延安时发现：

官兵之间没有什么鸿沟。他们不叫“军官和士兵”，而叫“干部和战士”。每次战役之前都举行会议，详细解释和讨论这次军事行动的目的和性质、每个人承担的任务以及可能出现的问题。仗打完以后，充分分析胜败的原因和它同抗战的总目标的关系。

日常工作中，很多人对领导不称呼职务，而称为同志。1940 年《边区群众报》（《陕西日报》的前身）在战火中的延安诞生。这份全国最早的省级党报自创刊就秉承中国共产党主张民主、追求平等的优良传统，在报社内部形成了上下级平等的民主氛围。首任总编辑胡绩伟一直要求编辑记者称其“老胡”。称谓虽然是小事，但平等的称谓体现了党内的民主风气。

延安时期的老革命何方讲，他在 1941 年就直接给领导写了两封信。

一封是写给贺龙的，说的是同一个连队的学员，抗大每年每人发一套衬衣，但对一二〇师调来的人，还再给他们发一套。我说，这本来已经是山头主义了，而且还在助长和培养山头主义。后来贺龙专门派人来向我做了解释。虽然没能说服我，但表明人家还是把我的意见当作了一回事。第二个意见是关于生活问题的，具体内容已经想不起来了。信是直接写给校领导的。当时三分校的校长是许光达，副校长是陈奇涵。来我们大队讲话的是陈奇涵，他对我提的问题做了答复和解释。但由于我的署名用了个“何方谨上”，他答复时就念成了“何方谨同志”，一时变成笑话。在当时，提意见是一种很平常的事，一些文化人还写成文章发表在报纸或刊物上。[①]

延安时期的民主政治不仅体现在民主选举上，而且体现在民主决

① 何方：《追忆 1938 年的“民主延安”》，《党史信息报》，2007 年 5 月 16 日。

策和民主监督中。当时陕西米脂县开了一个月的乡长以上干部会议，大家互相批评，虚心听取意见。富县永坪区一个乡开了八天八夜检查干部思想进行反“调皮”斗争而撤职六个坏干部的群众大会；这对于各方面工作的开展起了极大的作用，干部、群众都说：“啊！真正实行了民主！”①

1944 年秋天，在延安的国际友人、一名叫冈瑟斯坦的美国记者，记下了难得的群众参与民主管理与监督的会议场景。当时他没有打招呼，走进了延安市政府朴素的小会议室。会议室里，14 个人正围坐在市长和他的秘书周围。他们中有农民、商人、学究气的老者、穿制服的共产党员、村姑和报纸编辑。对这个外国人的贸然闯入，他们有点惊奇，礼貌地站起来鞠了一下躬后，没有再理会，继续他们的“市参议会的行政与立法委员联席会议”。这 14 人都是市参议员，是由延安的镇民和村民选举出来的。

会议上，市长总结了前段时间教育、卫生和开荒的工作，然后详细解释不久后将拟实施的“十小纲领”的决定，包括种树、养猪、建粮仓、组秧歌舞队等问题。市长声称：这些纲领中的每一条，都要和人民详细讨论，使大家了解其意义和实现方法。

在接下来的讨论里，参议员们从容发言。一个商人议员提议要修路和堤坝，并指出政府有责任让商人知道何处设新店最妥；那个老学者则批评当地小学教室太挤，学校教师书法不够好，等等。

美国记者饶有兴趣、几乎是有些感动地听着。他后来知道，这样详细的讨论在政府里进行了好几天，市长最后根据议员们的意见，对其后 6 个月的施政纲领做了修改。

这位美国记者归国后，写成了《红色中国的挑战》，详细描述了自己在延安半年生活的见闻。他这样总结中国共产党人建设边区的成功：

> 在我看来，中共的成功，大部分是由于他们对解决中国最基本需要的态度，这个需要就是创造一个老百姓容易担负得起，而又能热诚地担负更大任务的行政机构，就

① 《抗日战争时期陕甘宁边区统一战线和三三制》，陕西人民出版社，1989 年版，第 598 页。

> 是，经由民选政府方式而来的由老百姓生长出来并对老百姓负责的行政机构。①

像陕甘宁边区一样，其他根据地的民主决策逐渐成为共产党人的工作方式和生活习惯。比如晋冀鲁豫边区制定统一累进税的过程，就充分发挥了参议会的审议和决策作用。

戎子和回忆说：

> 1941 年 7 月，晋冀鲁豫边区临参会第一次全体会议议定的边区施政纲领提出，财政方面要推行统一累进税。11 月间，我们正在召开专区财政科长会议讨论从合理负担改为统一累进税的时候，得悉晋察冀边区统一累进税实行一年的效果很好。于是边区政府和临参会专门组织了一个考察团，于 1942 年 2 月赴该边区考察统一累进税。考察团历时两个多月，从边区政府到区、村进行了深入的调查研究，掌握了许多材料。按照带回来的税则，在晋冀鲁豫区选择了几个村庄进行试算研究。9 月间，根据试点情况和数年来实行合理负担的经验，拟定了统一累进税则试行草案，报经边区临参会第二次全体会议讨论，原则通过后，再拿到几个村庄试行。经过试行，又开了多次座谈会，进行讨论研究。
>
> ……
>
> 统一累进税税则草案拟定后，送中共中央太行分局审查。邓小平同志亲自逐条审阅并做了一些修改，边区政府即于 1943 年 4 月正式颁布。②

边区的火热民主，让群众纷纷竖起大拇指。“我们共产党”“咱们边区”，成为老百姓的口头禅。民主政府为人民，激发了老百姓义

---

① ［英］斯坦因著，李凤鸣译：《红色中国的挑战》，新华出版社，1987 年版，第 47 页。

② 《戎子和文选》，中国财政经济出版社，1991 年版，第 368—369 页。

无反顾保卫“民主延安”的热情和决心。

延安时期的人民民主和民主政权之所以搞得有声有色，还得益于党内的民主生活。中共中央到达陕北后，很多同志认为陕北太穷，补充兵员、解决给养十分困难，红军只有向外发展才有出路。1935年11月20日和25日，张闻天在给毛泽东的信中提出北上宁夏然后东进绥远抗日前线的方案。毛泽东不赞成张闻天的意见，认为要先东征山西、后北出绥远。作为当时党内负总责的张闻天，认为毛泽东的意见有道理，因此采纳了毛泽东的建议。而林彪从军事发展的角度，建议将战略重点放在陕南。张闻天、毛泽东在12月21日联名复电林彪，提出了反对意见：

> 林来电悉。在日本进占华北的形势下，陕南游击战争不能把它提到比陕北等处的游击战争还更加重要的地位，实际上后者是更重要的。[①]

博古担心东征的风险太大，提出防止无稳固后方的危险。彭德怀鉴于红军体质弱的实际情况以及长征中的惨痛教训，提出东征黄河是必要的，但须绝对保证同陕北根据地的联系。[②]还有同志提出：红军刚到陕北，刚站住脚，是巩固一段时间再往前发展，还是马上去发展？有的担心东渡黄河渡不过去，渡过去后撤不回来。最后，综合大家的意见，中央形成了比较周密的东征战略。

1937年中央召开“十二月会议”，王明对毛泽东以山地游击战为唯一作战方针的批评，引起了部分人的共鸣。受当时的条件影响，彭德怀“表示赞同”，认为八路军在战略上应该是运动游击战，在应用上要利用山地打游击战。会后，毛泽东与彭德怀详细讨论并研究4个月来八路军的作战情况和华北战场的形势，两人发生了激烈的争论。彭德怀说：“你在延安，不接触前方群众，不了解情况。”最后，

① 程中原：《张闻天传》，当代中国出版社，2000年版，第331页。

② 《彭德怀自述》，人民出版社，1981年版，第211页。

毛泽东说服彭德怀，确定八路军的战略方针“基本的是游击战”，同时也采纳彭德怀的建议，在“基本的是游击战”之后加上“不放松在有利条件下的运动战。”[①] 这是党内民主生活的又一个典范。

> 我们更要广开言路，打开窗户，不要怕打开窗户可能吹进沙子来。进来一点尘土，坏处有一点，但并不大，而开窗户透空气的利益却很大，我们要从这种利害关系上看这个问题。[②]

毛泽东对民主的论述生动传神，画龙点睛，也是民主生活的经验之谈。

1938 年 3 月，毛泽东在中央政治局会议上指出了王明的右倾错误，并提议在没有解决争论问题的情况下，王明不能再到武汉去。最后，会议用投票表决的办法决定王明的去留。结果，8 名政治局委员投票，以五比三的票数同意王明有条件地到武汉去。有段时间，王明主张把党中央迁到新四军驻地，以便与国民党当局联系。这一主张在党内争论很激烈，最后采取投票的方式解决。据康克清回忆：

> 政治局投票时，一半对一半。支持毛主席不迁主张的有朱总的一票。后来把住院的陈云请回来补投一票，才否定了把党中央迁往南方的意见。[③]

中华人民共和国成立后，邓小平回顾延安时期民主生活的时候，有一段精彩的讲话：

> 从 1935 年以来，我们党的上下级关系，中央和地方的关系，一般是正常的。中央在处理全国性的重要问题的

---

① 《彭德怀全传》（二），中国大百科全书出版社，2009 年版，第 399 页。

② 《毛泽东文集》第 3 卷，人民出版社，1996 年版，第 399 页。

③ 《朱德传》，中央文献出版社，2000 年版，第 615 页。

时候，总是尽可能征询和听取各地方和各部门的同志们的意见，对于不同的意见，一般也可以进行自由的反复的讨论。大家知道，中央有许多重要的指示，是先用草案的形式发给地方，要求各地在讨论和试行中加以修正，在几个月甚至一年多以后，才根据各地的意见修正发布的。对于中央已经发布的指示，如果地方组织由于具体情况确实不能照样执行，中央也同意地方组织按照实际情况加以变通。[1]

作为党内民主生活的亲历者，邓小平的话从一个侧面道出了共产党由小到大、由弱到强、转败为胜的奥秘。

三、中国的历史发展要这样做，整个世界的趋势要我们这样做，谁能违拗这个方向呢?

有一首经典歌曲叫作《团结就是力量》，为大家所喜爱，一直被传唱至今。这首歌曲诞生于烽火抗日的年代，里面的歌词“向着法西斯蒂开火，让一切不民主的制度死亡！向着太阳，向着自由，向着新中国，发出万丈光芒”，反映了延安民主形成的艰辛历程。

1937 年 1 月，中共中央的驻地由陕北保安迁往延安城，毛泽东在欢迎仪式上说，我们要高举两面旗帜，一面叫抗日，一面叫民主。1937 年 5 月，中国共产党公布了《陕甘宁边区议会及行政组织纲要》，指出：“陕甘宁边区为争取中华民族独立解放，在全国范围内，首先实行最适合于抗战的彻底的民主制度。”7 月，中国共产党首次将工农民主选举改为“一般民主选举”。

七七事变后，全面抗战爆发。民族抗战需要社会的全体动员和全民参与。而民众动员和参与的程度与民主权利的行使密不可分。当时

① 《邓小平文选》第 1 卷，人民出版社，1989 年版，第 226 页。

舆论评论说："民主与集权不但相反，而且相成，因为由民主所产生的集权才特别有力。"[①] 复旦大学的学生还向美国驻重庆的使馆官员递交了一封致华莱士副总统的信和一封致美国人民的公开信，要求美国支持中国的民主运动，反对法西斯主义。

的确，民主不是孤立的，不是为民主而民主，而是同民族独立与解放紧紧联系在一起。面对日本帝国主义的侵略，中国人民发出了震天的吼声："起来，一切不愿做奴隶的人们！"我们不但要消灭日本鬼子，而且要让法西斯制度灭亡，让民主和平的红星永远闪耀。

当中国抗日民主火热发展的时候，林伯渠在陕甘宁边区第二届参议会第二次大会上做了热情洋溢的报告。他开头就说：

> 现在正是反法西斯战争伟大胜利的日子，法西斯强盗一方面，正在土崩瓦解；民主国家一方面，最后胜利已经在望。历史又一次证明，只有民主与正义，才是不可战胜的力量。战争教育了各个国家的人民，战后世界将是民主与正义更加发展的世界。[②]

"只有民主，抗战才能够有力量。"[③] 毛泽东用更加简洁有力的话，吹响了民主抗战、民族抗战的总号角。

"世界潮流，浩浩荡荡，顺之者昌，逆之者亡。"顺应世界潮流，当时首先要顺应反对法西斯专制、发展民主的潮流。所以，延安的民主一开始就是世界格局中的民主，与德意日的法西斯专制形成鲜明对比，与英美国家的民主遥相并立。

杜鹏程在《保卫延安》一书中曾写道，驻扎在延安周围的战士们夜里也要眺望着杨家岭的方向，因为他们想象着：那里，窑洞的灯光下，毛主席和党中央在思考着中国和世界的未来。

---

① 邹韬奋：《参政会第一届大会的总结》，《全民抗战》，1938年第5期。

② 《陕甘宁边区抗日民主根据地》文献卷·下册，中共党史资料出版社，1990年版，第148页。

③ 《毛泽东文集》第3卷，人民出版社，1996版，第169页。

1944年8月的枣园，静谧而又热闹。这里来了毛泽东邀请的美国客人谢伟思。毛泽东在自己住的窑洞里，以特有的语言风格说：

> 每一个在中国的美国士兵都应当成为民主的活广告。他应当对他遇到的每一个中国人谈论民主。美国官员应当对中国官员谈论民主。
>
> 中国人民和美国人民之间存在着强有力的同情、理解和互相关切的纽带。两个国家实质上都是民主的和具有个性的。[①]

毛泽东一语中的，引发谢伟思的思考。谢伟思提笔起草了由大使馆全体外交官联名向美国国务院发回的著名电报：

> 说服国民党，它目前明显为一场内战而进行的计划是不可取的；实现某种统一，这种统一即使不能立即完成，也能够为未来朝着充分民主和平发展提供基础。

谢伟思的政策建议没有白费。后来美国总统杜鲁门发表对华政策声明强调："一个强盛、团结和民主的中国，对于世界和平是极为重要的。"但是，蒋介石在专制独裁的道路上越走越远，美国作为以民主自由自居的国度，对国民党的一意孤行感到十分失望，认为蒋介石是扶不起的阿斗，最后弃蒋而去。

反过来，美国看到中国共产党的民主行动，表示了积极的态度。中共中央对外坚定地主张：

> 国际统一战线的中心内容，是共同抗日与民主合作，这不仅在抗战中有此需要，即在战后也有此可能，就国家

① 《1944年毛泽东与谢伟思等人的谈话》，《党史通讯》，中共中央党史研究室编，1983年第20—21期。

> 言，美苏英与中国关系最大，而在目前美英与中国共同抗日，尤以美为最密。[①]

周恩来与马歇尔会谈时更加直白：“我们的政策是和美国的政策相同的，即用民主的方法解决国内的一切问题。”

可见，延安的窑洞有中国的马列主义，有世界眼光和开放的胸怀。来自世界各地的人士给延安带来了人类文明的种子，中国共产党则给世界创造了延安民主的奇迹。被称为“土人”的共产党人和“土八路”，吃小米饭，穿土布衣，脚踏中国土地，高举民主火把，建设民主自由的新中国。他们不排斥西方有益文明，不盲从国外民主模式，借鉴资本主义民主，又超越资本主义民主，把握天下大势，形成发展大势。

是什么催生了延安民主？不是财富，不是金钱，不是权力，而是民族复兴的使命担当。

民主为了谁、依靠谁？依靠群众，为人民服务。由民做主，而不代民做主。什么样的政权最有生命力？扎根中国土壤、符合群众需求的政权最有生命力。把中国特色民主的大旗插在中国的大地上。

延安时期开创的民主新路，不是旧民主主义，不是欧美民主，更不是国民党搞的假民主和低质民主，而是共产党领导的特色民主。抗日根据地的“三三制”政权、参议会、法院“两权半”的政治体制和各党派、各阶层人士进入政权机构的民主模式，符合抗战的历史实际和当时的社会特点。

延安民主模式的本质在于，权力为民所赋、权力必须监督、权力为民所用。民主的原则是相同的，民主的形式各有各的不同。发展民主，关键在于透过现象看本质，透过国情看机制，立足中国的土壤、老百姓的实际，把民主原则落到实处、落到基层。

延安民主实践的宝贵之处在于，不仅强调民主原则和民主实质，而且通过各种有效、方便的方式和中国特色的形式，设计符合实际的

---

① 中央档案馆编:《中共中央文件选集》第14册，中共中央党校出版社，1992年版，第315页。

程序和机制，保障人民当家做主。公开乡村事务，让老百姓了解决策过程，直接参与公共事务管理，监督干部的决策和执行效果，这些具体的程序机制切实保证了人民监督政府、政府造福人民。

延安民主模式启示我们，中共民主建设的过程，就是群众路线的实践过程。选举不是民主的全部，民主不等于选举，管理民主、决策民主、监督民主与选举民主同等重要。作为集中性的选举民主有阶段性，而管理、决策和监督民主则贯穿于日常工作和生活的始终。随着社会发展，还要大力发展协商民主和基层自治民主，结合中国实际整体推进民主建设。中国的事要中国人干，中国人要走自己的路，这是社会的发展规律。没有民主，就没有革命胜利；没有民主，就没有社会主义。这是社会主义建设的基本规律。没有科学化、法治化的民主制度，没有中国化、大众化的民主形式，就没有人民当家做主，这是不以人的意志为转移的共产党的执政规律。坚持民主执政与科学执政、依法执政相结合，坚持党的领导与人民当家做主、依法治国相统一，把群众路线、以人为本贯穿中国特色社会主义民主政治的始终，这是历史的经验，也是现实的要求，是实现中国梦的动力源和加速器。正因为如此，中国共产党领导的中国特色社会主义道路，是人民本位之路、国家富强之路、民族复兴之路。

第十一章

打铁还需自身硬：党的纪律就是党的生命

现代社会，组织是推动社会之轮前进的重要力量。组织力量的发挥来自组织成员对组织之规（纪律）的遵守，或者说靠的是对组织纪律的执行。共产党这个先进组织力量的发挥，靠的就是铁的纪律的约束和对铁的纪律的执行。这是共产党凸显于其他政党的一个优势，也是中国共产党延安神奇力量之一部分。“中国共产党的力量，在于自己的坚强团结、意志统一、行动一致。”[①]——这即是中国共产党纪律功效的展现。中国共产党硬也就硬在其自身有铁的纪律做防护。

中国共产党自成立之日起就非常重视纪律，始终强调认真遵守党的纪律、严格执行党的纪律、全力维护党的纪律。为什么共产党如此看重纪律？因为“中国革命是长期艰苦的事业，共产党及其党员没有意志行动的统一，没有百折不回的坚持性和铁的纪律，就不能胜利。中国是一个小资产阶级成分占优势的国家，如果中国共产党没有严格的纪律，将无法防止小资产阶级意识侵入党内。如果党不是有铁的纪律的队伍，就不能去团结最大多数的人民群众。”“只有组织和统一

① 《中国共产党章程——从一大到十七大》，中共党史出版社，2007年版，第46页。

才是我们的武器，才是我们的力量。要保障我们的党能有组织和统一，这就需要有严格的纪律。”[①] 从这些意义上说，纪律就是共产党的生命。

一、不要纪律，那就要“亡党亡国亡头”

延安精神实质上是一种彻底的革命精神，这是中国共产党人最大的精神优势。国民党所缺乏的就是彻底的革命精神，这也是伟大的革命先行者孙中山先生革命后期感怀愈深的一触。后来，蒋介石也深刻反思国民党失败的重要原因是“没有精神，没有纪律”。中国共产党为什么有彻底的革命精神？一有科学而坚定的理想信念，二有铁的组织纪律。这正如邓小平所总结的：一靠理想，二靠纪律。这里可以通俗地理解为：理想要靠纪律去实现。中国共产党延安的神奇力量也在于以身作则、严于律己的精神，也就是严守组织的铁的纪律的精神。这种严于律己、以身作则，加强了党心，凝聚了人心。因为这种“律己”和“作则”昭示着共产党真正是以天下为己任，一心为公，全意为民，这即是社会和民族的希望所在。所以，爱国华侨陈嘉庚一语道破天机——“中国的希望在延安！”而有纪律、讲纪律才有希望。

毛泽东谆谆告诫：没有纪律是不行的。党是靠纪律“吃饭”的。

延安初期是中国共产党发展严重受挫的低谷时期，当时仅有几万党员（1937年有4万党员），根据地岌岌可危，党处于极大的困境中。如何打破这种困境，壮大队伍，争取民心民力的支持，是摆在中国共产党面前的紧迫问题。而要发展壮大起来，须有一个坚强统一的党，一个民主清正廉明的形象，一支作风过硬、纪律严明的队伍。要达到此目的，必须极大地加强党的建设。其中的重要一环，就是加强党的纪律建设，树立形象，凝聚力量，统一意志。

随着抗战的到来，边区改制，抗日民族统一战线的形成，统一战线构成的复杂化，新党员教育与训练的缺乏，国民党采取的溶共政

---

① 《陈云文选》（1926—1949年），人民出版社，1984年版，第62页。

策及边区相对和平安逸的环境出现等，都给中国共产党带来了严峻考验。为了应对这些考验，集中统一全党的力量，确保党组织的战斗力、清正廉洁的形象和彻底的革命斗争精神，赢得更多人心、人力的支持，必须健全坚强有力的无产阶级政党组织。而这都离不开铁的纪律。时任中共中央组织部部长的陈云指出：

> 可否不要纪律呢？如果不要也可以，那就是毛主席讲的六个字："亡党亡国亡头"，就一定不可避免。我们的党是一个战斗的党，我们在斗争中依靠的武器，唯一的就是纪律。[①]
>
> 今天处在抗日战争的时代，共产党员遵守党的纪律是胜利的必要条件。[②]

对于中国共产党领导的边区在抗战条件下面临的新的严峻形势，中共中央和毛泽东等领导人，始终保持着清醒的头脑，不断告诫全党要注意加强纪律性，保持无产阶级政党的纯洁性，要求把党员锤炼成遵守纪律的模范，把边区建成政治清明的抗日模范、民主典范。

1937 年 11 月，毛泽东提出，要防止"国民党对共产党干部所施行的升官发财酒色逸乐的引诱"。要求全党对这种情况必须保持高度的阶级警惕性。

1939 年以后，为了克服边区面临的极端困难，各级在职人员直接参与经济建设。其中有少数党员干部"脑子里装满了法币"，开始以权谋私、贪污腐化，严重地破坏了党的纪律，损害了党和边区政府的形象。毛泽东及时告诫党员和干部，我们民族历来就有一种艰苦奋斗的作风，"我们要把它发扬起来。要把现在许多人中间流行的那种自私自利，贪生怕死，贪污腐化，萎靡不振的风气，根本改变过来"。[③]

---

① 《陈云文选》（1926—1949 年），人民出版社，1984 年版，第 197 页。

② 同上书，第 63 页。

③ 《毛泽东著作专题摘编》下册，中央文献出版社，2003 年版，第 2133 页。

1941年4月，毛泽东在《〈农村调查〉的序言和跋》中，又一次提醒广大党员干部要在复杂的环境中，明辨是非，思想上严肃、坚决地保持共产党员的共产主义纯洁性，在保护社会经济中有益的资本主义成分的同时，必须和党内的资本主义腐化思想做斗争。

1941年7月，中共中央关于“增强党性的决定”强调指出，为了纠正违反党性的倾向，要在全党加强纪律的教育，因为统一纪律是革命胜利的必要条件。

1944年，毛泽东号召全体党员干部，认真学习郭沫若论李自成的文章——《甲申三百年祭》，吸取李自成农民起义军推翻明王朝后权力阶层发生腐败而导致失败的惨痛历史教训，警醒起来。

陈云也多次在讲课和论述党的建设时，要求广大党员树立正确的纪律观，正确认识党的纪律的作用。他认为，党的纪律是我们党战斗的重要武器。陈云在当时干部必读的整风学习文件之一《怎样做一个共产党员》一文中，总结了中国共产党建党以来的经验教训，针对党的纪律问题强调：“十八年来党的斗争经验，证明了纪律是执行党的路线的保证。”① 在特定历史背景下，正是靠着这种高度自觉的思想形势教育和纪律警示，进一步加强了党员干部的政治坚定性和组织纪律性。

没有纪律就没有共产党。选择了加入共产党组织，就是选择了遵守党组织的纪律。组织纪律是一种约束，不服从这个约束，就要被规整。

1939年以后，日军“扫荡”的重点是华北地区，敌后根据地的环境变得异常艰苦，个别党员开始不愿意到前线和敌后根据地去。刘力功的事情正是在这种情况下出现的典型。

刘力功当时是一个没有工作经验的新党员，没有自知之明，缺少组织纪律性。他从中央组织部党员训练班毕业之后，党组织找他谈话，决定分配他到基层去工作、锻炼。刘力功不同意，坚持要进马列学院或回老家去工作，还采取了一种威胁的态度，说如果不同意他的

---

① 《陈云文选》（1926—1949年），人民出版社，1984年版，第74页。

意见，他就要退党。党组织为了帮助教育他，曾先后 7 次同他谈话，做思想工作。刘力功还是不听，跟组织讲条件，坚持个人自由主义的要求，拒绝执行党的决定。最后，中组部根据刘力功不服从组织决定的事实，从维护党的纪律出发，做出了开除刘力功党籍的决定，并公布全党，予以警戒。

在后来的党课上，陈云为党员们剖析了这个案例。为了让年轻党员彻底认识问题之所在，在剖析了刘力功这个典型之后，陈云又抓住机会组织延安各机关、学校围绕"为什么要开除刘力功的党籍"这一问题，发动了一场大讨论。据记载，这次大讨论在延安的各机关、学校中引起很大震动。干部、学生纷纷从刘力功事件中检查自己的小资产阶级自由主义思想，检查是否以一个共产党员的标准严格要求自己，是否遵守党的纪律，是否言行一致地执行党的决议。一些要求重新安排工作的干部、学生，主动撤回请求；一些分配后还未到岗的干部，立即打起背包出发。一时间延安出现了三多三少的现象：讲个人要求的少了，服从组织分配的多了；图安逸比享受的人少了，要求到前线和艰苦地方锻炼的人多了；自由主义现象少了，严守纪律的人多了。①

不服从纪律，组织就涣散了；服从纪律，组织才能运行。执行纪律要有组织自觉，纪律才能充分发挥其效力。

也是在抗战困难时期，为了加强根据地的工作，中央组织部在延安挑选了 177 位东北来的同志，准备派他们回东北去开展工作。但其中有一部分同志表示不愿意去，并以种种理由来推托。做思想工作以后，仍有 6 个坚决不去。经谈话教育无效，最后，对这 6 个坚持不去的同志，给予了处分。将这 6 个同志由正式党员降为候补党员，对其中一个给予了撤销工作的严重处分。其他多数同志以严肃态度接受了分配，是党员接受分配的模范，得到嘉奖。② 对此，陈云强调指出：

① 樊宪雷：《陈云是怎样做思想工作的》，《党的文献》，2007 年第 4 期，第 90 页。

② 《陈云在延安》，中国方正出版社，2005 年版，第 154—155 页。

> 纪律虽然带着强制性，但必须自觉遵守。只有使全体党员自觉地遵守纪律，纪律才能成为铁的、不可动摇的、有效的东西。①

严格组织纪律，诱发组织自觉，“奖”罚分明、得当，取得了很好的效果。

组织的严密是靠纪律来维系的，纪律有多严，组织就有多强。没有严格的组织纪律，党员自由散漫，不服从组织决定，党即为一盘散沙，毫无凝聚力、战斗力可言，如号称革命的国民党，最终失败就难免了。所以，毛泽东在总结新民主主义革命胜利的经验时指出，我们党有三件“战胜敌人的主要武器”，第一件就是“一个有纪律的，有马克思列宁主义的理论武装的，采取自我批评方法的，联系人民群众的党”②。

二、统一纪律，是革命胜利的必要条件

在中国共产党的历史上，什么时候团结统一，什么时候就有力量，革命就顺利；什么时候涣散分裂，什么时候就艰难困苦，甚至陷于危机。

涣散分裂的危机曾不止一次地危害了中国共产党人和中国革命，张国焘的分裂行径就是其中重要的一次。与张国焘分裂主义做斗争被称为毛泽东生命中“最黑暗的时刻”。

1935 年 6 月，红一、四方面军在四川懋功会师后，中共中央根据当时的客观形势和条件，决定北上抗日，在川陕甘三省建立根据地。但作为红四方面军主要领导的张国焘却站在右倾错误立场上，主张南下，向川、康边境少数民族地区退却，与中央唱反调。党中央站在维护全党和红军团结统一，确保革命形势有利发展的立场上，对张

① 《陈云文选》（14926—1949 年），人民出版社，1984 年版，第 63 页。

② 《毛泽东选集》第 4 卷，人民出版社，1991 年版，第 1480 页。

国焘进行了耐心的说服教育，指出南下路线错误的原因和后果。可张国焘不但不听从，反而拥兵自重，从一己私利出发，违抗中央命令，擅自命令四方面军及一部分中央红军南下，进行分裂红军的恶劣行径，并阴谋危害中央。

毛泽东果断决定红一、红三军和军委纵队先行北上，并在北上时，劝告赶来阻拦的李特：南下是没有出路的；南边敌人的力量很强大；再过一次草地，在天全、芦山建立根据地是很困难的；我相信，不出一年，你们一定会北上；我们前面走，给你们开路，欢迎你们后面跟上来。毛泽东的话具有惊人的预见性——红四方面军北上恰好是在一年以后，当然其中也包含着深刻的必然性——中央是正确的，北上的战略是正确的。

破坏党的统一是不会有好结果的。

为了严肃党纪，也为了挽救张国焘，统一红军队伍，1935 年 9 月，中共中央召开了俄界会议，做出了《关于张国焘同志的错误的决定》，指出：张国焘反对中央北上的战略方针，坚持向川康藏边境退却的方针是错误的；张国焘同中央的争论，其实质是由于对政治形势的分析与敌我力量估量上存在着原则的分歧。中央号召红四方面军的干部、战士团结在中央周围，同张国焘的错误倾向做斗争，促其北上。之后，中央还多次打电报规劝张国焘北上。

张国焘对于中央耐心的说服与解释，不但表示完全的拒绝，而且还组织反党的小团体同中央进行公开的对抗。他自恃兵多，利令智昏，无视党的纪律，于 1935 年 10 月在绰木碉另立所谓的“中央”，自任主席，企图篡夺党和红军的领导权，公开分裂党和红军。

1936 年 7 月，红二方面军在四川甘孜与红四方面军会合后，在中央的一再要求和朱德、贺龙、任弼时、关向应、刘伯承等的坚决斗争下，也因南下严重受挫，再加上从共产国际回来的张浩的多次“电示”，张国焘才被迫取消了他的“中央”，同意北上。这样，中共中央和红军才得以统一。

长征路上党中央同张国焘分裂主义的斗争，是围绕着北上还是南下、团结还是分裂而展开的。在这些原则问题上，党中央同张国焘的反党分裂活动进行了坚决的斗争，取得了最后的胜利。历史证明，凡是逆潮流而动、搞分裂、玩阴谋诡计、破坏党的团结和统一的个人野心家都是不得人心的，其结局自然是以失败而告终。

1937年3月，中共中央召开了延安会议，通过了《中国共产党中央政治局关于张国焘错误的决定》，站在统一全党思想、维护党内团结统一的立场上，对张国焘的右倾错误进行了系统的揭露和批判。

1938年清明，革命意志薄弱的张国焘借公祭黄帝陵之机，脱党叛逃国民党，之后拒绝回党规劝。4月18日，中共中央做出《关于开除张国焘党籍的决定》，并向全党公布。5月4日，毛泽东在抗大第四期一大队成立大会上做报告，讲到为什么要开除张国焘的党籍问题：

> 张国焘对共产党路线发生动摇，私自跑到国民党那里去，并声明脱离共产党，因此开除他的党籍……

5月7日，毛泽东在陕北公学对即将毕业的第二期学员讲话，谈到关于张国焘叛党以及被开除党籍的问题，又列举了张国焘所犯过的"左"、右倾机会主义错误和分裂党的错误，指出张国焘一贯是两面派，这次叛党是被资产阶级引诱。最后说，张国焘叛党在全党可引为教训，我们每个同志都应当坚定革命的信念，不怕困难，坚决奋斗。①

张国焘之严重破坏党纪，深深刺痛了党，其教训极其深刻。而随后，王明大有步其后尘之势，这让毛泽东和中共中央不得不深思"整党"的问题。如何统一思想、严肃党纪，就越来越突出地摆到了全党面前。

王明的"喜从天降"给中国共产党带来的却是新的麻烦——王明挟武汉长江局试图与在延安的中共中央分庭抗礼，中国共产党面临新的涣散分裂危机。

---

① 逄先知主编：《毛泽东年谱（1893—1949）》（中），中央文献出版社，2002年版，第67页。

1937 年 11 月 29 日，中国共产党驻共产国际首席代表王明和康生、陈云等人回到延安。随后，在 12 月 9 日至 14 日召开的政治局会议上，补选王明等“天兵天将”为中央书记处书记，并决定由王明与周恩来等组成中央代表团，负责与国民党谈判。

不过，王明这位党内“神仙”的到来，既给党带来了力量，却也给党增添了麻烦。在十二月会议上，王明自视过高，俨然似“钦差大臣”发表讲话，批评了中央的“保守”，反对提出无产阶级在统一战线中的独立自主原则，提出了以两个“一切”为代表的比较系统的右倾主张。而这些主张可能导致中国共产党丧失独立性与领导权。王明的这些带着共产国际指示意味的主张俘获了一部分中央领导人。这让深为党担忧的毛泽东内心隐隐作痛，让他感到了孤立无助——“十二月会议我是孤立的”，并不得不“以大局为重”，有所妥协，有限地附和了王明。党内团结统一再临挑战。

1937 年 12 月 18 日，王明与周恩来、博古等到了武汉。在 12 月 23 日召开的中共中央代表团与长江中央局联席会议上，王明被确定为中共中央长江局书记，开始了长江局的领导工作，施展手脚。

客观地说，在长江局工作期间，王明在一些大的问题上与中央是一致的，也做了很多有益的工作。他坚持抗战、反对投降，坚持抗日民族统一战线，也主张保持中国共产党组织上的独立性，有一定的功劳。

但是，王明在长江局工作期间也宣传和贯彻了他的右倾主张，在不少工作上犯了严重错误。正如 1941 年 10 月 8 日，在中央书记处工作会议上，毛泽东对王明这个时期的错误做的概括：

> （一）对形势估计问题——主要表现乐观；（二）国共关系问题——忽视在统战下的独立性与斗争性；（三）军事策略问题——王明助长了反对洛川会议的独立自主的山地游击战的方针；（四）组织问题——长江局与中央的关系是极不正常的，常用个人名义通电给中央与前总，有些是带指示性的电报。不得中央同意，用中央名义发表了许

多文件。这些都是极不对的。[①]

由此看来，党内统一问题到了非解决不可的地步。恰好此时，王稼祥肩负传达共产国际新指示的使命回到延安。于是中央酝酿请王明等人回延安开会，听取指示。但此时王明声望正盛，在武汉忙得热火，所以起初对中央召他回延安开会的电报不以为然，竟还仗着在武汉的政治局委员数目不少，思量着请在延安的政治局委员到武汉开会，或请王稼祥到武汉传达指示。对付国际派的最好办法当然还是“以其人之道还治其人之身”，中央果断地搬出王稼祥所带来的共产国际指示和季米特洛夫的“口信”这把尚方宝剑，警告王明“后果自负”，这才让“国际派”的王明不得不三思而后应召回延安开会。历史从此开启新的篇章。

陈云指出：“纪律是我们的重要武器。维护党的统一，不靠刀枪，要靠纪律。”[②]整顿党风，严明党纪，统一意志，必因时从紧。

1938 年 9 月 29 日至 11 月 6 日召开的中国共产党扩大的六届六中全会，被毛泽东称为“决定中国之命运的”会议。10 月 12 日至 14 日，毛泽东代表中国共产党中央政治局向全会做了《抗日民族战争与抗日民族统一战线发展的新阶段》的报告。毛泽东在报告的第七部分“中国共产党在抗日民族战争中的地位”中强调了党的纪律，他指出：

鉴于张国焘严重地破坏纪律的行为，必须重申：（一）个人服从组织；（二）少数服从多数；（三）下级服从上级；（四）全党服从中央。谁破坏了这些纪律，谁就破坏了党的统一。经验证明：有些破坏纪律的人，是由于他们不懂得什么是党的纪律；有些明知故犯的人，例如张国焘，则利用许多党员的无知以售其奸。因此，必须对党员

① 《延安整风中的王明》，《党史通讯》，1984 年第 7 期。

② 《陈云文选》（1926-1949 年），人民出版社，1984 年版，第 129 页。

进行有关党的纪律的教育，既使一般党员能遵守纪律，又使一般党员能监督党的领袖人物也一起遵守纪律，避免再发生张国焘事件。

这次全会，还根据王明违反党的组织纪律的事实和张国焘在长征中分裂党及其以后的叛党事件，重申了党的纪律，特别强调了全党同志必须坚持“四个服从”。制定并通过了《关于中央委员会工作规则与纪律的决定》《关于各级党部工作规则与纪律的决定》，强调组织规则与纪律规定，从纪律上维护了组织统一性：

各中央委员不得在中央委员会以外对任何人发表与中央委员会决定相违反的意见，亦不得有任何相违反的行动。[①]

全会对王明的错误，只是做了局部的批评。王明在会上也没有承认错误和检讨错误，还继续坚持其错误观点。为了保证党的政治路线的贯彻，会议决定撤销长江局，设立南方局和中原局，由周恩来任南方局书记，刘少奇任中原局书记。可以说，这一举措从组织上对王明进行了带有技术性的软化处理，从而结束了王明对南部党组织的掌控，基本上克服了王明右倾错误的影响。诸多问题表明，整顿党风、统一意志、严明党纪势在必行。

三、一个真正能自觉遵守纪律的好党员，就在于他能在实际行动和日常生活的每个具体问题上，表示出自己是坚决地遵守党的铁的纪律的模范。[②]

共产党员是什么人？是先锋，是革命的先锋、民族的先锋、历史

---

① 中央档案馆编:《中共中央文件选集》第11册，中共中央党校出版社，1991年版，第761页。

② 《陈云文选》（1926—1949年），人民出版社，1984年版，第74页。

的先锋；是模范，是工作的模范、道德的模范、遵守纪律的模范、执行政策的模范。

毛泽东曾说：

> 共产党员的先锋作用和模范作用是十分重要的。共产党员在八路军和新四军中，应该成为英勇作战的模范，执行命令的模范，遵守纪律的模范，政治工作的模范和内部团结统一的模范。……共产党员在政府工作中，应该是十分廉洁、不用私人、多做工作、少取报酬的模范。①

模范遵守纪律，是延安精神的一种重要体现。

“我们决不可成为特殊的公民！”②不特殊，凸显了共产党人极强的纪律观念。延安时期，共产党人在纪律面前是没有例外的，纪律也让特权走开。

长征过程中，红军在藏区筹粮期间，毛泽东妻子贺子珍的弟弟贺敏仁由于违反纪律而被枪决。当时贺敏仁还是一个“红小鬼”，在一个团当司号员。来到藏区后，由于饿得受不了，就和几个战士一起偷偷地进入喇嘛寺，想找点吃的。吃的没找到，倒是发现了一些钱。贺敏仁自恃身份特殊，竟不顾纪律，擅自拿了一些钱想换些粮食吃。不承想事情被人告发。由于此时部队正在抓整肃，特别是整肃群众纪律，贺敏仁便成了严重违反纪律的典型被执行了枪决。

毛泽东一家有六位亲人为中国革命牺牲，这很多人都知道。而贺敏仁的这种“牺牲”，极少被提到，也很少有人知道。用今天的眼光看历史，“红小鬼”贺敏仁的行为似乎是情有可原的，而从毛泽东妻弟的身份看，处罚也严厉了点。但毫无疑问，红军所执行的钢铁般的纪律，是胜利的一个基本保证。

到了延安，贺子珍才把小弟在长征中被枪毙的事情告诉毛泽东。

---

① 《毛泽东选集》第2卷，人民出版社，1991年版，第522页。

② 毕远佞：《延安时期革命故事六则》，《刊授党校》，2011年第8期，第22页。

而毛泽东夫妇并没有追究这件事，因为他们认为：红军就应该有铁的纪律，应该用红军铁的纪律来要求自己的亲人！言外之意，没有铁的纪律的约束，红军就不成其为红军了，革命战士应该做执行纪律的表率。

而当文运昌得知其表弟毛泽东在延安已做上共产党的“大官”时，其心情应该是激动的、骄傲的和满怀期待的。随即，文运昌写信要求身为共产党“大官”的毛泽东为其推荐、介绍工作。不料，1937年11月，毛泽东回信拒绝了他：

> 吾兄想来工作甚好，惟我们这里仅有衣穿饭吃，上至总司令下至火夫，待遇相同，因为我们的党专为国家民族劳苦民众做事，牺牲个人私利，故人人平等，并无薪水。[1]

这封回信一定让文运昌有些失落和不解，但这确实是共产党人官兵一致、统一纪律、不搞特殊的一个实例。

共产党延安的纪律对谁都是平等的，中央领导也不能特殊，“官兵一致”、纪律同严就是最经典的描述。即便在很小的细节上也是如此。据当时在延安待过的何方回忆：有一次他亲眼看到，陈云进延安城北门时被岗哨挡住，在认真系上了风纪扣后，哨兵才让陈云进去。这里的风纪扣就是纪律扣，它系上的是纪律的威严。

大生产运动是共产党战胜敌人的经济运动，又是政治运动，还是纪律教育运动。党员干部是开展大生产运动的先锋，身体力行，没有例外。毛泽东等中央领导就既是大生产运动的组织者、领导者，又是大生产运动的直接参加者。毛泽东曾力排工作人员的劝阻，坚决不做特殊公民，坚持站在生产前列。于是毛泽东的以身作则，成就了红色经典散文《杨家岭的早晨》和杨家岭革命旧址“毛泽东种过的菜地”这些红色的“记忆的政治”的典范。

---

① 《毛泽东文集》第2卷，人民出版社，1993年版，第72页。

1943年2月，边区政府发布了有关“厉行节约”的5条规定。作为边区政府最高首脑的林伯渠，率先垂范，公开了自己的生产节约计划。这个包含“戒绝外来纸烟”、生活用品自给的计划广为人知，展现了党的领导干部严于律己、以身作则的优良作风。

毫无疑问，毛泽东和林伯渠都是执行政策的模范。执行政策没有例外，这远不止是一种示范，更是一种修养、一种品格、一种作风、一种精神。

《三大纪律八项注意》歌曾经是革命队伍经久传唱的纪律之歌，其中有一句是“不拿群众一针一线”，这即是共产党人纪律性的典型体现。

在转战陕北过程中，一次，任远远接受了村干部给的一个“小老鼠”玩具，被父亲任弼时发现了，即严肃让他归还，还让他唱这首纪律歌，更让他懂得用行动遵守纪律的道理。小事见大，任弼时严格约束、教育幼子的事很小，却彰显了共产党人严守纪律的精神。还有，张思德在一次买猪的过程中，错赶了群众的一头猪，发现后，即顶着烈日折回十几里地将猪安全送回。这里的猪远不是“线”的问题，折射的却也是共产党人“不拿线”的精神。

“干部越大越得讲群众纪律”，这是普通百姓对纪律严明的共产党高度认同的一个方面。

一次，共产党领导的一支从抗日前线返回的部队因连续行军，人困马乏，来到一个村子宿营。部队领导的警卫员去找房子，在一户老乡门上敲了很久门也未开，警卫员不耐烦了，便使劲敲起来。一会儿，门开了，出来一位白发苍苍的老太太，不高兴地说：“你们是八路军吗？怎能这样对待老百姓？”警卫员辩解道：“我是给首长找房的。”老太太更加生气：“干部越大越得讲群众纪律。”一些从前方回来的同志认为在前方流血牺牲，回来还挨老乡的批评，有点想不通。这事反映到毛泽东那里，他非常果断地说：“老太太做得对！”[①]

1944年初，有个老乡针对部队个别同志没有认真执行群众纪律

① 毕远佞：《延安时期革命故事六则》，《刊授党校》，2011年第8期，第22页。

的问题给军分区司令员提了意见。毛泽东听说后很高兴，认为这是好事。毛泽东不仅启发和教育干部战士，而且还鼓励群众提意见，把它看作是检验工作好坏的一面镜子。

干部越大越讲纪律，这是百姓眼里中国共产党人凝聚人心、统一组织、争取胜利的朴素真理，也是延安精神的重要体现。

四、“共产党与红军，对于自己的党员和红军成员，不能不执行比较一般平民更加严厉的纪律。”

延安的神奇力量也在于中国共产党人严格遵纪守法所积聚的持续的战斗力。延安精神中最难得的就是严格的遵纪守法精神。延安时期，中国共产党面临的考验主要是生与死的考验，还有权力的考验、金钱的考验、功劳的考验和法纪的考验，在这些严峻的考验面前，中国共产党始终保持清醒的头脑，秉持正确的态度。此时，共产党虽然不是掌握全国政权的执政党，但在陕甘宁边区和其他各个抗日根据地已经建立起了民主政权，开始了局部执政。共产党较好地回答了在这种局部性执政的条件下一个十分严肃的问题，即如何治党管权的问题。比如，共产党要求广大党员和干部特别是领导干部必须成为遵纪守法的模范，对于触犯法律纪律的人丝毫不予宽宥赦免。

1943 年 5 月 8 日公布的《陕甘宁边区政府人员公约》对第 5 条“公正廉洁，奉公守法”的注释是：这是我们政务人员应有的品格，要在品行道德上成为模范，为民表率。要知法守法，不滥用职权，不假公济私，不要私情，不贪污，不受贿，不赌博，不腐化，不堕落。这些都充分说明中国共产党在严峻考验面前并不是“刀枪入库，马放南山”，而是时时处处严格严肃、戒骄戒躁，从方方面面入手来从严治党，加强组织纪律性。

毛泽东曾说过：

孙行者头上套的箍是金的，列宁论共产党的纪律说纪律是铁的，比孙行者的金箍还厉害，还硬。[1]

延安时期，中国共产党党组织和边区各级政府切实做到有法必依，执法必严，违法必究，法律面前人人平等。严明政策性纪律，严肃法规性纪律，通过严格的实施抓收效。对那些违反组织纪律，自由散漫，践踏法纪，贪污受贿，营私舞弊，侵害人民利益的犯罪分子，一经发现，不论其资历深浅、职务高低，均严厉惩处，不姑息、不手软，产生了较高的历史成效。

当时产生的一些执法如山的典型案例，彰显了无产阶级政党法纪的威严。黄克功案、肖玉璧案就是其中的代表。

黄克功少年时代就参加了红军，跟随毛泽东经历了井冈山斗争和二万五千里长征，是“老井冈”中幸存不多的将领。1937 年 10 月，26 岁的抗大大队长、旅团级干部黄克功，对陕北公学一个和他谈恋爱的女学生刘茜逼婚未遂，开枪将她打死在延河边。事件的发生引起了各方高度关注。最后，经陕甘宁边区高等法院审判，黄克功被判处死刑。黄克功给党中央、中央军委写信，要求从轻处理，戴罪立功。时任中央军委主席的毛泽东接信后给边区法院院长雷经天写信，支持法院判决，并让法庭当庭宣读指示信。毛泽东在对黄克功案件的批示中特别强调了纪律：

> 如为赦免，便无以教育党，无以教育红军，无以教育革命者……共产党与红军，对于自己的党员与红军成员不能不执行比较一般平民更加严格的纪律。[2]

著名民主人士李公朴评论道：它为将来的新中国，建立了一个好的法律榜样。这也为今后的共产党留下了经典的警示案例。

而与共产党相反，国民党对犯罪的将领的处罚却夹杂着私心杂

---

① 《毛泽东文集》第 2 卷，人民出版社，1993 年版，第 416 页。

② 同上书，第 39 页。

念。比如，宽宥杀妻罪犯张灵甫。当时身为团职干部的张灵甫因怀疑妻子吴海兰“不忠”，泄愤将其杀害，最后仅被判刑十年，而没坐几年牢就被赦免。共产党杀黄克功，彰显法纪严明，挽回了不良影响，赢得了人心；国民党“留”张灵甫，放任法纪松弛，失去了有利影响，渐失了人心。这不难说明两党法治精神的差异，更彰显出共产党人精神价值的可贵。

如果说杀了黄克功还有点可惜的话，那么另一个居功自傲、意志消沉、目无法纪的肖玉璧就死得不冤了。

在电视剧《解放》的第 48 集里，毛泽东想到了肖玉璧。毛泽东在和林伯渠、罗荣桓谈话时，提了肖玉璧的事，告诫共产党人，要警惕糖衣炮弹的进攻，在组织上、思想上、教育上奠定一条防线，防止腐化堕落。

肖玉璧案是轰动一时的延安大案，也是抗日战争时期因贪污被查处的最大案。

1940 年，是陕甘宁边区经济极为困难的年头。组织安排老战士肖玉璧到清涧县张家畔税务所当主任。肖玉璧打过多次仗，仅身上留下的伤疤就有 90 多处，战功赫赫。他在医院治疗养伤时，毛泽东到医院看望伤员，还专门看望了他，并将自己的配给牛奶送他补充营养。但肖玉璧却以功臣自居，对给他安排的“照顾性”工作不满，意志消沉。不久，就贪污受贿，还利用职权，私做生意，甚至把根据地奇缺的物资卖给国民党军队，影响极坏。案发后，肖玉璧被查实的贪污金额达 3050 元。

当时，边区政府对违纪贪污行为处分很严厉。1938 年公布的边区惩治贪污暂行条例中，规定对贪污满 500 元以上者，处以死刑或 5 年以上有期徒刑。对肖玉璧案的量刑采取的是上限——重判死刑。

在边区高等法院依法判处了肖玉璧死刑后，肖玉璧不服，写信向毛泽东求情。时任边区政府主席的林伯渠把信带给毛泽东。毛泽东从林伯渠那里了解到，当时干部队伍贪污腐化犯罪率达 5%，林伯渠认为“这股风非刹住不可”。毛泽东对林伯渠说：这次和那次（对黄克功案件）一样，我完全拥护法院判决。就这样，肖玉璧被依法执行枪决。

1942年1月5日的《解放日报》专门发表社论指出：

> 在"廉洁政治"的地面上，不容许有一个"肖玉壁"式的莠草生长。有了，就拔掉它！

此举不但表明了中央坚定反腐的决心，而且从执法效应来看，肖犯一死，形势大转，贪污腐化犯罪率大降，陕甘宁边区政风明显好转。

此外，还有某团政委刘振球，参加过长征和5次反"围剿"战斗，在著名的平型关战役中，作战英勇，身负重伤，荣立战功，可后来腐化堕落，挥霍私吞公款500多元，破坏党纪、军纪，被开除党籍并受到法律制裁。对此，时任中央军委总政治部组织部副部长兼任军委直属政治部主任的胡耀邦，还专门写了对刘振球案的主题评述——"拥护开除刘振球的党籍，为党的事业奋斗到底"——表明坚决维护无产阶级政党法纪刚性的决心。

对黄克功、肖玉璧、刘振球等案件的坚决处理，严肃了党纪法规，极大地教育了革命队伍，震动了社会，在群众心里树起了丰碑，赢得了民心，加强了党心。

正是由于共产党领导的各级党政机关和司法部门对乱纪分子违法必究，执法必严，使人民大众充分感受到在法律面前人人平等的原则，保证了廉政建设的健康发展。经过几年的反贪污斗争，各抗日根据地贪污案件明显下降，如陕甘宁边区，1940年查处贪污案644件，1941年上半年即下降为153件。① 其他根据地查处的贪污案件也都有不同程度的明显下降。经过共产党人和人民群众的共同努力，这时，延安和陕甘宁边区已成为全国最进步的地方，成为全国廉明政治的模范，严格执纪的历史收效极其显著。

毛泽东后来说了一句经典名言：加强纪律性，革命无不胜。这是

---

① 《中国共产党反腐倡廉建设史论》，中国方正出版社，2009年版，第105页。

对中国共产党革命的极其重要的经验总结。

五、使纪律真正成为带电的高压线

共产党的一大优势即在于其自身是一个纪律严明的组织，是一支纪律之师，是用铁的纪律打造的铁的队伍。这是革命成功的重要保证。

俗话说“打江山容易，坐江山难”，中华人民共和国成立初期，有人曾预言“共产党军事上一百分，政治上八十分，经济上要打零分”。但历史的重任交给了中国共产党，她就不得不迎难而上了。攻坚克难是中国共产党人的看家本领，无论是干革命、搞建设还是推改革都用上了。中国共产党是排除了万难，交了大笔的学费，走了很长很大的弯路，总结了深刻的教训，才明确了搞活经济的路子。

> 可能有这样一些共产党人，他们是不曾被拿枪的敌人征服过的，他们在这些敌人面前不愧英雄的称号；但是经不起人们用糖衣裹着的炮弹的攻击，他们在糖衣炮弹面前要打败仗。[①]

果不出毛泽东所忧，中华人民共和国成立不久，以革命功臣自居、扬言“天下是老子打下来的，享受一点还不应当吗”的高官刘青山、张子善旋即贪污腐化——被严肃查办，判处死刑，执行枪决。

枪声一响，举国震惊。有人说，这两个人头换来了中国官场上至少 20 年的廉政。

然而，30 年以后，改革开放了，一些党员干部在利欲面前没有能够经得起考验。纪律在一些组织、个人那里软弱涣散了，铁的纪律有些生锈了、软化了，“四大危险”逼近了。危机渐近，中国共产党遇到了新的严峻挑战。

---

① 《毛泽东选集》第 4 卷，人民出版社，1991 年版，第 1438 页。

不仅是经济纪律，党的政治纪律也是党最重要的纪律，是党的全部纪律的基础，也遇到了挑战。改革开放中，一些党员干部纪律观念淡薄，经不起资产阶级思想的腐蚀，违反政治纪律的现象时有发生。不信马列，信鬼神；有令不行，有禁不止；上有政策，下有对策；你吹你的号，我唱我的调……最讲政治的共产党，最要命的当然就是政治纪律出了问题——政治纪律都出了问题，何况其他纪律？形式主义、官僚主义、自由主义、本位主义、奢靡之风，有大行其道之势；“党内脱离群众的现象大量存在”了。不洗澡治病不行，不打虎拍蝇更不行。时代呼唤新风。

中国共产党的信念是坚定的，态度是坚决的，意志是坚强的。

习近平同志当选中共中央总书记后，代表新一届中央领导机构成员表示不负重托，不辱使命。习总书记的表白掷地有声：

> 新形势下，我们党面临着许多严峻挑战，党内存在着许多亟待解决的问题。尤其是一些党员干部中发生的贪污腐败、脱离群众、形式主义、官僚主义等问题，必须下大气力解决……全党必须警醒起来。打铁还需自身硬。……
>
> 要以猛药去疴、重典治乱的决心，以刮骨疗毒、壮士断腕的勇气，坚决把党风廉政建设和反腐败斗争进行到底。

习近平指出，遵守党的纪律是无条件的，要说到做到，有纪必执，有违必查，不能让制度成为纸老虎、稻草人，不能把纪律作为一个软约束或是束之高阁的一纸空文。纪律严明是中国共产党的光荣传统和独特优势。言下之意，若丧失了这个传统和优势，就有丧失党的纯洁性进而亡党的危险。

为了严明党的政治纪律，习近平总书记提出了“三个决不允许”的明确要求：决不允许“上有政策、下有对策”，决不允许有令不行、有禁不止，决不允许在贯彻执行中央决策部署上打折扣、做选择、搞变通。三个“决不允许”就是政治纪律的高压线，彰显了中央的决心和意志。党员干部无论遇到什么问题，都应该拿政治的镜子照一照，用政治的尺子量一量，循政治的逻辑想一想，时刻绷紧政治纪律这根弦。出了问题的腐败分子，就是因为这根弦没绷紧，不讲政治，目无法纪，放纵自己的行为，才导致翻车。

一直以来，中国共产党高度重视党风廉政建设和反腐败斗争，在强化党的纪律特别是政治纪律约束、强化执纪监督、强化查办腐败案件等方面握紧拳头打出去。坚决查处腐败案件，坚持“老虎”“苍蝇”一起打，形成了对腐败分子的高压态势。尤其是中央“八项规定”的出台及对违反规定行为处理之坚决、果断、严厉，大刹奢靡之风，震慑了一批消极腐败分子。而“老虎”一词已成为党的十八大以来，人们热议中国共产党反腐的高频词汇，“打虎”也俨然成为目前备受瞩目和期待的反腐行动。这显示社会期待之深切。“老虎”不断被查，部分地区官场持续地震，这一切表明，党对老虎绝不姑息，党内也绝不允许老虎横行。

纪律的紧箍咒念紧了，有些人觉得难受了，不适应了，有担心了。但要清楚，不紧，党就要松垮掉了。苍蝇再肆虐，也必被拍；老虎再大、再猛，也终将被关进法纪的牢笼。打虎无禁区，目前，已有相当数量的老虎、大老虎落马。这说明，纪律的高压线一旦通电，必将击倒一切目无法纪、以身试法者。

2014 年 6 月 24 日，中纪委书记王岐山在同丹麦议会监察员的见面中表示：

> 党风廉政建设和反腐败斗争关系党、国家和民族的生死存亡，我们的目标就是要从执政党自身抓起，坚持从严治党，坚决遏制腐败蔓延势头。

2014 年 10 月 25 日，王岐山在中纪委四次全会上的讲话中再次强调指出：

> 党风廉政建设和反腐败斗争永远在路上。……党风问

> 题关系民心向背、关乎党的生死存亡，这是一场输不起的斗争……要持之以恒纠正“四风”、驰而不息正风肃纪，使作风建设落地生根、成为新常态。……要持续保持高压态势，治病树、拔烂树，坚决遏制住腐败蔓延势头……

王岐山这次讲话的分量可谓重似千钧。从不同的角度看，无论是王岐山的讲话还是中纪委的举动，都显示中国共产党治党是认真的、从严的，正风肃纪、反腐惩贪也是“蛮拼的”。

2015 年新年前夕，国家主席习近平发表新年贺词，坚定地表示：

> 要继续全面深化改革，开弓没有回头箭，改革关头勇者胜。……要继续全面推进从严治党，毫不动摇转变作风，高举反腐的利剑，扎牢制度的笼子，……有腐必惩，有贪必肃。

对中国共产党来说，纪律建设永远在路上，用铁的纪律打造战无不胜的铁党也永远在路上。

总之，严守纪律是一种精神，一种治党的精神。失去这种精神，也就会失去党。“党的纪律就是党的生命。”在特定历史条件下，在反腐败的严峻形势下，纪律性关系党的生死存亡，关系人心向背，可谓重大的政治问题。“真正的革命家，在有纪律的革命运动里，是自由的。”真正的共产党员，视纪律为自由，视纪律为武器，视纪律为行动指南，珍视纪律如同珍惜自己的生命。只有当铁的纪律意识彻底深入党心，严格守纪成为每个党员崇奉的应有标准，成为党员干部高度自觉的行动，才能修炼好马克思主义的正果，拥有无限光明的未来。

第十二章

我们决不当李自成：党的决心与信心

艰难困苦，玉汝于成。中国共产党自成立之后一直在困境中奋斗。但这是一群有理想抱负，为民族、为人民有大志向的人，同时也是善于思考、不断总结自身经验，不断从历史经验中学习的有识之士。他们绝不会苟安于一时的顺境和个人的享受，在逆境中抗争，在顺利时警醒已经成为一种常态。也正是这种不断进取和忧患意识，使得中国共产党人被磨砺成为民族的中坚，成为一支不可战胜的力量。这条线索在党的历史中看得是如此清晰，其中典型的事件也有很多，其中由郭沫若提起，黄炎培发问，所引发的“跳出历史周期律”的持续思考，延续到“进城赶考”和“我们绝不当李自成”的自警尤为令人深思。当年的考试到现在已经成为接力，历史的试题今天依然摆在我们每一个人面前。

一、甲申是个什么年？

1944 年是中国农历甲申年，这是中国古代特有的天干地支纪年排列方法，通过甲乙丙丁等 10 个天干、子丑寅卯等 12 个地支的组合，形成60年为一个周期的纪年法，从古至今，这一纪年法已使用了2600多年，从未乱过。

1944年的甲申年向前退回5个周期，正好300年，那是1644年。这时距明朝建朝已经有267年了，之前的几年，明王朝危机四伏，除了北方的大旱和蝗灾引发的饥荒，还有大量的川陕灾民、流民聚集起事。1636年李自成接替原先的农民军领袖高迎祥成为新闯王。1641年，李自成攻陷洛阳，杀死福王朱常洵。1643年10月攻破潼关，11月占领西安。1644年李自成在西安宣布建国，国号大顺，年号永昌。此外，另一支张献忠领导的农民军主要在南方发展，先是控制了湖广地区，之后攻进四川，是为大西政权。

而在关外，年轻的清朝政权经过多年经营，羽毛渐丰，不仅占据了关外东北大片富饶的土地，而且在长期与明朝军队的作战中积累了经验，已经多次窜扰关内甚至京城，其觊觎中原的咄咄逼人的雄心与野心已然昭显。

内外矛盾在1644年达到了总爆发，几经挫折之后李自成的农民起义军渐成气候，特别是随着李岩、牛金星等知识分子的加入，农民军开始有了行动纲领和战略思想，“迎闯王不纳粮”的口号深得民心。明朝多年统治下，从政权到军队均已腐朽不堪。最终，李自成率百万之众以摧枯拉朽之势，席卷北方半个中国，并于3月19日攻克首都北京，结束了明王朝的统治，明朝的最后一位君主崇祯皇帝朱由检在煤山自尽，大明王朝覆灭。

也是这一年，由于明将吴三桂降清，4月19日李自成亲率大顺农民军与之作战，由于准备不足，战事失利，4月26日败归，清军入关并直驱北京。农民军虽勉力抵抗但大势已去，4月29日，李自成在武英殿匆匆即皇帝位，完成了大顺朝象征意义的改朝换代。深夜便焚烧宫殿与九门城楼，撤退西行。在攻克北京的42天之后，不得不仓皇地退出北京。自此，大顺农民军一路下行，在与清军和前明朝武装的作战中连续失利，河南、山西相继失利，连起家的陕西都没能巩固住，只得撤退湖北。第二年，李自成在湖北通山县九宫山被当地地主武装所杀，一场轰轰烈烈的农民起义就此失败。清王朝随即剿灭了南明的残存政权和军队，开始了在中国 260 多年的统治。

历史在这一年发生了巨大的变故，史称“甲申之变”。为后人留下了无尽的回味与思考。

1943 年，随着共产国际的解散，蒋介石认为这是一个实现其剿灭共产党夙愿的良好时机，在各个领域掀起了反共浪潮。在舆论宣传方面，陶希圣为蒋介石执笔，撰写了《中国之命运》，以一个政党、一个领袖、一个主义为主张，强词夺理，强化其独裁统治的合法性，为战后的国家建设预埋伏笔。文章中对明朝灭亡教训有这样的分析：“明朝的末年，政治腐败，思想分歧，党派倾轧，民心涣散，流寇横行。三百年的明室，在李闯张献忠等流寇与满族的旗兵，内外交侵之下，竟以覆灭。”[①] 以古喻今，比附现实的意义彰显。

来而不往非礼也，1944 年恰好是甲申年，围绕着纪念 300 年前的“甲申之变”，1 月 15 日，中国共产党机关报《新华日报》委派乔冠华约请了翦伯赞、郭沫若等文化界名人，聚集郭家商讨如何以纪念明亡 300 年为契机，在思想文化领域开展与国民党专制统治的斗争。会议气氛热烈，郭沫若欣然承诺撰文。约两月后，史论名篇《甲申三百年祭》成文，历数次修改和董必武同志的审阅，文章于 1944 年 3 月 19 日开始，共 4 天在《新华日报》连载。在引发世人思考的同时，也使得国共双方展开了思想文化领域的一场交锋。

二、《甲申三百年祭》说了啥？

《甲申三百年祭》全文不长，约 1.7 万字，文章本身的逻辑线索并不很清晰，从内容看大致可分为三个部分：

第一部分，郭沫若大量引用《明季北略》《明亡述略》《明史·李自成传》等史料，细致描述了明末的严重灾荒，同时东北边患已成。但因政治腐败，统治者应对失措，州府官吏却还在斤斤计较自

① 郭沫若纪念馆等编：《〈甲申三百年祭〉风雨六十年》，人民出版社，2005年版，第 175 页。

己的一点利益。百姓无以为生，激生变故，导致王朝的覆灭及亡国之痛。文章通过引用翔实史料，为读者展示了明末大厦将倾的政治经济社会景象和为政者贪婪昏庸的丑陋形象。

第二部分，描写李自成大顺农民军由小到大，由“寇”成军，最终占领北京城，推翻明王朝的过程。在这部分描写中，郭沫若一反传统史书对农民起义的污蔑歪曲态度，称李自成起义为农民革命，对其本人有很多正面评价。例如称赞李自成：“善骑射，既百发百中，他自己在十多年的实地经验中也获得了相当优秀的战术。”①称：“他的军法也很严。……自己更很能够身体力行。他不好色，不饮酒，不贪财利，而且十分朴素。”②进北京的时候，李自成“毡笠缥衣，乘乌驳马”③。在登基做大顺皇帝之前，李自成确实与官兵同甘共苦，浴血奋战。其农民军战斗力不仅强于一般的流寇，也强于腐败的正规官军。加上李岩、牛金星等农民知识分子的加入，李自成及其起义军开始有了战略眼光和行动策略，农民军迅速摆脱了聚啸山林的流寇形象，甚至针对官兵侵扰、百姓不堪忍受的状况，提出了“剿兵安民”的进步口号，成为一支能与当时的封建政权相抗衡的不可忽视的力量，并最终结束了明王朝的统治。其中，由于郭沫若对李岩这一人物的偏爱（尽管一些史家认为李岩这一人物是章回小说创作出来的人物），他花了相当的篇幅叙述这一人物，从他的出身、参加农民军的经过、他的见识、在军中发挥的作用等等都有比较详细的描述。

第三部分，李自成农民军被胜利冲昏头脑，陶醉于过快到来的成功，对面临的困难和危险缺乏警惕和清醒的认识，对出现的险情应对失措，最终导致失败。这一部分篇幅虽不长，但对问题的揭示最为深刻。一些精彩的语句甚至成为警句：

在过短的时期之内获得了过大的成功，这却使自成以

① 杨瑞广编：《历史的启示——重印甲申三百年祭》，中央文献出版社，1991年版，第22页。

② 同上。

③ 同上。

> 下如牛金星、刘宗敏之流，似乎都沉沦进了过分的陶醉里去了。……纷纷然，昏昏然，大家都像以为天下就已经太平了的一样。[①]

仔细分析，李自成及其农民军有几个问题没有处理好：

第一，没能及时将重心从夺取政权转变到巩固政权上来。攻克北京城之后，李自成所想是登基，刘宗敏所忙是追缴前明官员的赃产，牛金星所做的是开科取士、网罗门生。高层对如何巩固新生政权缺少系统的战略性思考，也没有提出任何方略主张。造成这一情况的原因是农民构成占主要成分的队伍迅速地被北京繁华都市生活所迷惑，巨大惊喜带来的巨大震惊冲昏了他们的头脑，使他们急于享受胜利的果实，对未来斗争的艰巨性缺乏心理和物质的准备。反映了农民武装和农民知识分子在思想上和战略上的局限性。另一方面由于大顺军的行为不当（主要体现在追缴赃产），很快发生了吴三桂的降清，战事迅速逆转，新生政权还来不及完成这样的转变即告颠覆。

第二，在军事上的准备极不充分。迅速到来的胜利使得农民军上上下下充溢着骄傲和自豪，认为北京城都打下来了，强大的明朝已经被我们推翻，还有什么是我们不能战胜的呢？这也就埋下了轻敌的隐患。而实际上，新生的大顺政权面临着三方面的强大敌人：首先是江淮及以南尚未放下武器的50万前明朝军队，他们在窥视农民军是否能够巩固局面，建立新政权，如果不能，他们随时都可能反扑；其次是领兵驻守在辽东，但对大顺政权怀有刻骨仇恨的山海关总兵吴三桂；再次是野心勃勃觊觎中原多年的满族后金政权，这是最危险的敌人。但是，李自成、刘宗敏等高级将领认为，南方的前明朝军队已形不成抵抗，随时“传檄可下”；认为吴三桂人数有限，不足为虑；对清军则缺乏应有的认识和重视，连基本的信息都很欠缺。所以，当发现吴三桂降了又反，尽管李自成挂帅亲征，但也只是瞄着吴三桂的5万兵马，对清军基本没做特殊的准备，一遇清军铁骑冲击则成溃势，

---

① 杨瑞广编：《历史的启示——重印甲申三百年祭》，中央文献出版社，1991年版，第23—24页。

并导致对清军的惧怕心态。可以说，李自成与清军的第一战就基本决定了他之后的失利。

第三，队伍纪律严重松懈，抢掠行为普遍发生，农民军首领迅速被权力和奢华的都市生活所腐蚀，这方面尤以武将为甚。刘宗敏的追赃尽管有堂皇的理由，但不能说没有私利的考虑，这一做法既对稳定局面不利，也将队伍的风气带坏。顾炎武《明季南略》中一句话点到了实质："腰缠多者千余金，少者亦不下三四百金，人人有富足还乡之心，无勇往赴战之气。"①农民军战斗力大为减弱。

因此，打下北京城既是农民军达到胜利的顶点，也是走向衰败的转折点，但没想到这一过程竟是如此匆匆，只有区区 42 天。

三、"反驳"与反思，"敏感"与敏锐

在中国共产党的策划下，围绕纪念明亡三百周年，重庆进步文化界与国民党在思想文化战线展开了激烈斗争。对这段历史的解读，在当时确有很强的象征意义，双方都在思古忧今，以古喻今。现实中的三种力量在历史中都能找到合适的代表：国民政府（明朝）、日寇（满族外敌）、共产党及其所代表的抗日力量（李自成及农民武装）。谁都知道，郭沫若的这篇文章不仅是一篇学术上的史学之论，更是一篇鞭辟时政的政论之作。郭沫若文章的发表在社会上引起很大反响。从内容看，郭沫若的本义也确实是借古喻今，抨击蒋介石政权的反动统治。文章中有多处敏感文字，如：

> 对于军国大事的处理，枢要人物的升降，时常是朝四暮三，轻信妄断。十七年不能算是短促的岁月，但只看见他今天在削籍大臣，明天在大辟疆吏，弄得大家都手足无

① 郭沫若纪念馆等编：《〈甲申三百年祭〉风雨六十年》，人民出版社，2005年版，第210页。

所措[①]（作者注：从 1927 年蒋介石通过北伐取得全国统治至 1944 年正好也是 17 年）。

这些都是事实，在崇祯当政的 17 年间，内阁成员换了 50 多个，光首辅（内阁首领）就有 19 人之多，皇帝对内阁严重的不信任和责任推诿，造成政权的决断力和执行力都差到了极点。这些话语刺到了蒋介石和国民党政府的痛处，国民党方面认为是在“影射当局”，迫不及待地出来发文批驳。3 月 24 日，《中央日报》发表叶青（即任卓宣，早年为中国共产党党员，1927 年被捕叛变，曾任国民党中宣部副部长）撰写的社论《纠正一种思想》，撇清并抨击郭沫若的文章。叶青这样写道：

> 爱国的历史家，对于我们历史上内忧外患互为策应以致亡国的事例，自有其不磨的公论。……
>
> 三百年前，蔓延于黄河流域及黄河以北的流寇，以李自成为首领，于外患方亟之时，颠覆了明朝。其所得到的结果是什么？就是二百六十年的亡国局面。假如是一个爱国的历史家，……绝不会偏偏寻出李自成，及其部下李岩，作为歌颂夸扬的偶像。[②]

叶青在另一篇文章《郭沫若〈甲申三百年祭〉评议》中说：

> 日寇大兵压境，政府竭力抗战已将满七年。陕北自称“农民运动领袖”的人必须认真悬崖勒马，以促成真正的意志集中，力量集中，切勿口是心非，致蹈明末陕北农民

① 杨瑞广编：《历史的启示——重印甲申三百年祭》，中央文献出版社，1991 年版，第 4 页。

② 郭沫若纪念馆等编：《〈甲申三百年祭〉风雨六十年》，人民出版社，2005 年版，第 95 页。

运动领袖之覆辙，害国家，害自己，徒作民族的罪人！[1]

但总的看，国民党方面表现得敏感且不得体，颇有些此地无银的对号入座。而毛泽东和共产党的表现则颇为大度，并不在文字上过多纠缠，而是把焦点放在了对李自成教训的分析和借鉴上。应该说，共产党的表现是自省而清醒，两相比较，境界和胸怀立现高下。

客观地说，郭沫若撰文的指导思想确是抨击国民党政府片面抗战、政治上的腐败与专制。但郭沫若也并未将李自成的农民起义军与共产党及其武装直接挂钩予以颂扬，初衷也不是为共产党提供殷鉴，在后来的《十批判书·后记》中他这样写道：

我以偶然的机会得以读到清初的禁书《剿闯小史》的古抄本。明末农民革命的史实以莫大的力量引起我的注意。适逢这一年又是甲申年，是明朝灭亡的三百周年纪念。我的史剧创作欲又有些蠢动了。

在《甲申三百年祭》中，郭沫若以历史唯物主义的观点，把历来对农民起义的污蔑和贬损来了一个彻底颠覆，这也是为毛泽东所看重的一点。但郭沫若对李自成也有些不客气的批评：

自成的大顺朝即使成功了（假使没有外患，他必然是成功了的），他的代表农民利益的运动早迟也会变质，而他必然也会做到汉高祖、明太祖的藏弓烹狗的“德政”，可以说是断无例外。[2]

1944 年 4 月 18 日，延安《解放日报》刊载《甲申三百年祭》时的编者按中说：“郭先生虽然推翻了流俗关于李自成等的无知胡说，

① 郭沫若纪念馆等编：《〈甲申三百年祭〉风雨六十年》，人民出版社，2005 年版，第 111 页。

② 杨瑞广编：《历史的启示——重印甲申三百年祭》，中央文献出版社，1991 年版，第 33 页。

但是对于他的批评也是极严格的。”[①] 指的就是这一点。

一直以来，毛泽东对明史有兴趣并有相当的研究，在延安的时候，开明士绅李鼎铭的侄儿李健侯写了一部以李自成起义为题材的小说《永昌演义》，呈给毛泽东审阅。尽管该书文字粗糙，毛读了之后不甚满意，但他还是一直把这部书稿带在身边，进北京后交给周扬，说写得不好也可以少印一些作为参考。

李自成是历史上明末农民起义的杰出领袖，他从陕北起事并打到了北京；毛泽东是当代农民革命的领袖，现在驻扎在陕北，这种历史的机缘巧合使得毛泽东对李自成给予了特殊关注。他尤其注意到郭沫若持历史唯物主义观点对李自成农民起义的分析和评价，与他内心的判断和评价颇为吻合。同时，他敏锐地意识到文章所揭示的深刻道理，表现出的某种规律，应当拿来作为警示全党的有力借鉴。表明毛泽东其实对这一问题早有认识，郭沫若的文章触动了他，引发了他更多更深入的思考。

党中央及宣传部门动作也很迅捷，延安《解放日报》1944 年 4 月 18 日、19 日两天全文转载了《甲申三百年祭》，加了长篇编者按语。随后，毛泽东在延安高级干部会议上做《学习与时局》报告，指出：

> 我党历史上曾经有过几次表现了大的骄傲，都是吃了亏的。……近日我们印了郭沫若论李自成的文章，也是叫同志们引以为戒，不要重犯胜利时骄傲的错误。[②]

1944 年 6 月 7 日，中共中央宣传部和中央军委政治部向全党全军发出通知，将《甲申三百年祭》作为整风文件，在解放区普遍印发，供全党学习。通知指出：

---

① 郭沫若纪念馆等编：《〈甲申三百年祭〉风雨六十年》，人民出版社，2005 年版，第 89 页。

② 《毛泽东选集》第 3 卷，人民出版社，1991 年版，第 947—948 页。

郭文指出李自成之败在于进北京后，忽略敌人，不讲政策，脱离群众，妄杀干部，……实为明末农民革命留给我们的一大教训。……作品对我们的重大意义，就是要我们全党，首先是高级领导同志无论遇到何种有利形势与实际胜利，无论自己如何功在党国、德高望重，必须永远保持清醒和学习态度，万万不可冲昏头脑，忘其所以，重蹈李自成与戈尔洛夫的覆辙。[①]

郭沫若在重庆得知中国共产党对自己文章的重视，十分高兴，给毛泽东写信。1944 年 11 月 21 日，也就是《甲申三百年祭》发表 8 个月之后，毛泽东给郭沫若复信：

你的《甲申三百年祭》我们把它当作整风文件看待。小胜即骄傲，大胜更骄傲，一次又一次吃亏，如何避免此种毛病，实在值得注意。[②]

在抗日战争尚未赢得最后胜利的时刻，在我们的力量相对弱小，与国民党还无法直接抗衡的情况下，当时中央领导集体的危机意识，对自身的警醒，戒骄戒躁的心态和对今后可能遇到问题的思考是十分超前的，对自身建设所采取的措施极富远见。不能不说中国共产党人确是胸怀大义、意志坚定，且深谋远虑、有战略眼光、志向远大的民族优秀分子。中国共产党对历史规律的认知与把握非常准确，在自身建设上采取的举措十分到位。

在党的六届七中全会上，在抗战即将取得胜利的时刻，毛泽东向党的高级干部发出警示：我们党要准备应付将来的大事变，要有“吃亏”的准备。在七大上，为使全党始终保持清醒的头脑，特别是要引

① 郭沫若纪念馆等编:《〈甲申三百年祭〉风雨六十年》，人民出版社，2005 年版，第 92—93 页。

② 中共中央文献研究室编:《毛泽东年谱 1893—1949》中卷，中央文献出版社，2002 年版，第 559 页。

起全党高级干部的警觉，毛泽东在《结论》报告中用了很长的篇幅专门讲可能的困难。

> 我们更要准备困难，我下面讲的困难有十七条：第一条，外国大骂。……第二条，国内大骂。……第三条，准备被他们占去几大块根据地。……第四条，被他们消灭若干万军队。……第五条，伪军欢迎蒋介石。……第六条，爆发内战。……第七条，出了斯科比，中国变成希腊。……第八条，“不承认波兰”。这里是比喻我们得不到承认。……第九条，跑掉、散掉若干万党员。……第十条，党内出现悲观心理、疲劳情绪。……第十一条，天灾流行，赤地千里。……第十二条，经济困难。……第十三条，敌人兵力集中华北。……第十四条，国民党实行暗杀阴谋，暗杀我们的负责同志。……第十五条，党的领导机关发生意见分歧。……第十六条，国际无产阶级长期不援助我们。……第十七条，其他意想不到的事。[①]

列举的这 17 条困难，并非“空穴来风”，确确实实是存在着的问题，只不过当时发展程度还不十分严重，一些同志还没有看出来。但党中央特别是党的高级干部，有了迎接最困难情况的思想准备，因此处于十分主动的地位，胜利的局面就可以早日到来。

四、“其兴也浡，其亡也忽”：延安窑洞的惊人对话，回音悠长

1945 年上半年，是第二次世界大战进入决战的关键时刻，也是中国人民抗日战争胜利曙光乍现的年头。共产党和国民党，一方面在继续组织领导着对日寇的最后决战，另一方面，也都在思考抗战胜利后如何建国的问题，各民主党派也在观望和判断。蒋介石和国民党有

① 《毛泽东文集》第 3 卷，人民出版社，1996 年版，第 387—392 页。

自己一统天下的妄想，毛泽东和共产党人则提出了建立联合政府的主张，一些民主党派和爱国人士也积极筹谋描绘着各自心中抗战胜利后的建国蓝图。

7月1日至5日，抱着促成国共和谈、共同建国的目的，民建创始人、著名教育家黄炎培同褚辅成、傅斯年、章伯钧、左舜生、冷遹共6位国民政府参政员联袂访问延安。他们在延安逗留时间不长，只有有限的95小时，但对共产党的主张和政见加深了理解，对陕北解放区和延安的社情民风进行了客观的考察和评价。黄炎培先生更是兴致勃勃，到处参观调研，参观了延安大学、延安医科大学、自然科学院、鲁艺等；访友问故，与各界民众广泛交谈。比如，为了证实延安“夜不闭户”的说法，他特地半夜到驻地附近的村子里转了一圈，结果发现80%的人家都是大门敞开的，确是名不虚传。面对革命根据地一派清明、团结、向上的新气象，黄炎培连连赞叹：“延安五日中间所看到的，当然是距离我理想相当近的。……这种精神充分发挥出来，前途希望是无限的。”①

返回重庆后，关心延安的许多朋友登门拜访黄炎培，询问有关情况。为了将在延安亲历的所见所感告诉人们，先生及夫人闭门谢客数日，由他口述，夫人执笔，洋洋洒洒，一气呵成，写出了《延安归来》一书，在国统区印刷发行，一时间洛阳纸贵，又重印了数版。

谈到这次国民政府6位参政员的延安之行，最精彩的一幕，应当算是7月4日发生在杨家岭窑洞的一场著名对话，对话双方是黄炎培和毛泽东，一个是68岁历经沧桑的社会名流、国民政府参政员，一个是53岁英姿勃发的中国共产党领袖。后来也有人将这次对话称为“窑洞对”，显然是将其与汉末三国时刘备与诸葛亮的“隆中对”相提并论。

当毛泽东问到黄炎培在延安几日的感受，黄乘兴而发：

> 我生六十多年，耳闻的不说，所亲眼见到的，真所谓“其兴也浡焉，其亡也忽焉”。一人，一家，一团体，

① 黄炎培：《八十年来》，文史资料出版社，1982年版，第157—158页。

一地方，乃至一国，不少单位都没有能跳出这周期率的支配力。大凡初时聚精会神，没有一事不用心，没有一人不卖力，也许那时艰难困苦，只有从万死中觅取一生。既而环境渐渐好转了，精神也就渐渐放下了。有的因为历时长久，自然地惰性发作，由少数演为多数，到风气养成，虽有大力，无法扭转，并且无法补救。也有为了区域一步步扩大了，它的扩大，有的出于自然发展，有的为功业欲所驱使，强求发展，到干部人才渐见竭蹶，艰于应付的时候，环境倒越加复杂起来了，控制力不免趋于薄弱了。一部历史，“政怠宦成”的也有，“人亡政息”的也有，“求荣取辱”的也有，总之没有能跳出这周期率。①

黄炎培所引的“其兴也浡焉，其亡也忽焉”一语，典出《左传·庄公十一年》。说的是鲁庄公十一年（公元前683年）的秋天，宋国发生洪灾，庄公派大夫臧文仲前去慰问。臧文仲对宋湣公因天灾而自责之语深为感动，认为宋国会兴盛起来，并引历史上的兴亡之鉴以证明：“禹、汤罪己，其兴也浡焉，桀、纣罪人，其亡也忽焉。”把王朝、国家兴衰的原因归结为君主能否严于律己、敬天保民，这是中华先哲对王朝兴衰规律比较早期的表述之一。黄炎培引用这段话的意思很明显，古往今来，创业与败家，兴盛与衰亡，不少是因为胜利后居功自傲而走向反面。打江山不易，巩固江山更难。多少英雄人物，都没有跳出这个规律，让人感慨。对中国共产党能否跳出这个周期律，他既带着疑惑也怀着期待。

毛泽东是个知识渊博、精通历史又胸怀大度的人，对黄炎培的坦诚直言，他没有犹豫地当即作答：

我们已经找到新路，我们能跳出这周期率。这条新路，就是民主。只有让人民来监督政府，政府才不敢松

① 黄炎培：《八十年来》，文史资料出版社，1982年版，第156—157页。

> 懈。只有人人起来负责，才不会人亡政息。①

在毛泽东看来，既往的历朝统治者和政党从来没有跳出过的历史周期律，我们中国共产党人依靠人民，一定可以从这历史的“怪圈”中跳出来。

黄炎培接着说：

> 我想：这话是对的。只有大政方针决之于公众，个人功业欲才不会发生；只有把每一地方的事，公之于每一地方的人，才能使地地得人，人人得事。把民主来打破这周期率，怕是有效的。②

从对话的情景和语气看，毛泽东的回答有些过于迅捷，而黄炎培随后的回应则多少有些保留。何以见得？一则“这话是对的”，一则“怕是有效的”。一个“怕”字，袒露了黄先生此时此刻有所保留的心境。作为一位爱国民主的有识之士，黄炎培对共产党是公正和同情的，他是在辞别延安前，向中共领袖毛泽东表明自己的忧虑，希望中国共产党人能居安思危，将来带领全国人民跳出历朝历代“其兴也浡焉，其亡也忽焉”的历史“周期律”，这是一次难得的对中国共产党人的谏言和忠告。

这段对话，在毛泽东心中，与郭沫若提出的李自成现象是一致的。虽然毛泽东的回答是即兴的，但也是他认真思考过或者说正在思考的一道严肃考题。中国共产党从1921年成立，经历了大革命、土地革命战争，经历了艰难困苦的二万五千里长征，又经历了艰苦抗战。这期间，有过一次次的胜利和成功，也有过不少次的挫折和失败，失败的原因和教训很多，也包括党内的居功自傲情绪导致的决策失误。面对即将到来的胜利，共产党的领导干部如何保持清醒的头

① 黄炎培：《八十年来》，文史资料出版社，1982年版，第157页。

② 同上。

脑，如何保持在艰苦条件下所形成的优良作风和砥砺前行的精神与意志，如何使革命队伍在工作生活条件变好时，不出现脱离群众的现象和腐败问题，一直是毛泽东思索和研究的重大问题之一。这一点，从其后毛泽东在七大和七届二中全会上的一系列报告和讲话中可以得到证明。

1949 年 3 月，毛泽东进北平后的第一站住在京西香山的双清别墅。此前在西郊机场阅兵时他已经见到黄炎培，而第一个被邀请到别墅做客的党外人士就是黄炎培。故人相见分外亲切，在胜利之后的兴奋中，毛泽东重提“兴亡周期”，并向黄炎培坦露了若干重要大政方针，包括他所设想的国家前景，以及黄所领导的民建和黄本人在国家政治生活中的角色等。中央政府成立之后，黄炎培被任命为政务院副总理兼轻工业部部长。

新中国成立之初的发展，曾让黄炎培消除了自己关于“历史周期律”的担忧。1951 年，黄炎培在《中国共产党三十年》中说：

> 对人要和大众紧密联系，对己要自我批评；这些武器，会从人群中放出万丈光芒。只有流水是不腐的，事实已经证明，并不是夸张。到今天，我识得了，当时延安一席谈，我估计低了，所得到的答复，是正确的，“只有人人起来负责，这好政府才会久长”。

在《黄炎培日记》中也发现这样一段内容：1952 年 8 月 4 日，全国政协召开常委会议，毛泽东在晚餐后向各民主党派征求意见，黄炎培表示：

> “三反五反”胜利结果，证明 1945 年在延安毛主席答复中共能用民主打破历史传统的兴亡反复的周期率是正确的。[①]

① 《黄炎培日记》第 12 卷（1952.6—1954.9），华文出版社，2012 年版，第 21 页。

五、“两个务必”的清醒与“进京赶考”的持重

解放战争开始后，中国共产党和人民军队度过了艰难的防御阶段，逐渐取得战略上的优势，大踏步地走向胜利。1948 年 5 月 26 日，毛泽东进驻西柏坡，至此，在陕北暂别的“五大书记”又走到一起，共同推动中国革命的最后胜利。

他们分开仅有一年多的时间，但国共力量对比已经发生了戏剧性的逆转。人民解放军在战斗中不断发展壮大，积累了大兵团作战的经验，并已取得了战略上的优势。

到 1949 年年初，经过几个重要的战略决战，胜利已是时间早晚的问题了，新中国已如一轮喷薄欲出的红日跳跃于东方拂晓的云端。党的领袖们已经开始具体筹划建国事宜，并思考执政之后党自身建设的重大问题。毛泽东在西柏坡的田埂上走路，自言自语道：现在的问题已经不是能不能胜利，而是敢不敢胜利。俄文翻译师哲不解：既然能胜利，为什么不敢胜利。毛泽东耐心地解释：我们长期在农村打游击，我们敢不敢进攻大城市？进去之后能不能守住它？我们这么大的国家，这么多人口，要吃、要穿，面临着这么多问题，我们共产党敢不敢负起这个责任来？

在这一背景下，中国共产党七届二中全会于 1949 年 3 月 5 日至 13 日在河北省平山县西柏坡召开，全会着重讨论了党的工作重心由乡村转移到城市的问题。会议明确指出：党要立即开始着手各项建设事业，一步一步学会管理城市和建设城市，并将恢复和发展城市中的生产作为中心任务。强调要加强党的思想建设，防止资产阶级思想侵蚀党的队伍，有预见性地提出了防止“糖衣炮弹”进攻的重大问题，提出了“两个务必”的重要思想。毛泽东指出：夺取全国胜利，这只是万里长征走完了第一步。中国的革命是伟大的，但革命以后的路程更长，工作更伟大、更艰苦。这一点必须向党内讲明白，务必使同志们继续地保持谦虚、谨慎、不骄、不躁的作风，务必使同志们继续地保持艰苦奋斗的作风。毛泽东还提出：我们要掌握好批评与自我批评这个马克思列宁主义的武器，去掉不良作风，保持优良作风，迎接新

的更加伟大任务的到来。从此，“两个务必”成为中国共产党人的政治基因，永久地保持并遗传下去。

毛泽东同志在七届二中全会提出“两个务必”，要求全党同志继续保持谦虚谨慎、艰苦奋斗的作风，是他对中国革命深入思考后的重要决断，这其中既包含着对中国几千年历史治乱兴衰规律的深刻借鉴，也包含着对中国共产党艰苦卓绝奋斗历程的深刻总结；包含着对胜利了的政党永葆先进性和纯洁性、对即将诞生的人民政权实现长治久安的深刻忧思，更包含着对中国共产党坚持全心全意为人民服务根本宗旨的深刻认识，既有未雨绸缪的高瞻远瞩，更有成竹在胸的深思熟虑。由是观之，七届二中全会不但是一次胜利进军的动员会、打气会，更是强身健体、提神醒脑的“防疫”会，让全体共产党人既有敢于胜利的勇气、能够胜利的豪气，又不滋生苦尽甘来的俗气和无所畏惧的傲气，是一次极关键、极重要的会议。

七届二中全会之后，在西柏坡的党中央紧锣密鼓地准备向北京进发，迎接为之奋斗了28年的决定性时刻的到来，中国共产党由一个长期浴血奋战的革命党即将成为一个执掌全国政权的执政党了。在向北京进发之前，毛泽东等人的心情是复杂的。28年是极其艰难的，从“风云突变，军阀重开战，洒向人间都是怨”的内乱纷争，到“长夜难眠赤县天，百年魔怪舞翩跹”的外患日重，中国共产党为探索救国救民道路，献出了无数共产党人的生命与鲜血，经历了一次又一次右的、“左”的错误的挫折，摸索出党的建设、武装斗争、统一战线等法宝，走上了农村包围城市、武装夺取政权的革命道路。即将完成漫长的革命学习生涯，盼来了进城收获的时刻，也许会产生“近乡情怯”的复杂心情，倒有点忐忑与不安了。毛泽东在召集中直机关的负责人开会时讲：我们要准备进北平了，希望大家一定要做好准备。我说的准备不是收拾盆盆罐罐，是思想准备。要告诉每一个干部和战士，我们进北京不是去享福，绝不能像李自成进北京。

李自成的农民军当年进北京时，大多数人怀着朴素的情感——进城当官发财享福——昂首挺胸开进了北京城。进城是一件令人兴奋的事情，人一兴奋就可能忘记一些事情，比如农民军起事时所提出的“均田免粮”的承诺，所做出的让所有老百姓都过上好日子的历史担当，都被放到脑后了。一个个沉醉于封官加爵、“比饷镇抚”，天天过大年，不仅意志消退，精神也不复当年。而同样从农村根据地发展壮大起来的、具有更大抱负的中国共产党，还要付出更加艰辛的努力，才能一步一步实现建设新中国的梦想，负有为民族独立与解放责任的中国共产党，也到了进城的时刻，但其领导人头脑却无比清醒：我们绝不做李自成。我们进城不是为享福，我们如何才能避免李自成堂皇进城又仓皇出城的历史悲剧？就像一道艰涩的历史试题摆在中国共产党人面前，摆在毛泽东面前。越是难解的问题，就越是容易让人不停地琢磨。

时间过得飞快，转眼间到了 1949 年 3 月 23 日，党中央从西柏坡出发的日子到了，临上车前，毛泽东还在琢磨“试题”的事。他一脚踏在车上，一脚踩着西柏坡的土地说：“今天是进京的日子，我们要进京‘赶考’去。”周恩来说：“我们应当都能考试及格，不要退回来。”毛泽东郑重地说道：“退回来就失败了。我们绝不当李自成，我们都希望考个好成绩。”

是啊，28 年的努力，从这一刻起就要接受考验了，这是一场历史性的考试，有谁不想交出一张完美的答卷呢？一方面，经过无数次艰难困苦的磨砺，中国共产党人有信心答好这张考卷，尤其是经过延安时期的学习与整风，他们把马克思主义理论与中国革命实际结合起来，获得了无穷的力量；他们坚持真理、修正错误，通过批评与自我批评，达到了前所未有的团结，大大增强了战斗力，他们的信心是有实力做保证的。另一方面，从农村到城市、从革命到建设，他们面对的是一个全新的未知领域，其中虽没有枪林弹雨，但糖衣炮弹和温柔陷阱却足以让英雄气短，无形的困难需要人们做好更充分的心理准备。

就是这样，带着胜利的豪迈与迎接挑战的如临如履的复杂心态，中国共产党踏上了执政和建设国家的漫漫征程，这条路上也许没有战争年代的硝烟与搏杀，但其艰难和挑战一点都不会少。保持战争时期的奋斗精神和工作状态成为共产党的领导人和每一个共产党员时时思考、念念在兹的重大问题，“不当李自成”、破解“周期律”“进京赶考”成为一个时代的命题，至今依然等待着我们的答案。

六、“赴考”不在一时，“赶考”成为“接力”；考试变成常态，答题一直持续。

其实，从孔夫子到孙中山，既有中华民族传统文化的传承与弘扬，更有民族发展、民族复兴的伟大接力，有着向人民、向社会、向世界不断递交一份又一份合格答卷的清晰历史脉络。毛泽东提出：从孔夫子到孙中山，我们应当给以总结，承继这一份珍贵的遗产。这是传承文化的号角，更是对民族发展、兴旺继而复兴的接力使命的自觉，也是赶考接力的动员令。从孔夫子到孙中山再到中国共产党，一代又一代仁人志士不断接替，书写中华民族兴旺发达的壮美书卷，这一历史进程也成为世界民族之林中引人注目的美丽风景。在中华民族前行的每一历史进程中，历史的课题被一个个攻克，历史的车轮被一波波推动，历史的发展被一层层提升。

但历史的课题要在一个相当长的历史周期内才有可能完成。薄一波说：

> 打破“这周期率”，不可能一次完成，也不可能一劳永逸。不但今天我们还不能说已经完全“跳出这周期率”，就是在今后相当长的时期内，我认为也不要去说这个话。任务尚未完成，全党仍须努力！①

由郭沫若引出、黄炎培提出的历史周期律问题，毛泽东高度重视。但客观地说，他的思考和回答还不那么成熟，之后在实践中也由于各种干扰而逐渐走偏。他提出的破解办法，即民主与监督，恐怕也不是现代语境下的含义，而更多是当时在党内开展群众运动的经验。

---

① 薄一波：《若干重大决策与事件的回顾》上卷，中共中央党校出版社，1991年版，第157页。

由于这个问题在他的心里是太沉重了，成为他的一个心结，他一直在苦苦求索并付诸实践。但在理论理解上出现了一系列的变故与偏差，在实践上出现了严重的偏离。特别是与苏联的分歧和国际共产主义运动中出现的复杂变化，他的关注点转向“防修反修”，导致中国共产党在很长时间里陷入了“无产阶级专政下继续革命”的思维。加之毛泽东在党内地位的特殊化和个人崇拜的兴起，民主集中制遭到破坏，对如何防止官僚化和滋生腐败，毛泽东十分重视并始终寻求破解之道。从之后的思想脉络和实践探索看，他是采用了简单化的大民主方式，即以自下而上的群众运动，实现所谓的广泛监督。当然，这样的探索显然是错误的，这一理论和实践发展到“文化大革命”，就更是一场灾难，给党和国家造成了巨大的损失，同时并没有解决党自身建设特别是反腐败的问题，所以说“历史周期律”依然没有破解，“赶考”的任务尚未完成。

另外，从共产党执政 60 多年的历程看，赶考的内容也在发生着变化，如果说最开始还只是停留在巩固新生的革命政权，也就是毛泽东所说的“绝不当李自成”，要求全党同志“两个务必”；到后来是如何在“一穷二白”的基础上建设一个社会主义的国家；再到现在则成为如何领导各族人民为实现中华民族伟大复兴的中国梦而奋斗。考试内容不断改变，考试难度不断加大。

就这样，成立 90 多年，执政 60 多年，改革开放 30 多年的中国共产党，如何永葆青春活力，永远保持创新的动力和纯洁与先进性，如何在执政的条件下密切同人民群众的血肉联系，这自身建设的试题，与如何发展的试题一道，摆在了每一位党员面前。

2012 年 12 月，在同民主党派中央和全国工商联领导人座谈时，习近平同志重提毛泽东和黄炎培关于历史周期律的对话，以警示全党，如果不能有效地遏制腐败和防止脱离群众，我们还会在兴亡周期律的路径上徘徊。

腐败，既有制度、组织、机构、措施等的混乱与黑暗，也有人的思想陈腐与行为的堕落。现代政党政治制度在防范腐败方面既有成熟的经验，也有着颇多的疏漏与无奈。制度反腐固然可能起到固本强基的根本性、长期性作用，但人性的固有弱点总是让腐败与权力如影随形，钻制度空子的魔道之争也会一直持续。反腐只有进行时，没有过去时，更没有完成时。中国共产党是马克思主义政党，坚持马克思主义的群众观，坚持人民群众是历史的主人，也是共产党执政的力量之源和血脉之源的根本理念。只有与人民群众永远保持血肉联系，才能永葆政党的青春与活力，才能使我们的事业昌盛不衰。然而，腐败是隔离政党与群众的一堵无形的墙，人民群众对发生在身边的腐败先是愤怒，愤怒之后，继而便是对政治的冷漠与政党的疏离。很显然，猖獗的腐败就是党群之间的离心机，它会让执政党失去对群众的依靠，也失去力量之源，形成陷入历史发展周期律的政治泥潭。

2013 年 9 月，在河北省委常委专题民主生活会上，习近平突然发问："杭州雷峰塔是怎么倒掉的？"接着他自问自答：

> 就是因为去捡砖的人多啊，今天你拿一块，明天他拿一块，最后塔就轰然倒掉了。倒下来是顷刻之间的事，但过程是渐进的。

顷刻之间坍塌的雷峰塔，其实不是一天倒掉的，塔砖被一天天、一块块捡走，量变于无形之间，待到质变突显于眼前，一切都晚了。所以，这个提醒实在是太必要了，活脱脱就是当年郭沫若的警示和黄炎培的警句，就是毛泽东、邓小平等党的领袖心头那沉甸甸的试题。捡砖就是答题中的做减法，分数被零零碎碎减去的过程，当事者的漫不经心是最要命的，待到答卷不及格乃至被退回时，回天乏术的悲剧便不可避免。倘若有对"捡砖"的警觉而无"减分"的迟钝，时时勉励着不断地"接力""添砖"，民族复兴的摩天大厦与小小的砖砌之塔，都不复有倾覆之虞。

因此，在指导河北省群众路线教育实践活动时，习近平同志语重心长地谈"两个务必"，谈"考试"仍然在持续，要求所有领导干部和全体党员一定要考好，努力交出优异的答卷。"这是有时间表的。""我们新一届中央领导集体接过了党、国家、人民交给我们的沉甸甸的接力棒，我们一定要接好这一棒。”

接好这一棒，既需要坚定的决心，更需要坚决的行动，以“务实”的态度践行“为民”宗旨，打造“清廉”的形象，共产党人正在努力前行。新一届中央领导集体在十八大之后立即提出转变作风的八项规定，身体力行地执行，开展了党的群众路线教育实践活动，可以说是主动积极的“应试”举措。习近平总书记随即提出了赶考的四大考题，即信念、作风、发展和为民，提出了群众路线教育实践活动“为民务实清廉”的总要求。接下来，十八届三中全会提出了全面深化改革的系统方案。

习近平总书记在参观《复兴之路》展览时谈到“中国梦”：

> 我们比历史上任何时期都更接近中华民族伟大复兴的目标，比历史上任何时期都更有信心、有能力实现这个目标！

同时应当清醒地看到，我们也面临着比历史上任何时期都艰巨的困难，将要遇到比以往更大的挑战。

客观地说，世界上还没有哪一个国家，能够在如此短的时间，在如此薄弱的基础上，带领着如此多的人民，以和平的方式、以最大限度追求公平的方式实现现代化。我们没有现成经验可供借鉴，没有西方国家在实现现代化过程中所依赖的海外不发达市场、资源掠夺和环境破坏。相反，只有已经现代化国家警惕的目光、苛刻的要求和防范的动作。这无异于要求大象飞奔，同时既要姿态优美又不扬起脚下的尘土。

但历史的机遇已经摆在了面前，我们没有选择，不能犹豫，我们只有勇敢，唯有面对。这是民族历史责任的担当，这是人民对美好生活的期盼，也是我们实现“为人民服务”根本宗旨最好最现实的时代体现。我们只有向前！向前！不断交出我们无愧于历史和时代、无愧于人民的合格答卷！

第十三章

党的团结统一是党的力量所在

这张七大开幕式的照片，把我们的思绪带到了70多年前的延安。位于杨家岭山脚下的中央大礼堂，作为中国共产党第七次代表大会的会场，也因此成为经典。

七大会场的布置富有浓浓深意：主席台正中悬挂着毛泽东、朱德的巨幅侧面画像，主席台顶端书写着“在毛泽东的旗帜下胜利前进”的大幅标语，大礼堂的两侧，挂有6个木质的V字形旗座，既寓意着中国共产党领导中国革命从胜利走向胜利，也体现了一种开阔的国际视野。旗座上悬挂的24面鲜艳的红旗，代表着中国共产党24年艰苦卓绝的奋斗历程，而旗座标语牌上书写的“坚持真理，修正错误”8个大字，更是体现了中国共产党人敢于坚持真理，以及为了真理而勇于修正错误的理论自信与行为自觉。

会场主席台对面墙上悬挂着“同心同德”四个巨幅大字，体现了“团结一致，争取胜利”的大会方针，也体现了全党在毛泽东思想基础上的团结统一。“同心同德”不仅作为中国共产党在长期革命斗争中成功和胜利的宝贵经验，更是作为一种永恒的精神财富，值得我们永远继承和弘扬。

一、“我们要和陕北红军、陕北人民团结一致，要做团结的模范。”

1935年10月19日，中共中央到达陕北吴起镇。次年10月，中央红军第一、二、四方面军实现完全会师，标志着举世瞩目的中国工农红军万里长征赢得了胜利。

稍有历史知识的人们都会清楚，红军长征能够落脚陕北，不仅仅是遵义会议在关键时刻确立了以毛泽东等人为首的中央领导集体，从而在正确的军事路线指引下突破了国民党数十万军队的围追堵截；也不仅仅是中国共产党执行了正确的土地政策、民族政策，从而赢得了沿途各民族人民群众的支持与拥护，汲取了宝贵的物质和精神营养；更不仅仅是从看似偶然的渠道获悉陕甘红军的消息，从而义无反顾地来到了硕果仅存的革命根据地，实现了真正的“下地”；还在于刚刚战胜了张国焘的分裂主义路线，再一次把工农红军从危险的境地挽救了回来。

来到陕北苏区，党中央深知长征胜利来之不易，特别提醒各级干部和部队指战员处理好与当地党组织、地方干部特别是老百姓的关系。毛泽东指出：

> 要极大地注意同西北同志的关系，应以快乐高兴的态度和他们见面。……要尊重地方群众的意见，不要自高自

大地压制他们。①

在吴起镇期间，毛泽东会见红十五军团前来联系的同志，并写信给徐海东、程子华，感谢在陕北坚持战斗的红十五军团的同志，并向全军团同志表示慰问。在此后召开的军委直属纵队会议上，毛泽东指出："今后，我们要和陕北红军、陕北人民团结一致，要做团结的模范，共同完成中国革命的伟大使命，开创中国革命新局面。"

中共中央落脚陕北后，面临着补充给养、扩大红军队伍以及进一步扩大革命根据地的任务。从 1936 年 2 月开始，红一方面军东征山西，补充了兵员和物资，宣传了红军的抗日纲领，取得了一定的成效。但与此同时，东征过程中也暴露出一些问题来。②

一是出现个别不团结现象。1935 年 9 月，中共中央率红一方面军主力单独北上，改编为"陕甘支队"。长征到达陕北后，恢复了红一方面军番号，将红三军团改编为红一军团第四师，任命彭雪枫为政治委员，调原红一军团的陈光任师长。"他们两人性格不一样，在有些事情上合不到一块（儿），东征中有些不团结。"③王平、张震具体回忆了他俩的不和情况：围绕攻打洪洞县城出现严重分歧，一个命令攻城，另一个命令号兵吹起了停止攻击的军号。④

二是本位主义思想抬头。据杨尚昆回忆：

> 一军团在洪洞、赵城一带扩兵比较多，筹款也多，而十五军团在北线牵制敌军，主要是在山区活动，伤亡比较大，而扩兵和筹款都比较少。中央要一军团分一部分新兵给十五军团，林彪坚决不答应，强调自己的编制也还不

① 中共中央文献研究室编：《毛泽东年谱（1893—1949）》上卷，中央文献出版社，2002 年版，第 482 页。

② 李东朗：《简论 1936 年 5 月的大相寺会议》，《中国延安干部学院学报》，2012 年第 6 期，第 115—121 页。

③ 《杨尚昆回忆录》，中央文献出版社，2001 年版，第 165—166 页。

④ 《王平回忆录》，解放军出版社，1992 年版，第 138 页。

足，表现出严重的本位主义。①

聂荣臻回忆说：林彪不同意拨兵给红十五军团，“下边的同志也都反映有困难。一军团有的连队也不充实，有的连应有的班的建制都编不全。我当时也想不拨或少拨一点，也有本位主义思想”②。另外，中央红军刚到达陕北，为了加强陕北红军和红十五军团，就需要加强对这两支队伍的干部配备，当时提出从红一军团调一些干部过去，红一军团领导不愿意给。③

针对红军中暴露出的问题，张闻天在1936年5月8日于延川县交口镇大相寺召开的中央政治局会议上指出：目前要大大地巩固红军，使红军成为模范的革命军队，对东征中暴露出的本位主义现象提出了批评。会议特别将军队统一团结的问题提出来。根据中央政治局会议的意见，毛泽东在随后召开的红一方面军团以上干部会议上，“批评了红一军团在调人调物支援兄弟部队方面的本位主义”④。据叶子龙回忆，毛泽东在会上甚至发了火，严厉批评了红一军团个别领导的自由主义和本位主义，以致在东征作战中调动部队不得力的错误。毛泽东还点了林彪的名：“红军是共产党的军队，不是你林彪个人的队伍么！”⑤

面对批评，一军团政治委员聂荣臻带头做了检讨。他诚恳地说：一军团出现的问题和缺点，“主要应该由我负责。因为我是政治委员，这个‘舵’没有掌好”。在东征中意见分歧的陈光和彭雪枫在会上也做了批评和自我批评。应该说，这些批评，虽然主要针对一军团，但正如聂荣臻指出的，“这对全军也有很大的教育意义”，在红一方面军中引起了普遍的警觉，产生了积极的效果。毛泽东也评价道：“这次会议开得很好，打倒了本位主义，反对了自由主义，我们

① 《杨尚昆回忆录》，中央文献出版社，2001年版，第165页。

② 《聂荣臻元帅回忆录》，解放军出版社，2005年版，第251页。

③ 《王平回忆录》，解放军出版社，1992年版，第140页。

④ 《黄克诚回忆录》，解放军出版社，1989年版，第249页。

⑤ 任石平、郭宝主编：《数风流人物——1936年红军东征》，中央文献出版社，2005年版，第105页。

有了更加统一的意志、统一的思想。”①

在党的七大上，毛泽东由衷地总结道：

> 在推进解放区的各项工作时，必须十分注意扶助本地人管理本地的事业，必须十分注意从本地人民优秀分子中大批地培养本地的工作干部。一切从外地去的人，如果不和本地人打成一片，如果不是满腔热情地勤勤恳恳地并适合情况地去帮助本地干部，爱惜他们，如同爱惜自己的兄弟姊妹一样，那就不能完成农村民主革命这个伟大的任务。②

肺腑之言，精辟之见！

二、对知识分子工作，“我们要慢慢地来，要进行宣传解释”，“一定要具体地一步一步地来，没有一次就成功那样容易的事”。

1945 年 4 月 24 日，毛泽东在七大的口头政治报告中提到一件事情：

> 赵毅敏同志（时任中宣部宣传科科长）带着杨家岭组织的秧歌队，跑到安塞扭秧歌，安塞正在开劳动英雄大会，那些老百姓也组织了秧歌队，和杨家岭的秧歌队一块（儿）扭起来。我说从此天下太平矣！因为外来的知识分子和陕北老百姓一块（儿）扭起秧歌来了。从前老百姓见了他们是敬鬼神而远之，现在是打成一片了。③

显然，毛泽东是欣慰于这种状况的。但此前，延安的知识分子与

① 中共中央党史研究室编，李忠杰主编：《杨尚昆年谱（1907—1998）》上卷，中共党史出版社，2007 年版，第 226 页。

② 《毛泽东选集》第 3 卷，人民出版社，1991 年版，第 1091 页。

③ 中共中央文献研究室编：《毛泽东在七大的报告和讲话集》，中央文献出版社，1995 年版，第 144 页。

老百姓却并不总是能够“打成一片”的。

1936 年 11 月，著名女作家丁玲来到陕北，以此为标志，众多的知识分子和文艺界人士纷纷萃聚延安。据统计，仅在 1938 年 5 月至 8 月，经八路军西安办事处协助来到延安的知识分子就有 2288 人。但由于成长环境、生活环境的变化，特别是面对严酷的战争环境以及严重经济困难，部分知识分子出现了思想波动，习惯于用个人主义、平均主义、极端民主等小资产阶级思想来观察革命队伍和根据地的生活，不愿意深入生活、接触老百姓，出现了脱离实际、脱离群众、思想混乱，甚至立场偏差等倾向。曾在鲁艺任教的周立波回忆：

> 鲁艺的院址是在离城十里的桥儿沟，那里是乡下，教员的宿舍出窑洞不远，就有农民的场院。我们和农民可以说是毗邻而居，喝的是同一口井里的水，住的是同一格式的窑洞，但我们却“老死不相往来”。整整四年之久，我没有到农民的窑洞去过一次。①

如何有效解决文艺界存在的问题，统一思想认识，以良好的精神状态投入抗战救国的民主革命洪流，已经刻不容缓地摆在了中国共产党人面前。毛泽东敏锐地发现了文艺界存在的问题，进行了大量的调查研究。1942 年 4 月 10 日，中央书记处召开会议，同意毛泽东的提议，准备召集延安文艺界座谈会，就作家立场、文艺政策、文体与作风、文艺对象、文艺题材等问题交换意见。

座谈会不是以会议通知的形式，而是以毛泽东和时任中宣部负责人的凯丰两人的名义发的请柬，言辞殷殷，态度恳切。座谈会的组织与过程，也体现出毛泽东的良苦用心。

1942 年 5 月 2 日，会议开始。毛泽东首先就召开座谈会的目的做了说明，接着提出立场、态度、对象、感情和学习等问题，供大家讨论时参考。紧随其后的讨论，共安排了 3 次。目的是让参会的代表

---

① 《毛泽东同志〈在延安文艺座谈会上的讲话〉的前前后后》，《解放军报》，1992 年 5 月 5 日。

充分交流，真实表达。比如中宣部的吴亮平为了阐明自己的观点，引经据典，讲的时间甚至接近一个小时。有的人则多次发言。对一些观点，有的人赞同，有的人反对，会场上也常常出现争论。

在这种平等的状态下，座谈会气氛热烈，比如周扬在面对指责时，还自我揶揄着表示能够作为典型，而且有幸与哈姆雷特、奥赛罗、威尼斯商人等典型并列，这不很好嘛！引起大家的一阵欢笑。

5 月 23 日，在最后一次座谈会上，毛泽东做了总结发言，并与此前的发言一起，构成了《在延安文艺座谈会上的讲话》（以下简称《讲话》）。从传播学的角度来看，《讲话》是一篇非常出色的讲演词。首先，在《引言》中明确指出座谈会的主旨：

> 今天邀集大家来开座谈会，目的是要和大家交换意见，研究文艺工作和一般革命工作的关系，求得革命文艺的正确发展，求得革命文艺对其他革命工作的更好的协助，借以打倒我们民族的敌人，完成民族解放的任务。①

接着毛泽东结合文艺界现状，有针对性地设问：

> 为了这个目的，有些什么问题应该解决的呢？我以为有这样一些问题，即文艺工作者的立场问题，态度问题，工作对象问题，工作问题和学习问题。②

在此基础上，参加会议的同志进行讨论。在《结论》中，毛泽东紧紧抓住核心问题：

> 我以为，我们的问题基本上是一个为群众的问题和一个如何为群众的问题。不解决这两个问题，或这两个问题解决得不适当，就会使得我们的文艺工作者和自己的环

---

① 《毛泽东选集》第 3 卷，人民出版社，1991 年版，第 847 页。

② 同上书，第 848 页。

境、任务不协调，就使得我们的文艺工作者从外部到内部碰到一连串的问题。我的结论，就以这两个问题为中心，同时也讲到一些与此有关的其他问题。①

毛泽东在座谈会上发表《讲话》后，并未立即进行大张旗鼓的宣传和动员。他显然明白，作为牵涉文艺思想、创作观念乃至创作风格、语言文风等等方面的文艺问题，特别是针对知识分子的思想转变，是深入到每个知识分子思想观念深处的自觉意识和行为，并非一朝一夕就能见出显著成效的。在这方面，毛泽东及其所代表的共产党人也展现出高超的传播技巧和宣教风范。

鲁艺是中国共产党成立的专门培养中高级艺术人才的专门学校。1942 年 5 月 30 日，也就是文艺座谈会一周后，毛泽东在鲁艺发表演讲，要求同学们除了在现在的“小鲁艺”学习，还要到大鲁艺去学习。“大鲁艺就是工农兵群众的生活和斗争，广大的劳动人民就是大鲁艺的老师。”要认真地向他们学习，改造自己的思想感情，把自己的立足点逐步移到工农兵这一边来，才能成为真正的革命文艺工作者。②

座谈会后，文艺家们纷纷以实际行动响应党的号召。艾青给毛泽东写信，要求到前线去。丁玲在《关于立场问题我见》一文中进行了认真的反思，明确提出要“缴纳一切武装”，去除“自尊心、自傲心”，“谦虚地学习”工农兵群众的语言、生活习惯。《解放日报》从 1942 年 5 月 23 日座谈会后到 1943 年 10 月 19 日正式发表《讲话》期间，也集中刊载了 30 余篇文艺工作者的体会和认识文章。

毛泽东欣喜地注视着作家们的创作。女作家丁玲和欧阳山在深入边区生活之后，分别创作了报告文学《田保霖》和《活在新社会里》。毛泽东看后极感快慰，专门派人送信给他们。信中说：“我替中国人民庆祝，替你们两位的新写作作风庆祝！”中央党校俱乐部演出平剧

---

① 《毛泽东选集》第 3 卷，人民出版社，1991 年版，第 853—854 页。

② 中共中央文献研究室编：《毛泽东年谱（1893—1949）》中卷，中央文献出版社，2002 年版，第 385 页。

《逼上梁山》，毛泽东看了演出后，连夜给作者杨绍萱、齐燕铭复信，赞扬这出戏将“历史的颠倒，现在由你们再颠倒过来，恢复了历史的面目，从此旧剧开了新生面”，并称赞它是“旧剧革命的划时期的开端”。分别创作于1943年5月和10月的《小二黑结婚》《李有才板话》，成为解放区文学的典范之作。在此后晋冀鲁豫边区文联召开的文艺座谈会上，边区文联负责人陈荒煤提出了“赵树理方向”：

> 赵树理同志的创作就是最朴素、最具体地实践了毛主席的文艺方针，因此获得如此光辉的成就，……应该把赵树理同志方向提出来，作为我们的旗帜，号召边区文艺工作者向他学习，看齐！①

至此，毛泽东乐见的一幅图景就展现出来：文艺方向已经明确，成效已经初显，还需要各级组织尤其是艺术家们的继续努力！

1942年5月28日，中央高级学习组会议上，毛泽东通报了刚刚结束的延安文艺座谈会的内容及目的。在某种程度上，这篇后来结题为《文艺工作者要同工农兵相结合》的报告，可以认为是对《讲话》的很好的阐释。其中指出：少数人不能打成一片，要容忍他，这是思想问题，不能勉强，不能用粗暴的态度。我们要使文艺工作者了解这些问题，掌握党的政策。使他们在一两个月内了解更好，一两个月不能了解来他半年，半年不行来他一年。我们要特别注意让那些成名的、有成绩的作家了解，来推动整个文艺工作朝这个方向进行，以有利于民族，有利于工农兵。

> 我们要慢慢地来，要进行宣传解释，光是写几篇文章作几次演说办不了事，一定要具体地一步一步地来，没有一次就成功那样容易的事。②

① 陈荒煤：《向赵树理方向迈进》，《人民日报》，1947年8月10日。

② 《毛泽东文集》第2卷，人民出版社，1993年版，第432页。

1945年4月24日，在七大的口头政治报告中，毛泽东说道：艺术家和作家，对文艺座谈会这样的方法也赞成，从前他们不知道怎样做，我们党给他们指出方针，向他们进行教育工作，不是命令主义，而是逐渐使他们自觉，这就很有成效。

由此我们豁然明白：毛泽东在改造知识分子问题上，在文艺问题的讨论上，并没有采取居高临下乃至命令式的简单做法，而是追求瓜熟蒂落，追求知识分子的真正的觉悟。毛泽东在这个问题上是有耐心的。他也清楚这其中的转变需要一个过程，甚至是比较痛苦的过程。

> 知识分子要和群众结合，要为群众服务，需要一个互相认识的过程。这个过程可能而且一定会发生许多痛苦，许多摩擦，但是只要大家有决心，这些要求是能够达到的。①

历史的车轮走到了今天。广大文艺工作者作为共和国的主人、作为精神产品的创造者，在全球化、信息化以及商品经济不断发展的背景下，如何创作出富有时代气息、鼓舞人心、教育人民、传递正能量的鸿篇佳作，如何通过自己的作品展现出中华民族的优秀文化、促进文化大发展大繁荣、弘扬民族精神、唱响社会主义核心价值观，是需要不断思考并付诸实践的重要命题。

在2014年10月15日召开的文艺工作座谈会上，习近平同志指出“文艺要反映好人民心声，就要坚持为人民服务、为社会主义服务这个根本方向”，“要把满足人民精神文化需求作为文艺和文艺工作的出发点和落脚点”，这应该成为今天广大文艺工作者的共同追求与遵循。

延安时期，中国共产党卓有成效地团结、引导知识分子并将其凝聚为推动事业前进的不可或缺的力量，得到了广大知识分子的自觉响应与拥护。广大文艺工作者之所以在民族危难关头，在“文”的战线

① 《毛泽东选集》第3卷，人民出版社，1991年版，第877页。

上取得了巨大成功，其秘诀和根源就在于自觉地服务于国家和民族的解放，服务于最广大的人民大众，与广大人民群众同心同德，并从人民群众以及火热的生活中汲取营养和智慧，与党同心同德，从而成为民族解放战争中自觉的革命战士，构成时代群像中屹立潮头的代表群体。今天亦然。只要勇于担当、牢记责任、心系人民、服务大众，文艺工作者就一定会团结一致、同心同德，共同绘就伟大中国梦的历史画卷，谱写出新的时代篇章。

三、“打倒两个主义，把人留下来。”

陈云同志曾精辟地指出：

> 中国革命要取得胜利，需要全国的团结，全国的团结就要全党的团结，全党的团结首先就要中央的团结。①

中国共产党自成立以来，虽然在组织建设、制度建设等方面做出了积极的努力，但毕竟作为一个新生政党，特别是大部分时间处于国民党白色恐怖环境下，要以从容、娴熟的工作状态进行党的自身建设并开展各种活动，挑战是非常巨大的。经过遵义会议，特别是中央和中央红军落脚陕北之后召开的党的六届六中全会，进一步确立了毛泽东在全党的领导地位，从而使中国革命的历史进程进入了一个新阶段。

但不论是遵义会议还是六届六中全会，都没有来得及对党的历史经验进行系统的总结，特别是没有从思想路线的高度对党内历次错误的根源进行深刻的总结。随着革命事业的不断发展以及抗日根据地的不断扩大，党的队伍也日渐壮大，1941 年初，党员数量已经达到 80 万人。但由于大多数党员没有经历过大革命和土地革命，对党的历史上曾经遭遇的教条主义、主观主义等危害认识不清、体会不深。特别

① 中共中央文献研究室编：《陈云传》上卷，中央文献出版社，2005 年版，第 231 页。

是王明从苏联回国后，频繁出席各种会议和活动，发表报告和演讲，并重新发表了1931年所写的代表其“左”倾教条主义观点的《为中共更加布尔什维克化而斗争》一书，而在抗日民族统一战线问题上以及与国民党的交往上，则坚持“一切经过统一战线”“一切服从统一战线”的错误主张，在全党造成了思想混乱。

历史是最好的老师。中国共产党要走向成熟与团结，就必须总结历史经验教训，并在此基础上不断进步。在1940年12月4日的政治局会议上，毛泽东特地谈到了党的历史问题，他指出：

> 总结过去的经验，对于犯错误和没有犯错误的人都是一种教育。了解过去的错误，可以使今后不犯重复的错误。

中共中央也下决心围绕党的历史，特别是苏维埃运动后期以来中央路线的是非得失，在中央领导层和高级干部中间进行深入的讨论，从而凝聚全党的共识，统一思想。

工作方法上，中共中央和毛泽东创造性地通过汇编党的六大以来的重要文献，教育和团结党的高级干部。毛泽东在主持收集六大以来文献资料中，“深切地感受到主观主义、教条主义对我党领导机关的严重危害。这种危害通过领导机关下发的一系列决定、命令、指示等流毒到全党，在党内形成了一条比以往各次‘左’倾错误路线更完备的新的‘左’倾路线，就是这条错误路线几乎断送了中国革命的前程”[①]。为此，经中央同意，毛泽东将所收集的六大以来的历史文献汇编成册，供高级干部学习以及研究中共党史使用。胡乔木回忆：

> 当时没有人提出过四中全会后的中央存在着一条“左”倾路线。现在把这些文件编出来，说那时中央一些领导人存在主观主义、教条主义就有了可靠的根据。有的

① 《胡乔木回忆毛泽东》，人民出版社，1994年版，第176页。

人就哑口无言了。

毛泽东后来也说：

> 抗战初期的右倾投降主义，六届六中全会在政治路线上是克服了，但未作结论，组织问题也没有说，目的是希望犯错误的同志慢慢觉悟。……（1941 年）6 月后编了党书（即《六大以来》），党书一出，许多同志解除武装，才可能召开 1941 年九月会议，大家才承认十年内战后期中央领导的错误是路线错误。[①]

而更令人荡气回肠、心生感慨的，是 1941 年 9 月开始的为期一个多月的中央政治局会议上的场景。围绕着讨论党的历史特别是土地革命战争时期的路线问题，出席会议的中央政治局委员和其他领导同志或和风细雨、循循善诱，或自我剖析、反躬自省，或坚持原则、敢于争论，或以大局为重、勇于承担，但同时也出现虚与委蛇、避重就轻，甚至消极对待、不敢面对的现象。作为当时肩负民族革命使命的中共领导成员，在历史镜头中也展现出了各自不同的风貌。某种程度上，这次政治局（扩大）会议也构成中国共产党剖析历史问题、统一思想认识的典型范本。

毛泽东在 9 月 10 日第一天的会议上首先做了反对主观主义和宗派主义的报告，他指出：

> 过去我们的党很长时期为主观主义所统治，立三路线和苏维埃运动后期的“左”倾机会主义都是主观主义。苏维埃运动后期的主观主义表现更严重，它的形态更完备，统治时间更长久，结果更悲惨。

---

① 中共中央文献研究室编：《毛泽东年谱（1893—1949）》中卷，中央文献出版社，2002 年版，第 469 页。

遵义会议，实际上变更了一条政治路线。过去的路线在遵义会议后，在政治上、军事上、组织上都不能起作用了，但在思想上主观主义的遗毒仍然存在。

六中全会对主观主义做了斗争，但有一部分同志还存在着主观主义，主要表现在延安的各种工作中。

他强调“要分清创造性的马克思主义和教条式的马克思主义”，建议“延安开一个动员大会，中央政治局同志全体出马，大家都出台讲话，集中力量反对主观主义和宗派主义”。

作为当时中央领导人的博古、张闻天，主动表示要趁此机会检讨自己的错误，对当时的责任能够承担。张闻天在会上对自己在苏维埃后期的错误多次做了诚恳的检讨发言。他说：苏维埃后期在政治上是盲动主义；军事上是冒险主义，主张打大的城市等；组织上是宗派主义，不相信有实际经验的老干部；思想上是主观主义、教条主义。这些在第五次反“围剿”时发展到最高点，使党受到严重的损失，我是最主要负责人之一，应当承认错误，特别是写文章、做报告，在宣传教育方面尤其负有责任。博古也在会上主动做了两次检查。他说：我有勇气承认自己的错误，1932 年至 1935 年的主观主义路线错误，我是主要的负责人。并从四个方面对自己所犯错误进行了认真反思。任弼时在发言中说：六届四中全会后，“1932 年 1 月到遵义会议时期，是更完备的主观主义、宗派主义思想占统治时期”，造成“更严重的路线错误和严重的恶果”，并对自己在中央苏区那一段对毛泽东的错误批评做了实事求是的反思。

王稼祥、李维汉等在会上也做了检讨发言。王稼祥说：我也是实际工作经验很少，在莫斯科学了一些理论，回国参加四中全会的。他认为四中全会反对立三路线，不过是以主观主义反对主观主义，以教条主义反对教条主义，实际上没有解决问题，以致后来又犯错误。

中国党过去主观主义的传统很久，其根源除了社会原因外，就是经验不够。从莫斯科回来的人，没有实际经验，容易做教条主义者，实际经验多的人，不易做教条主义者，而容易成为狭隘经验主义者。

李维汉不是政治局委员，但他在立三路线时期和中央苏区时，都在中央担任过领导工作，积极执行了错误路线。他在会上认真听取同志们的意见，不止一次地做自我批评。①

关于错误路线的由来，博古在发言中指出：错误路线从1931年9月20日中央发出的《由于工农红军冲破第三次“围剿”及革命危机逐渐成熟而产生的党的紧急任务》这个文件起“大致即萌芽”，“已初具面貌”，因为文件中已经提出了要夺取大城市，一省数省首先胜利；提出了和反革命“决战”，说“目前中心的中心是反革命与革命的决死斗争”；否认中国革命的不平衡性，说“急速发展的革命运动正在使不平衡逐渐走向平衡”。博古认为：这是四中全会后“第一个全盘性的重要决议”，也是王明赴莫斯科之前主持制定的。

在此前的会议中，王明一直以居高临下的姿态听取讨论并发表意见，甚至毫不留情地批评别人，唯独不从自身进行检讨。博古的这番话可谓击中要害，因为作为当时的临时中央负责人，博古的讲话足够权威，并且溯及大革命后期错误路线的来源。他还说道：共产国际对这条路线“有些助长，否则没有那样的气和劲。国际代表没有纠正，而是批准”，王明在共产国际第十三次全会上的讲话，“也没有纠正，有些是助长”②。王明始终不承认自己的错误，在毛泽东数次主动与他交流时态度也很不友好，在10月8日的会议上还以长篇发言对毛泽东以及党的抗日统一战线政策进行责难。

针对王明的消极态度，毛泽东等中央领导既不留情面地指出他的错误，开展严肃的思想斗争，同时也进行了耐心的说服和平等的讨论。毛泽东说：王明同志在武汉时期的许多错误，我们等待了他许

① 章学新：《推动延安整风的关键性会议——真诚革命者的反躬自省和王明的诿过、倒算》，《党的文献》，1997年第6期，第68页。

② 同上刊，第70页。

久，等待他慢慢地了解，直到现在还没有向国际报告过。（王明）批评我们的方针是错的，太“左”了。恰恰相反，我们认为王明的观点太右了。对大资产阶级，对蒋介石只是让步是弄不好的。蒋介石对我们采取一打一拉的策略，我们要依靠无产阶级的自觉性，不能上他的当。王稼祥和任弼时也通过向与会人员说明共产国际及其领导人关于中国革命，特别是对以毛泽东为代表的中国共产党政治路线的肯定，希望王明打消幻想，多从自身查摆错误。

为了明辨是非，书记处认为有必要召开政治局会议，请王明把在武汉主持中共长江局时的错误等问题说清楚。但王明却托病推辞，拒不出席会议。后来政治局会议依据前几次的讨论做出了结论草案，毛泽东并指出：这次讨论，要从检讨过去错误中得到经验教训，使全党了解失败为成功之母。要采取治病救人的办法。

事实证明，这次政治局扩大会议通过讨论党在大革命后期的错误和教训，绝大多数同志包括犯过错误的同志都进行了认真的反思，开展了严肃的批评和自我批评，统一了思想认识，为下一步在全党开展具有深远历史意义的整风运动打下了坚实的基础。同时，对待犯过错误的同志，包括态度消极的王明，也没有像过去那样“残酷斗争，无情打击”，切实地实现了毛泽东一开始所提出的“打倒两个主义，把人留下来”的要求。

值得提及的是，在此前后，毛泽东还结合对《六大以来》党的文件的整理、编辑，有感而发，撰写了9篇系列文章，结题为《关于一九三一年九月至一九三五年一月期间中央路线的批判》，系统批判了以王明为代表的“左”倾错误路线，但这些文章当时除了让刘少奇、任弼时两人看过外，再没有公开示人和发表。毛泽东后来解释道：“大概是因为这篇文章写得太尖锐了，不利于团结犯错误的同志们吧。”[①]1942年7月14日，任弼时在《为什么要做出增强党性的决定》中强调指出：

---

① 中共中央文献研究室编：《毛泽东年谱（1893—1949）》中卷，中央文献出版社，2002年版，第351页。

> 党比任何时候更加需要内部的统一团结，更加需要思想一致、行动一致，更加需要巩固我们自己，防止敌人利用各种机会和间隙来破坏我们党的团结。①

毛泽东也在延安干部大会上的讲话中说道：

> 有两种团结是绝对必要的，一种是党内的团结，一种是党和人民的团结，这些就是战胜艰难环境的无价之宝。全党同志必须团结在中央的周围，只要共产党人团结一致，同心同德，任何强大的敌人，任何困难的环境，都会向我们投降的。②

1944 年 2 月 24 日，中共中央书记处会议讨论党的历史问题，最后形成 5 项共识：王明、博古的错误应视为党内问题；临时中央与六届五中全会因有共产国际承认，应承认是合法的，但必须指出其手续不完备；学习路线时，对于历史上的思想问题要弄清楚，对结论必须力求宽大，目前应该强调团结，以便团结一切同志共同工作；在学习路线时，须指出党的六大的基本方针是正确的，六大是起了进步作用的；对六届四中全会到遵义会议期间，也不采取一切否定的态度，凡做得对的，也应承认它。这些结论使犯过错误的同志放下了思想包袱，以良好的状态总结经验教训，思想上有了新的提高。

党的六届七中全会通过的《关于若干历史问题的决议》，对开展党内批评与自我批评，以及党内思想斗争的方法做了精辟的概括：

> 这次处理历史问题，不应着重于一些个别同志的责任方面，而应着重于当时环境的分析，当时错误的内容，当

---

① 《任弼时选集》，人民出版社，1987 年版，第 238 页。

② 中共中央文献研究室编：《毛泽东年谱（1893—1949）》中卷，中央文献出版社，2002 年版，第 442 页。

时错误的社会根源、历史根源和思想根源，实行惩前毖后、治病救人的方针，借以达到既要弄清思想又要团结同志这两种目的。对于人的处理问题取慎重态度，既不含糊敷衍，又不损害同志，这是我们的党兴旺发达的标志之一。

中国共产党成立以来，始终把党的建设作为增强党的纯洁性、提高党的战斗力的关键环节，常抓不懈。如何有效地解决各种党内矛盾，纠正和克服“左”、右倾错误，更好地实现全党思想上、政治上、组织上高度的团结统一，无疑是其中重要的工作内容。不可否认，在解决党内矛盾、纠正各种错误倾向的过程中，也犯过苏维埃运动初期“肃反”扩大化的严重错误，采取“残酷斗争”“无情打击”等简单粗暴的方式，错误地伤害甚至杀害了许多党和红军的领导干部，给党的事业造成了严重损害。延安时期，以毛泽东为代表的中国共产党人运用马克思主义的立场、观点和方法，一切从实际出发，理论联系实际，以对党的事业高度负责的精神，以严谨细致的工作作风，在解决党内思想问题、对待党内同志思想错误方面，贯彻“惩前毖后，治病救人”的方针，实事求是，重在思想认识的提高，通过开展严肃的批评与自我批评，实现团结同志、教育同志、不断进步的目标。党在总结历史经验、进行思想斗争中所体现的团结第一、同心同德的良好风范，正是引领着革命事业不断取得胜利的重要法宝。新的历史时期，这种风范同样是值得珍视的宝贵精神财富！

四、我们应当承认山头，承认的目的是要消灭山头，使山头融化，全党变成一体。

1945 年 5 月，正是延安一年中最好的季节，万物复苏，杨柳吐絮，整个大地铺满了绿装。年轻的中国共产党也迎来自成立以来最为生机勃发的美好季节：经历了整整 24 年的艰难困苦和浴血奋斗，克服了各种外来势力的干扰误导，见证了大浪淘沙之下的人伦沉浮，特别是中国共产党自身纠正了各种“左”倾、右倾的错误路线，走出了一条马克思主义中国化的新道路，建立起19个模范的抗日民主根据地，解放区人口突破9000万人，中国共产党党员人数也由最初的50余人已经发展为121万人。中国共产党创造性地通过延安整风这一党内思想教育模式，极大地提高了全党特别是党的高级干部的马克思主义理论水平和思想觉悟，通过了具有历史意义的《关于若干历史问题的决议》，在总结建党以来经验教训的基础上，澄清了是非、分析了问题、剖析了自我，全党上下达到了高度的团结和思想上的统一。正在召开的党的七大，已经圆满完成了既定的三个议程，从这天开始，就进入了第四个也是最后一个议程，即选举新的中央委员会。而即将产生的新一届中央委员会，无疑会从这个美好的季节开始，带领着全党乃至全国人民开辟出光辉的未来，这一崭新的艳阳天已经没有任何悬念地即将呈现在华夏民族的每一寸土地上。

群山叠翠、绿树环绕之下的杨家岭中央大礼堂，巍峨庄严，正以自身雍容非凡的典仪之态见证着历史的华章。大礼堂内座无虚席，参加会议的700多名七大代表把目光纷纷聚焦在毛泽东身上，他将代表大会主席团做第七届中央委员会选举方针的大会报告。

没有哪个人不会关注：即将提交大会讨论的选举方针，决定了新一届中央领导层的人员构成，更决定着中国共产党、中国革命能否在掌握了正确路线的领导集体带领下，从胜利走向胜利的发展方向。

远的不说，仅六大成立以来，就是因为当时的中央领导成员所犯的“左”的或右的严重错误，给中国共产党和中国革命带来了灭顶之灾，使年轻的中国共产党多次处在危难关头。就连毛泽东本人，也在极“左”路线占据统治地位的环境下，多次遭到撤职、排挤甚至强令休养，离开领导岗位：

> 毛泽东在1931年、1932年被撤销了党和军队的领导职务后，只有一个实际上被架空了的政府主席的职务，1934年召开的党的六届五中全会，他也没有参加。毛泽东

> 是遵守纪律的模范，据我所知，他并没有承认自己是犯了所谓“富农路线”的错误，但他服从党的决议。①

现在，毛泽东要代表大会主席团做中央委员会选举方针的报告，不少人在想，作为多次错误路线受害者的毛泽东本人，恐怕不会把曾经犯过严重错误的王明等人再吸收进中央领导集体，在中国革命进入重要转折点的关键时期，中国共产党太需要那些代表正确路线的领导人，坚持真理，修正错误，从而带领全党开辟新的征程。

但让许多会议代表意外的是，在5月24日代表大会主席团所做的《第七届中央委员会的选举方针》报告中，毛泽东就选举的标准发言道：

> 我们采取一个什么标准，用什么原则来进行选举呢？……主席团认为应该采取这样的标准，就是要由能够保证实行大会路线的同志来组成中央委员会。……这样一个原则，应该是我们选举中央委员会的原则。
>
> ……
>
> 关于第一点，犯过路线错误的同志应不应该选举。只选没有犯过路线错误的，凡是犯过路线错误的我们就不选，这样一种意见，主席团认为是一种好的愿望，一种好的理想。这种意见是有理由的，……但是，事实上如果我们不选过去犯过路线错误的人，甚至绝对化一个也不选，那就不好，就不恰当。②

毛泽东结合党的六大没有选举陈独秀进入中央以及六届四中全会把李立三开除出中央政治局，但并没有因此而“不闹纠纷，不出岔

① 李维汉：《回忆与研究》上册，中共党史资料出版社，1986年版，第338页。

② 中共中央文献研究室编：《毛泽东在七大的报告和讲话集》，中央文献出版社，1995年版，第159—161页。

子”，照样“翻了筋斗”。另一方面，从1935年1月遵义会议到现在的10个年头之内，中央委员会主要的成员是四中全会和五中全会选举的，其中就有在第三次“左”倾路线中犯过路线错误的人，这些同志拥护四中全会，他们和其他同志一道反对这条“左”倾路线。参加六中全会的是一些什么人呢？还不就是这么一批人。没有过去犯过错误的同志支持六中全会的路线和决议，六中全会就不可能纠正右倾投降倾向。

毛泽东接着说：

> 内战时期，喜欢图简便，不愿意同犯过路线错误的人共事，“一掌推开”“简单明了”的那样一种作风是不好的。最近十年，我们采取了忍耐的态度，这样的方针帮助了我们。因此，七次大会应该接受过去的经验，就是说，对犯过路线错误的同志不应一掌推开。……虽然犯过路线错误，但是他已经承认错误并且决心改正错误，我们还可以选他。

毛泽东语含幽默：

> 所以我们要下决心不怕麻烦，下决心和犯过错误的同志合作。你不大来，我就去；你口里有许多闲话，我长了耳朵，这个耳朵听不完那个耳朵听；你说那边窗户开得不够，我就连这边也打开。要练习和那些曾经同我闹过纠纷、有过原则分歧的人，打击过我以及开除过我的党籍的人合作。我们在要求他认识错误、改正错误这个原则下去同他团结、合作。这一条，的确要练习，不练习就做不到，练习就可以做到。……中国的和外国的经验都告诉我们，党内要尽可能地团结。我们的原则是什么？就是尽可能地团结更多的人在我们的纲领下，争取他们和我们的团结、合作。

正因为有了这样的博大胸怀和循循善诱、耐心说服，毛泽东代表大会主席团所做的选举办法，受到绝大多数代表的赞成并顺利通过。在大会的正式选举中，毛泽东也格外关注那些曾经犯过错误的同志。其中一个细节是，大会计票环节，毛泽东一直等到王明的选举票数出来并且过半后，才离开自己的座位。①

在第二天即 6 月 10 日中央候补委员的选举中，毛泽东特别为前一天中央委员选举中落选的王稼祥说了一段话：

> 在昨天的选举中，王稼祥同志得了二百零四票，不足半数，没有当选。关于这个问题，我要在这里说几句话。
>
> 王稼祥同志是犯过错误的，在四中全会前后犯过路线错误，此后也犯过若干错误。但是，他是有功劳的。②

毛泽东同志历数王稼祥同志作为中央代表团成员正确指导了中央苏区第二、第三、第四次反“围剿”斗争，以及在遵义会议反对“左”倾路线，为形成具有历史意义的决议做出了重要的贡献；六届六中全会上，正确地传达了共产国际的指示，批判了王明的错误主张，在决定中国命运的关键时刻维护了正确的主张。毛泽东诚恳地说：

> 他虽然犯过路线错误，也有缺点，但他是有功的。他现在病中，他的病也是在第四次反“围剿”中负伤而起的。……
>
> 我认为他是能够执行大会路线的，……昨天选举正式中央委员，他没有当选，所以主席团把他作为候补中央委

① 罗平汉：《党史现场：延安时期》，福建人民出版社，2013 年版，第 241 页。

② 中共中央文献研究室编：《毛泽东在七大的报告和讲话集》，中央文献出版社，1995 年版，第 230 页。

员的第一名候选人，希望大家选他。[①]

令人欣慰的是，在最后的大会选举中，王稼祥以第二名的高票，顺利当选为中央候补委员。这位勇于改正错误、具有坚强党性观念的共产党员，在此后的民族革命战争、解放战争以及中华人民共和国成立后，殚精竭虑，勇于担当，成为引领中国革命事业不断前进的卓越领导人。

毛泽东还特意结合东北问题的重要性，建议大会在选举中央候补委员时考虑一下东北地区的同志，这也体现了他考虑问题时的深谋远虑和大局观。后来的事实证明，约一年后中国共产党根据抗战胜利后形势发展的需要，派出了以彭真为中共中央东北局书记的一大批干部开赴东北，从而为后来的解放战争乃至中国革命的胜利，赢得了先机，抓住了机遇，打下了重要的基础。

众所周知，中国共产党领导中国革命，靠的是农村包围城市、武装夺取政权的道路，到 1945 年党的七大召开时，已经发展到拥有陕甘宁、晋察冀等 19 块根据地，形成了西北局、南方局、北方局、华中局等党的地方组织机构，这客观上也就形成了来自不同方面的所谓“山头”。七大代表的构成来自于各解放区和国统区党组织的代表，自然是考虑到各抗日革命根据地以及党的地方工作局的情况。毛泽东在七大中央委员的选举方针上，并没有回避这个问题，而是直接面对。他指出：

> 关于第二点，要不要照顾到各方面？这个问题，就是所谓照顾山头的问题。也有两种解决方法，一种是要照顾，一种是不要照顾。主席团认为还是要照顾才好。……中国革命有许多山头，有许多部分，内战时期，有苏区、有白区，在苏区之内又有这个部分那个部分，这就是中国

① 中共中央文献研究室编：《毛泽东在七大的报告和讲话集》，中央文献出版社，1995 年版，第 232 页。

革命的实际。离开了这个实际，中国革命就看不见了。内战之后是八年抗战，抗战时期也有山头，就是说有许多抗日根据地，白区也有很多块，北方有，南方也有。……这就是中国革命的实际，没有这些就没有中国革命。所以这是好事情，不是坏事情。坏的是山头主义、宗派主义，而不是山头。

……

一定要认识山头。从前我们说要承认山头，承认世界上有这么一回事，或者讲认识山头更确当一点，要了解它。照顾也一定要照顾，认识了以后才能照顾，照顾就能够逐步缩小，然后才能够消灭。所以消灭山头，就要认识山头，照顾山头，缩小山头，这是一个辩证关系。山头的关系搞好了，首先是山内的，然后是山外的，山头主义很快就可以消灭了，所以不要怕。

……

总起来讲，我们大会的代表同志们应该有一个希望，希望有这样一个中央委员会：包含有大批没有犯过路线错误的同志（这里不是讲没有犯过错误，而是说没有犯过路线错误），也要包含一批过去犯过路线错误但今天表示放弃错误路线接受正确路线的同志；要包含有大批有全国影响的同志（就是出了名的，在全国范围内有影响的），也要包含大批过去有地方影响、将来可能有全国影响的同志。现在有地方影响、将来可能有全国影响的同志，要提拔他们到中央委员会来，把他们提高，因为将来我们还要发展。①

随着中国革命进入新的阶段，党的干部队伍也得到长足发展。但如何处理好干部队伍中老干部与新干部、外来干部与本地干部、军队

① 中共中央文献研究室编：《毛泽东在七大的报告和讲话集》，中央文献出版社，1995年版，第167—171页。

干部与地方干部等之间的关系，也是考验着党能否团结一致、齐心共举的重要方面。毛泽东在 1945 年 5 月 31 日所做的《在中国共产党第七次全国代表大会上的结论》中，专门论述了这个问题：

> 老干部与新干部，外来干部与本地干部，军队干部与地方干部的关系，其实质就是一个同农民的关系问题，现在如此，将来还要加上一个同城市人民的关系问题。①

毛泽东围绕几个方面的干部问题做了具体阐述，强调在军队干部与地方干部的关系问题上，虽然已经有了很大的进步，但还需要努力做得更好。"在军队里头，有军事工作人员，有政治工作人员，有老干部，有新干部，有外来的，有本地的，都有一个同地方、同老百姓的关系问题。"要多听地方同志的意见，要以更严肃的态度，严格要求自己，首先"把我们的军队教育好"，成为真正的人民的军队。

毛泽东强调指出了"所有干部一样的光荣"：

> 各个方面军，各个军团，各个军队，都一样的光荣。在沦陷区、国民党统治区工作的同志，在解放区工作的同志，都一样的光荣。军事工作、政权工作、经济工作、党务工作、文化工作，从事这五大门工作的同志，也是一样的光荣。不能说某些部分特别光荣，另外一部分就不光荣。过去我们有盲目性，做过一些不好的事情。在这个问题上，一个长期的严重的教训是什么呢？就是要承认各个部分都是一样的光荣，对于各个部分都要加以照顾，不要有一点态度不好，欺负任何一个部分，看轻任何一个部分。②

---

① 中共中央文献研究室编：《毛泽东在七大的报告和讲话集》，中央文献出版社，1995 年版，第 207—208 页。

② 同上书，第 214 页。

党的七大以博大的气度和胸襟，以对中国革命事业长远的、带有战略眼光的视域，正确地对待犯过错误的同志，并在党的领导核心层面的选举中充分考虑来自不同地区、代表不同方面的同志，既尊重事实，承认“山头”，又倡导以党的利益为重，反对“山头主义”，从而使中国共产党实现了空前的团结，为中国抗日战争的最后胜利，为新中国的诞生打下了牢固的思想基础和组织基础。作为代表不同方面、不同领域的干部进入党的领导核心，则表现出了极强的党性观念，以全党的利益为重，以最广大人民群众的利益为根本工作宗旨，紧紧团结在中共中央周围，万众一心，同心同德，足堪典范。曾经作为党的七大代表的张爱萍就表示：“我从来没有过树立自己山头的想法，也从不搞什么派别，争什么地位，那是可耻的。只要对党的事业有利，我干什么都行。”[①]

中国共产党90多年的奋斗历程表明：“党的团结和统一，是党的生命，是党的力量的所在。”[②]正如毛泽东同志在党的七大预备会上所要求的那样，我们要“团结得像一个和睦的家庭一样”，同时正确对待前进道路上的困难和问题，“要知道，一个队伍经常是不大整齐的，所以就要常常喊看齐”，而看齐的标准只有一个，就是“要向中央基准看齐，向大会基准看齐”[③]。历史的逻辑走向也同样证明了这样一个真理：“只要共产党人团结一致，同心同德，任何强大的敌人，任何困难的环境，都会被我们战胜的。”[④]过去如此，现在如此，将来必然还是如此！

① 张胜：《从战争中走来：两代军人的对话》（修订版），生活·读书·新知三联书店，2013年版，第74页。

② 《中国共产党章程汇编（从一大到十六大）》，中共中央党校出版社，2006年版，第64页。

③ 中共中央文献研究室编：《毛泽东在七大的报告和讲话集》，中央文献出版社，1995年版，第13页。

④ 《毛泽东文集》第3卷，人民出版社，1996年版，第22页。

结语

延安精神是实现中国梦的强大动力

1938年8月，著名摄影家吴印咸应邀赴延安拍摄纪录片《延安与八路军》，并于1940年4月完成了全部拍摄工作。按照原来的想法，吴印咸打算拍摄完影片后即返回上海，他的家人也都在大后方。但时年40岁的吴印咸最终做出了人生最重大的决定：留在延安参加八路军。这意味着他放弃了原来每个月150元的薪水，也不再接受在延安作为特殊待遇的每月120元的安家费，而是按照八路军的标准拿着每月1块钱的津贴。①

同样是1938年，印度医生柯棣华舍弃了舒适的生活和待遇优厚的工作，参加了援华医疗队并于次年初来到延安。整整3年之后，在写给一同来华的另外一位医生巴苏华的信中，郑重表示：关于回印度的事，我认为我们应该在中国再多留一段时间。我要在延安好好总结总结迄今为止从八路军中学来的一切东西。

对于已经阅读了本书的读者朋友来说，相信您一定会理解他们做出这种决定的原因。细心的读者想必还记得本书伊始，美国记者史沫

---

① 吴筑清、张岱：《中国电影的丰碑：延安电影团故事》，中国人民大学出版社，2008年版，第134页。

特莱的疑问："谁，什么是中国共产党？"是呀，什么是中国共产党？您一定得出答案了。

显然史沫特莱也找到了答案。她在参观新四军战地医院时不仅主动帮助战士处理伤口，并且说道："只有当我在中国的时候，我才不感到自己是个外国人。不知是什么缘故，在这里，我总以为自己是中国人民中的一员，我仿佛已经生根在这块土地上了。"

延安13年，中国共产党人以强烈的时代担当，在抗击日本侵略者的民族解放战争中以及推翻国民党腐败政权的正义事业中，取得了举世瞩目的成就，赢得了新民主主义革命的胜利，得到了最广大人民群众的支持与拥护。同时也在引领中国革命不断前行的峥嵘岁月中，找到了符合中国国情的理论和道路，培养起延续至今的理论自信、道路自信、制度自信，形成并培育了伟大的延安精神。毫无疑问，这也正是延安能够凝聚和吸引一批又一批中外有志之士的独特魅力和重要因素。

不仅在延安，不仅在延安时期，一直到今天，到每一片广袤的中华大地，中华民族之所以始终团结和凝聚最广大人民群众和爱国人士的力量，取得中华人民共和国成立以来特别是改革开放事业的巨大成就，并在建设有中国特色社会主义的伟大征途中豪迈前行，靠的依然是中国共产党人所倡导的包括延安精神在内的中华民族精神的力量。

这种精神的力量，必定还将继续引领我们奋勇前行！

与延安时期相比，今天的我们，面临着新时代的执政考验、改革开放考验、市场经济考验、外部环境考验等"四大考验"，面临着新的思想、理论、观念、思潮等的冲击，特别是承担着实现"两个一百年"奋斗目标和中华民族伟大复兴中国梦的宏图抱负，在此伟大实践中也必将在继承和弘扬延安精神的基础上，孕育出新的时代精神。——作为延安精神的时代价值，它不仅仅存在于我们以上所做的基于原生态特质上的阐释与寻绎中，更会体现在建设有中国特色的社会主义征途中的读者的深切感悟与亲身实践中。也正因此，延安精神作为实现中国梦的强大动力，必将成为值得永远珍视的宝贵财富。

让我们一起努力！

后记

党的十八大以后，以习近平同志为总书记的党中央，接过历史的接力棒，构建“四个全面”战略布局，实行全面从严治党，奋力推进中国特色社会主义伟大事业。顺利推进伟大事业，关键是加强思想建党和制度治党，进一步把全党思想武装好，把党性锤炼好。2015 年 2 月 15 日，习近平同志在陕西考察时指出：延安是革命圣地。延安时期是我们党领导的中国革命事业从低潮走向高潮、实现历史性转折的时期。老一辈革命家和老一代共产党人在延安时期留下的优良传统和作风，培育形成的延安精神，是我们党的宝贵精神财富。今天，全面从严治党要继续从延安精神中汲取力量。

为了更好地从党的历史中吸收营养，从延安精神中汲取管党治党的力量，保持党的先进性和纯洁性，我们组织编写了《魂：延安精神的力量与时代价值》一书。作为一本通俗理论读物，本书以剖析延安精神的原生形态为重点，对党中央在延安 13 年历史的本质和延安精神的原汁原味进行了深入探讨；以生动活泼、通俗易懂的语言讲述了延安时期的人、事、理，展现了共产党人的精、气、神，揭示了中国共产党由小到大、由弱到强，通过新民主主义道路实现民族独立和人民解放的成功之道，为新的历史起点上坚定中国特色社会主义道路，实现中华民族伟大复兴和人民幸福的中国梦，提供时代启迪。

参加本书撰稿的有陈燕楠（引子、第十二章），王峰（第一章），齐增慧（第二章），雷小倩（第三章），王健（第四章），刘小瑞（第五章），耿淑娟（第六章），张驰（第七章），刘滢（第八章），冯建玫（第九章），肖纯柏（第十章），孙春鹏（第十一章），王纪刚（第十三章、结语）。由陈燕楠负责全书框架确定并统稿。对他们的辛勤劳动，表示衷心的感谢！

本书写作中，我们参考和借鉴了一些专家学者的研究成果，在此致以诚挚谢意！对书中的缺点和不足，欢迎批评指正。

编者

2016年3月